JOAN MIRÓ
L'ARLEQUIN ARTIFICIER

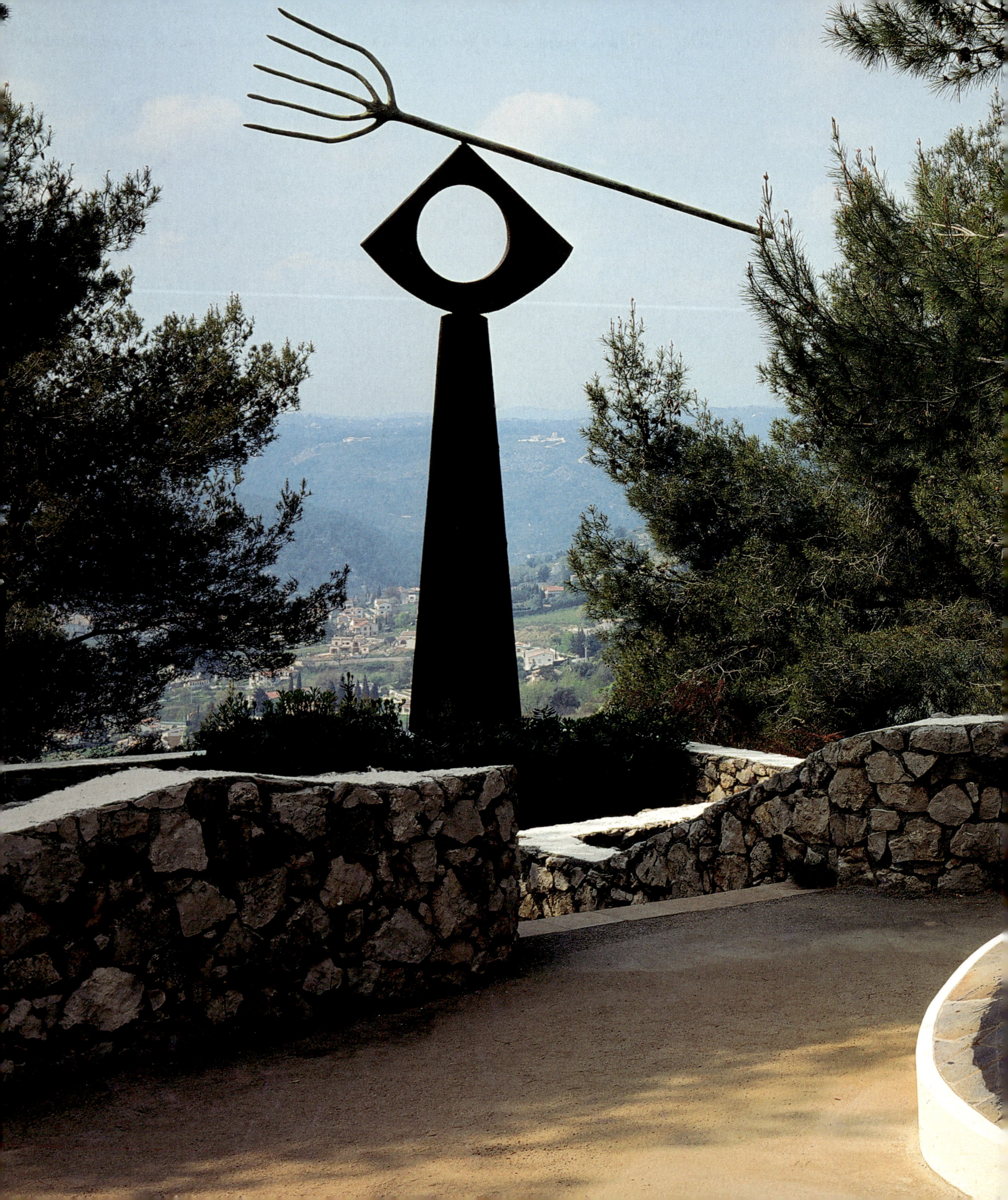

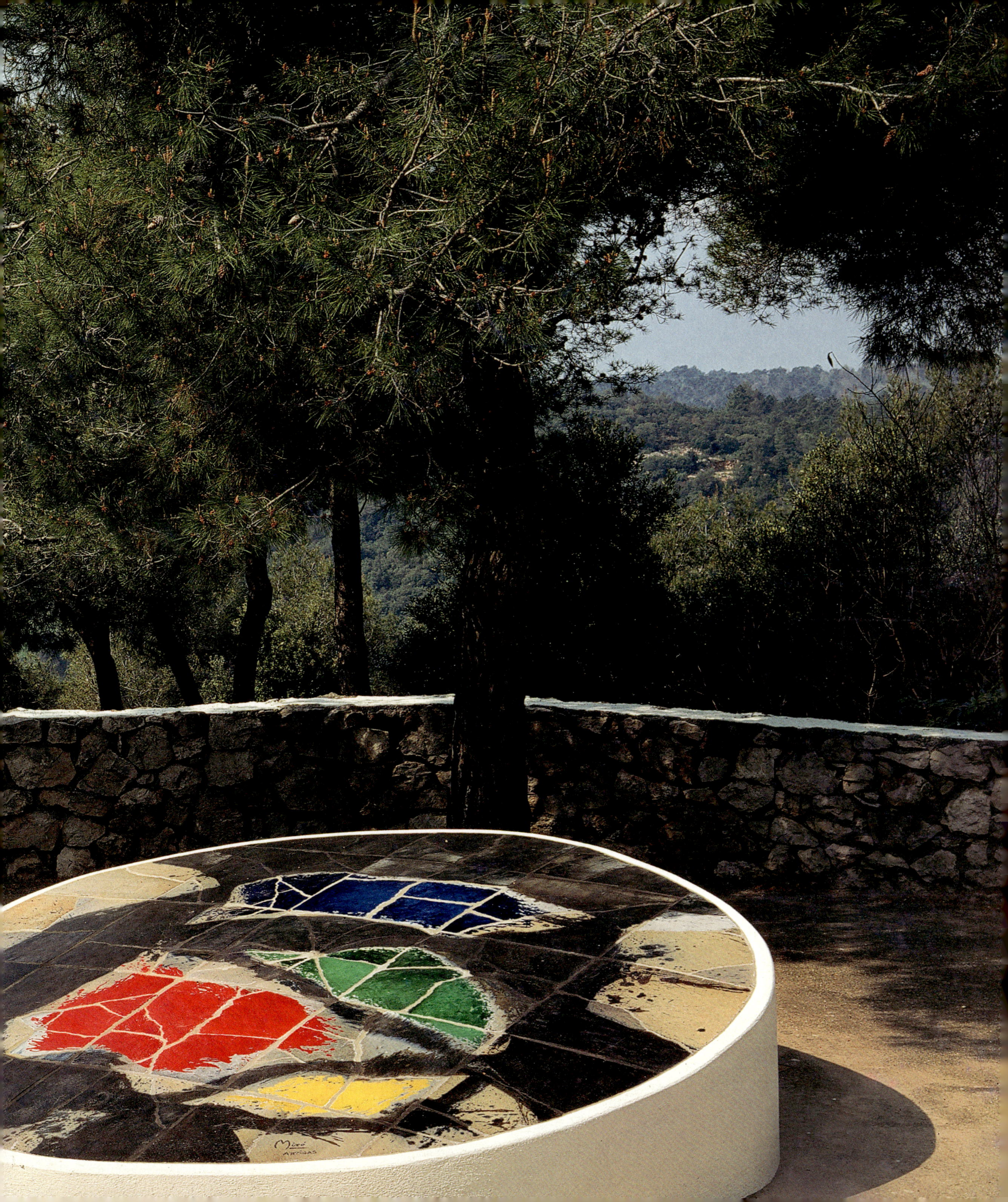
Miró
ARTIGAS

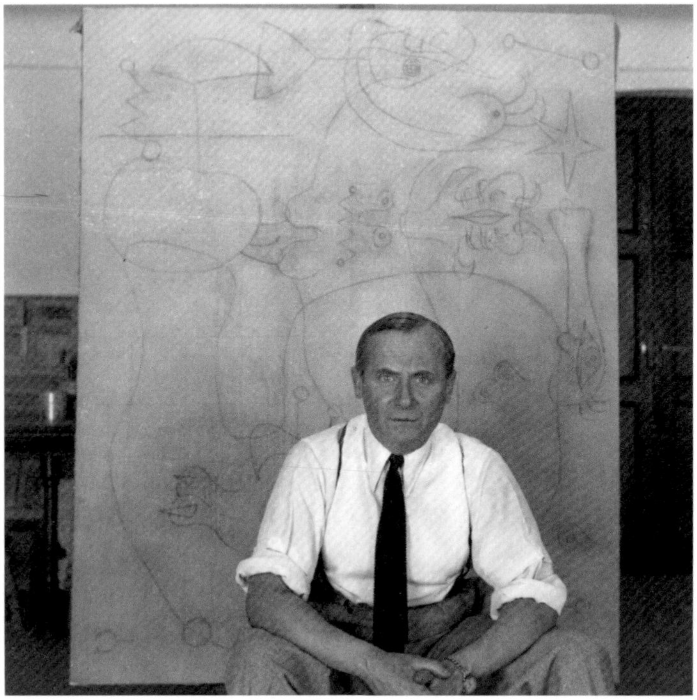

Photographie de couverture. Portrait de Joan Miró, 1944
© Hereus de Joaquim Gomis, Fondation Joan Miró, Barcelone

Cet ouvrage est publié à l'occasion de l'exposition

Joan Miró, l'Arlequin artificier
du 15 juin au 3 novembre 2013

réalisée par le Fonds Hélène & Édouard Leclerc pour la Culture à Landerneau, présidé par Michel-Édouard Leclerc,

en collaboration avec la Fondation Marguerite et Aimé Maeght, Saint-Paul de Vence, présidée par Adrien Maeght.

Commissaire général
Patrick Jourdan,
Directeur du Fonds Hélène & Édouard Leclerc pour la Culture

Commissaires artistiques
Olivier Kaeppelin,
Directeur de la Fondation Marguerite et Aimé Maeght, Saint-Paul de Vence
Isabelle Maeght,
Administratrice de la Fondation Marguerite et Aimé Maeght, Saint-Paul de Vence

Communication – relations presse
Claudine Colin Communication

Ligne graphique du Fonds Hélène & Édouard Leclerc pour la Culture
Rodhamine

Scénographie
Éric Morin

Production de l'exposition
Fonds Hélène & Édouard Leclerc pour la Culture
Assistante de direction : Marie-Pierre Bathany
Services aux publics – médiation : Mari Anna Bourgès et Katell Mancec
Administration : Maïwenn Carpier
Accueil – vente : Aurélie Guigot
Communication : Jane Serme Le Guennec

Coordination éditoriale
Violaine Aurias

Conception graphique du livre
Danish Pastry Design / Christian Kirk-Jensen

4 impasse de Conti, 75006 Paris
www.editionstextuel.com

ISBN
978-284597-469-2

Dépôt légal
Juin 2013

Photogravure
Planète Couleurs, Paris

Fabrication
Margherita Mariano

(Double page précédente)
Vue du Labyrinthe Miró de la Fondation Maeght.
La Fourche, 1963
Fer et bronze, 507 × 455 × 9 cm
Le Cadran solaire, 1973
Céramique, D. 310 cm
Collection Fondation Maeght

JOAN MIRÓ
L'ARLEQUIN ARTIFICIER

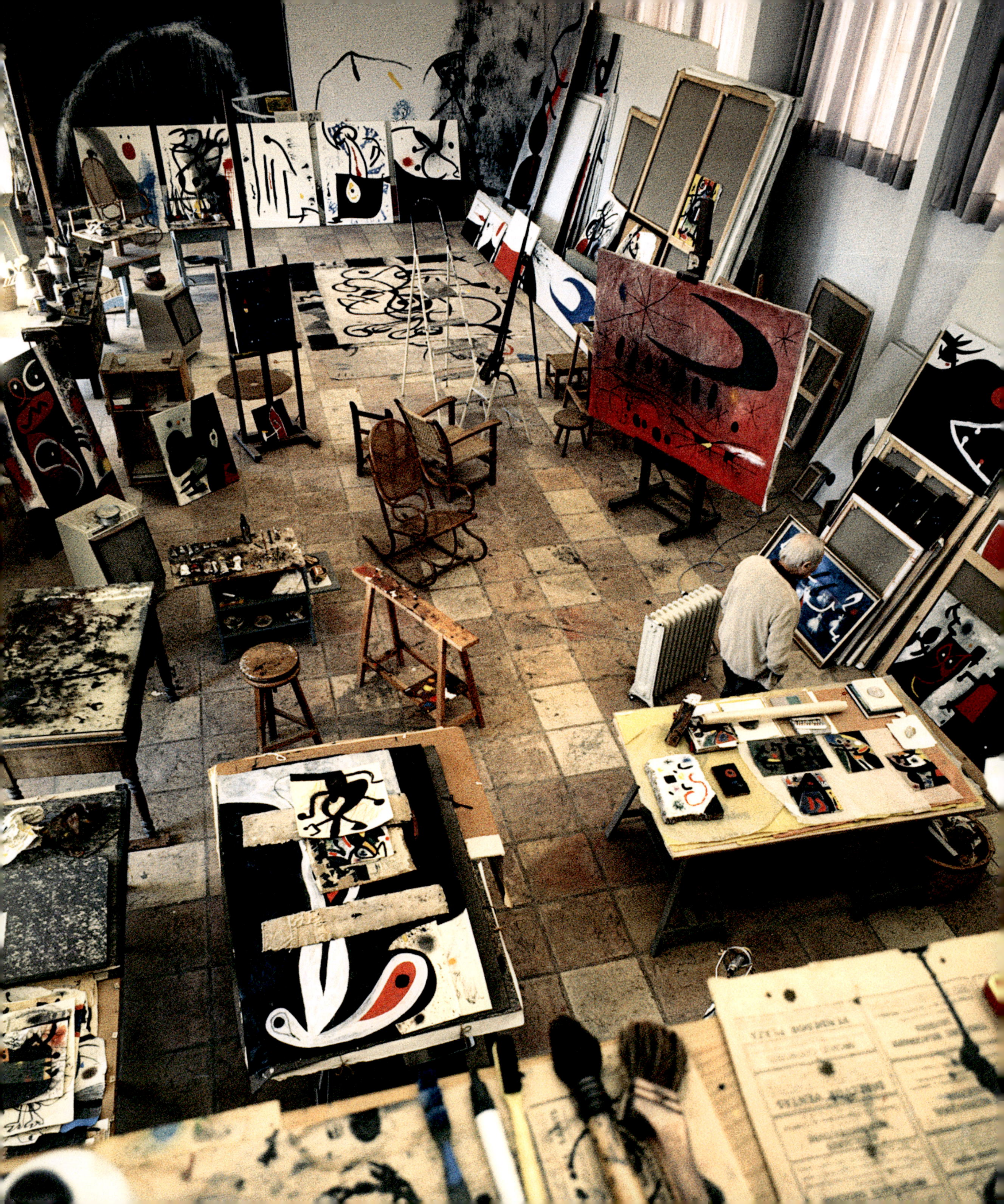

(Page gauche)
Joan Miró dans son atelier Son Abrines
à Palma de Majorque, 1974.

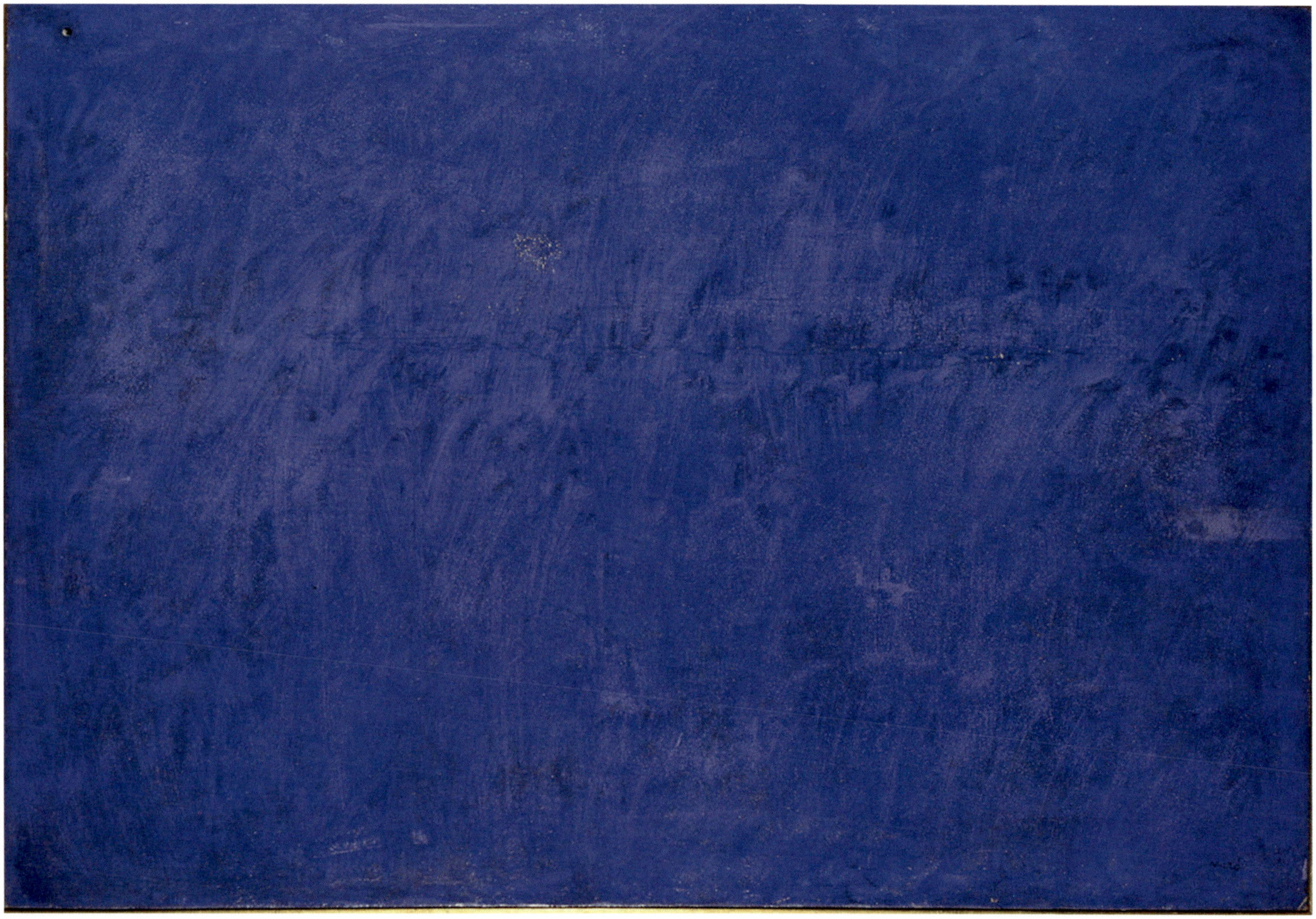

Bleu, 1925
Huile sur toile, 64,5 × 91 cm
Collection Adrien Maeght, Saint-Paul de Vence

ENTRETIEN

ADRIEN MAEGHT ET MICHEL-ÉDOUARD LECLERC

Miró aux Capucins de Landerneau, c'est en quelque sorte la continuité d'une histoire de famille. Cela commence un jour dans la galerie Maeght, à Paris. Isabelle, petite-fille d'Aimé Maeght et fille d'Adrien Maeght, écoute attentivement mon projet de création à Landerneau (Finistère) d'un fonds dédié à l'art et à la médiation culturelle. Une idée familiale, soutenue à titre personnel par des centaines de chefs d'entreprise, pour la plupart compagnons de route professionnelle.
Amusée, intéressée, un rien provocatrice, elle m'a lancé le défi : « Et pourquoi pas une exposition en collaboration avec la Fondation Maeght ? » Sitôt dit, sitôt fait, le projet s'organise avec Olivier Kaeppelin, directeur de la Fondation, et Isabelle Maeght, et me voilà à Saint-Paul de Vence, sous le charme d'Adrien Maeght. L'aventure de Miró, c'est aussi la sienne !

MEL : Adrien, quand avez-vous connu Miró ?
AM : Mon père Aimé Maeght avait ouvert sa galerie à Paris en octobre 1945. Il s'était rendu aux États-Unis en octobre 1946 dans l'idée de trouver un partenaire pour ouvrir une galerie à New York.
C'est à l'occasion de ce voyage qu'il a rencontré André Breton, le « pape du surréalisme », qui lui proposa d'organiser, à Paris, une exposition pour faire le point sur ce mouvement artistique. Mon père, dont la jeunesse avait été marquée par ces peintres, accepta avec enthousiasme. Breton a donc choisi les artistes, les œuvres et documents qui ont constitué l'essentiel de l'exposition présentée à la galerie de mon père : « Exposition internationale du surréalisme en 1947 ».
Heureuse coïncidence, Miró était à ce moment-là à New York pour revoir son marchand américain Pierre Matisse. Il a été sollicité par André Breton et a accepté de participer à l'exposition. C'est à New York qu'il a réalisé, spécialement, une très grande œuvre, *Superstition*, qui est toujours dans ma collection.
Miró vint à Paris au printemps 1947. Il a évidemment assisté au vernissage de l'exposition qui eut lieu en juillet. Je rencontrai Miró pour la première fois durant ce voyage.

MEL : Quel âge aviez-vous ?
AM : J'avais 17 ans. Depuis plusieurs mois, je participais à la vie de la galerie. Il faut dire qu'à cette époque j'étais, comme on le dirait aujourd'hui, « en échec scolaire ». Pendant deux ans, du fait de la guerre, je n'avais plus été scolarisé. À la mort de Jean Moulin et en raison de l'amitié qui le liait à mes parents, nous avions été contraints de nous réfugier dans l'arrière-pays niçois à Vence, où Matisse venait de s'installer. Je n'ai pas pu suivre un enseignement régulier comme d'autres élèves l'auraient fait et j'ai intégré l'équipe de la galerie en décembre 1946.

MEL : Vous avez le souvenir précis de votre rencontre avec Miró ?
AM : Oui, je me suis tout de suite bien entendu avec lui. Je me

souviens qu'il avait apporté un texte, *Parler seul*, écrit par Tristan Tzara en 1945 pendant son séjour à l'hôpital psychiatrique de Saint-Alban. Miró, bouleversé par ce texte, tenait vraiment à l'illustrer. Tout naturellement, j'ai pris en charge le suivi technique de la réalisation de ce magnifique ouvrage qui deviendra un des plus beaux livres de ces cinquante dernières années.

MEL : Il vous a tout de suite impressionné ?
AM : Pas du tout. Je ne me rendais absolument pas compte de l'importance de cet artiste. L'homme était discret, modeste, il organisait son travail très minutieusement... Chaque détail était pensé, réglé et pesé. Miró tenait à présenter son travail le plus rapidement possible. Il n'avait pas exposé à Paris depuis plus de dix ans. Évidemment, son œuvre avait une bonne place dans l'exposition de 1947. La scénographie de Frederick Kiesler regroupait aussi bien les œuvres d'Arcimboldo que celles de Miró, Giacometti ou Bosch. Je me souviens qu'il y avait également un personnage haut en couleurs qui s'appelait Zigotto, ça ne s'invente pas ! L'exposition eut un énorme succès, avec son lot de provocations puisque, par exemple, un sein nu en caoutchouc était collé sur la couverture du catalogue. Bref, c'est dans la foulée de cette première manifestation collective consacrée au surréalisme que nous avons programmé pour novembre 1948 une exposition entièrement consacrée à Miró.
Avec le nouveau directeur de la galerie, nous sommes partis à Barcelone en 4 cv pour choisir les œuvres qui devaient être exposées et mettre en route le catalogue de cette exposition que Miró voulait importante. Ces quelques jours passés à Barcelone avec Miró m'ont fait connaître un homme généreux, drôle, attentif et curieux de toutes les nouveautés de cet après-guerre. Miró s'intéressait aussi bien à la nouvelle poésie, à l'émergence de nouvelles musiques, des technologies, bref à tout notre monde moderne et à ce qui pouvait lui apporter de nouveaux moyens pour réaliser son œuvre. Il voulait tout apprendre, tout comprendre, tout essayer et tout maîtriser. Je suis revenu de Barcelone impressionné par l'homme et par l'artiste. Il y avait un formidable décalage entre l'engouement et l'esprit d'ouverture de Miró et cette Catalogne étouffée par quinze ans de franquisme. Cette magnifique ville était comme figée dans une sorte de ruralité intemporelle, rétive à tout progrès. Imaginez une ville comme Barcelone, qui deviendra une des grandes villes éclatantes du XXe siècle, qui se recroquevillait sur elle-même, qui vivait au rythme des processions et pas encore atteinte par une volonté de modernisme alors qu'elle avait été au début du siècle parmi les villes les plus modernes d'Europe.

MEL : La première exposition de Miró fut un échec commercial et malgré cela, votre père choisit de continuer à exposer Miró. Cela témoigne de son extraordinaire capacité de détection de talents.
AM : L'exposition présentait 39 peintures et 49 céramiques et terres cuites réalisées en collaboration avec Josep Llorens Artigas. C'était superbe même s'il n'y a pas eu de succès commercial. C'est à l'occasion de cette exposition que Miró, qui n'avait plus de marchand à Paris, proposa à mon père de devenir son marchand pour l'Europe. La collaboration Miró/Maeght perdura jusqu'à la mort de Miró.

MEL : Vous avez donc rencontré aussi Josep Llorens Artigas, le compagnon céramiste de Miró ?
AM : J'ai rencontré « Pepito » Artigas dans l'atelier de Miró à Barcelone ; il a eu un rôle très important auprès de lui. Au-delà de l'amitié et de l'affection qui les unissaient, c'est lui qui a apporté une nouvelle réflexion sur les formes et les couleurs. Les céramiques de Miró sont des céramiques originales et uniques. Quand je dis ça, ce n'est pas simplement une tautologie. La céramique pour Miró c'est une œuvre à part entière. Ce sont toutes des « Terres de grand feu ». Artigas a fait bénéficier Miró des longs séjours qu'il avait faits en Corée dans les années 1930 au cours desquels il avait découvert et rapporté les secrets des émaux et couleurs des maîtres céramistes coréens. Miró avait, comme à son habitude, immédiatement compris l'importance de la céramique et des nouvelles couleurs que son ami Pepito mettait à sa disposition. C'est à Gallifa, près de Barcelone, où Pepito avait installé ses fours à bois, que Miró a réalisé l'intégralité de ses céramiques. La première céramique Miró/Artigas, un vase de 1941, est exposée à Landerneau.

MEL : Vous êtes-vous revus souvent après ce voyage à Barcelone ?

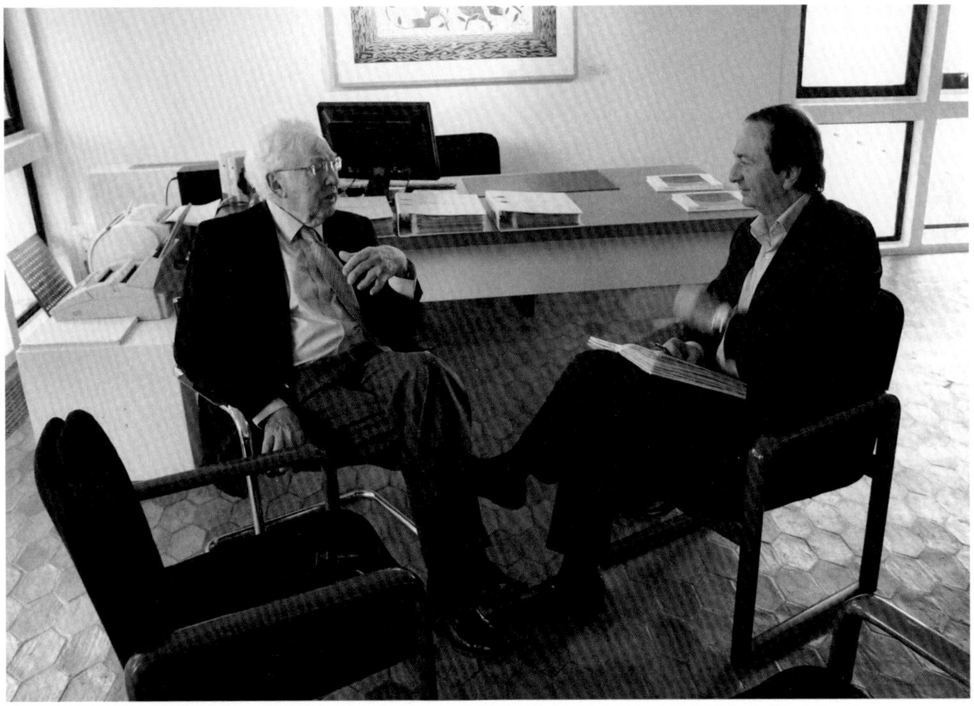

Adrien Maeght et Michel-Édouard Leclerc à la Fondation Maeght, Saint-Paul de Vence, mars 2013.

AM : Bien sûr, ne serait-ce que pour réaliser les différentes éditions qui sortaient de notre imprimerie. C'était ma passion, je l'ai héritée de mon père dont c'était le premier métier. Figurez-vous que je suis même né dans l'imprimerie familiale, rue Lecerf à Cannes, dans la première imprimerie Arte.
Mon père était un grand bibliophile, un pionnier de l'édition d'art. Il avait décidé d'éditer par exemple un ouvrage illustré par Henri Matisse, *Les Miroirs profonds*, avec des textes de Louis Aragon, Roger Caillois, René Char, Paul Éluard et Jean Lescure. Il a réalisé aussi *Le Vent des épines*, un magnifique ouvrage, avec un texte de Jacques Kober illustré par Pierre Bonnard, Georges Braque et Henri Matisse. Avec Braque, sur des textes de Pierre Reverdy, il a édité encore deux magnifiques livres : *Une aventure méthodique* et *La Liberté des mers*.
Très vite, j'ai assuré le lien entre mon père – l'éditeur – et les artistes, les poètes, les écrivains, les imprimeurs. Et très jeune, j'ai eu cette chance de côtoyer les plus grands artistes. Braque et Reverdy ont même été mes deux témoins de mariage. Paris était à cette époque le centre de la création artistique. Miró fut de ceux-là et c'est probablement avec lui que j'ai le plus appris.

MEL : Comment êtes-vous passé d'une relation de travail à une amitié plus personnelle ?
AM : Tout naturellement. Mon admiration pour Miró était immense et il avait compris tout ce que je pouvais lui apporter techniquement dans ses recherches. Je crois que l'on s'est tout de suite appréciés.
Grâce à cette amitié, nous avons construit beaucoup de projets. Par exemple, j'ai organisé une exposition de l'œuvre gravé de Braque en 1952 à Cologne, dans une Allemagne qui était encore un champ de ruines. Et j'ai proposé à Miró de prendre le relais et d'exposer à son tour ses gravures, ce qui fut fait en 1953. Pour préparer cette manifestation et sélectionner avec lui les œuvres qui seraient présentées, je me suis rendu très souvent chez Miró à Palma de Majorque, où il s'était installé après Barcelone.
Cette collaboration a perduré, nous avons beaucoup travaillé ensemble. Et puis en 1964 j'ai créé l'imprimerie Arte à Paris pour mettre toutes les techniques d'impression possibles à la disposition des artistes de la galerie : la lithographie, la typographie, la taille-douce, la phototypie, l'offset mais

également les nouveaux procédés faisant appel à l'électronique comme la photocomposition, la photogravure et bien d'autres encore, comme le scanner, tout cela réuni dans le même atelier de la rue Daguerre à Denfert-Rochereau.
Les artistes pouvaient utiliser toutes ces méthodes, des plus modernes aux plus traditionnelles. Miró était avide de pouvoir se confronter à toutes les techniques, à tous les supports. Il fut d'ailleurs le premier à utiliser le carborundum, procédé qui donne du relief à la gravure et mis au point chez Arte.

MEL : C'était une cohabitation facile ?
AM : Extrêmement facile à condition de respecter les souhaits de Miró, de s'adapter à son emploi du temps, qu'il gérait avec une grande précision : il avait toujours sur lui deux carnets où il notait tous ses rendez-vous ou évènements, un pour l'année en cours et un pour l'année suivante ; je crois même qu'il en avait un troisième. Il planifiait des projets sur trois ans ! Il était chez Arte comme chez lui. Une anecdote : j'avais installé pour lui un atelier au 2e étage de l'imprimerie dans lequel il avait à sa disposition papiers, crayons, encres et tout ce dont il pouvait avoir besoin pour travailler sans être obligé de se déplacer. J'avais aménagé cet atelier avec le plus grand soin, grande baie vitrée, air conditionné, fauteuil confortable et un casier comme pour les ouvriers. Le premier jour, quand je suis monté le voir vers 10 heures, quelle n'a pas été ma surprise de voir les murs et le parquet tachés d'encre… Voyant mon étonnement, il me dit, malicieux : « Je suis très bien dans cet atelier mais j'avais trop peur de faire des taches en travaillant ! » Comme cela, chaque matin, il était en poste à 8 heures, mettait sa blouse grise apportée de Palma et travaillait intensément avec méthode jusqu'à ce qu'il décide de s'accorder une pause et qu'on aille rue Daguerre prendre un café ou boire un petit vin blanc.

MEL : Venait-il souvent à l'imprimerie ?
AM : Chaque fois qu'il venait à Paris, c'est-à-dire deux à trois fois par an, il restait une quinzaine de jours. Il réalisait son œuvre graphique tant pour Maeght que pour les plus grands musées du monde : le MoMA de New York, la Tate Gallery de Londres, le Kunsthaus de Zurich, et tant d'autres. Miró respectait à la lettre l'emploi du temps qu'il s'était fixé…
Il y a eu pas moins de 22 expositions Miró chez Maeght et autant de catalogues et affiches ! À chaque exposition Miró se remettait en question, passant de la céramique à l'huile, des *sobreteixims* au papier. Le hasard n'avait pas de place dans son œuvre.
Toutes ces années d'amitié et de travail m'ont permis de côtoyer le travail d'un génie et je ne suis pas peu fier que mon nom soit associé à ceux de Miró et de quelques-uns des plus grands poètes et artistes du XXe siècle comme Jacques Prévert, Georges Ribemont-Dessaignes, Georges Braque, Marc Chagall, Raoul Ubac, Alberto Giacometti, Alexander Calder… Je ne boude pas mon plaisir quand je lis sur une page de ce chef-d'œuvre qu'est le livre *Adonides* de Jacques Prévert et Joan Miró : « *… achevé d'imprimer sur les presses de l'imprimerie Arte - Adrien Maeght…* » Quand je pense qu'il nous a fallu près de vingt ans pour finaliser ce livre… Vous vous rendez compte du nombre de discussions, de débats, de temps passé ensemble ! À travers cette collaboration, j'ai pu cerner tout particulièrement la personnalité de Joan Miró, travailleur infatigable. Il était exigeant pour lui-même et très agréable dans la relation sociale. Souvent il me demandait de lui proposer un titre pour telle ou telle gravure dont il venait de signer le « bon à tirer ». Vous savez, c'était complètement original et, finalement, c'est ce qui distinguait Miró des autres surréalistes. Pour la plupart des peintres surréalistes, le titre était très important. C'est le titre qui donnait la clé de l'interprétation d'une œuvre. Alors que pour Miró les titres venaient après. Miró c'est l'expérience artistique d'abord !

MEL : C'est l'artiste avec lequel vous vous êtes le plus entendu ?
AM : Je crois. Nous avions en commun l'amour du travail bien fait. J'aime bricoler et, comme le disait Calder : « J'aime bricoler mais je n'aime pas le mot bricoler. » J'étais enthousiaste d'avoir à travailler pour un artiste qui ne se contentait pas de reproduire « ce qui marche ».
J'ai investi dans une énorme presse d'imprimerie pour permettre à Miró de réaliser des lithographies de plus de deux mètres, qui sont également à Landerneau : *La Folle au piment rageur*, *L'Haltérophile*, *La Grande Écaillère*, *La Guerrière de cent ans*, *La Meneuse de lune*… Miró venait chaque été à Saint-Paul,

où j'ai fait construire un atelier afin qu'il puisse réaliser les essais de ses nouvelles gravures. Une des trois presses que j'ai fait fabriquer spécialement pour lui a été installée dans cet atelier. Le jour de l'installation, il a « baptisé » cette presse « la Pilar », du nom de sa femme. Il a signé sur la machine avec ses petits-enfants David et Emilio. De jeunes artistes que j'invite chaque été à Saint-Paul utilisent cette presse.

MEL : Quel rapport entretenait-il avec les autres artistes ?
AM : Miró n'avait que des amis parmi les artistes, dont il suivait le travail avec attention ; il allait à tous leurs vernissages, ce qui n'était pas une pratique courante. Il adorait Braque pour qui il avait un immense respect. Raoul Ubac aussi. Et puis Calder avec qui il partageait le même genre d'humour.
Il y avait aussi « la bande à Miró », qui venait souvent à la galerie ou à Saint-Paul. Artigas bien sûr, Josep Lluís Sert qui sera l'architecte de la Fondation Maeght à Saint-Paul et de la Fondation Miró à Barcelone dix ans plus tard. Et puis il y avait Joan Prats, chapelier officiel du roi d'Espagne. Il faisait des chapeaux pour Miró et ses amis mais surtout, il avait un secret de fabrication pour faire des casques pour les sportifs, coureurs automobiles, joueurs de polo, etc. Connaissant ma passion pour la compétition automobile, j'ai donc eu droit à une séance de « prises de mesures de ma tête » et je me suis toujours servi de ce casque, que j'ai gardé. J'étais d'autant plus fier de ce casque qu'il était porté par les plus grands pilotes de l'époque tels Fangio, Sommer, Ascari et tous les grands champions qui nous faisaient rêver.
Ces quatre personnages, Miró, Artigas, Prats, Sert, petits de taille, formaient néanmoins une redoutable bande d'amis, pleine de joie de vivre et à l'humour quelquefois féroce mais jamais malveillant.

MEL : Quelle est l'origine de l'importante collection Miró de la Fondation Maeght ?
AM : C'est la conséquence d'une grande amitié avec ma famille. Mais surtout Miró qui n'avait pas encore imaginé de construire une fondation qui porte son nom à Barcelone, était très soucieux de laisser une trace importante de son œuvre.
Il voulait que son travail puisse être vu par un large public.
Il a donné à la Fondation un grand nombre d'œuvres.
Ma famille est néanmoins la plus grande donatrice des œuvres de Miró dans les collections de la Fondation.

MEL : Quelles sont les techniques qui sont les plus représentées dans cette collection ?
AM : Miró a créé, pour le labyrinthe qui porte son nom, des œuvres aussi importantes que *L'Oiseau solaire* ou *L'Oiseau lunaire* mais, surtout, la Fondation Maeght possède 180 sculptures et céramiques. La Fondation Maeght réunit ainsi la plus importante collection de sculptures de Miró mais également des huiles sur toile, des gouaches et la quasi-totalité de l'œuvre gravé. L'exposition de Landerneau est principalement construite autour des œuvres appartenant à la Fondation, complétée par des œuvres de la famille.

MEL : Pour l'exposition *Joan Miró, l'Arlequin artificier*, qui sera présentée aux Capucins à Landerneau, Olivier Kaeppelin et votre fille Isabelle ont dû forcement procéder à une sélection plus restreinte. Quelles sont les œuvres qui sont présentées pour lesquelles vous avez le plus grand coup de cœur ?
AM : Toutes. Comment voulez-vous que j'en choisisse une ou même quelques-unes alors que toutes ont la même force et la même puissance, toutes sont importantes dans l'œuvre de Miró !

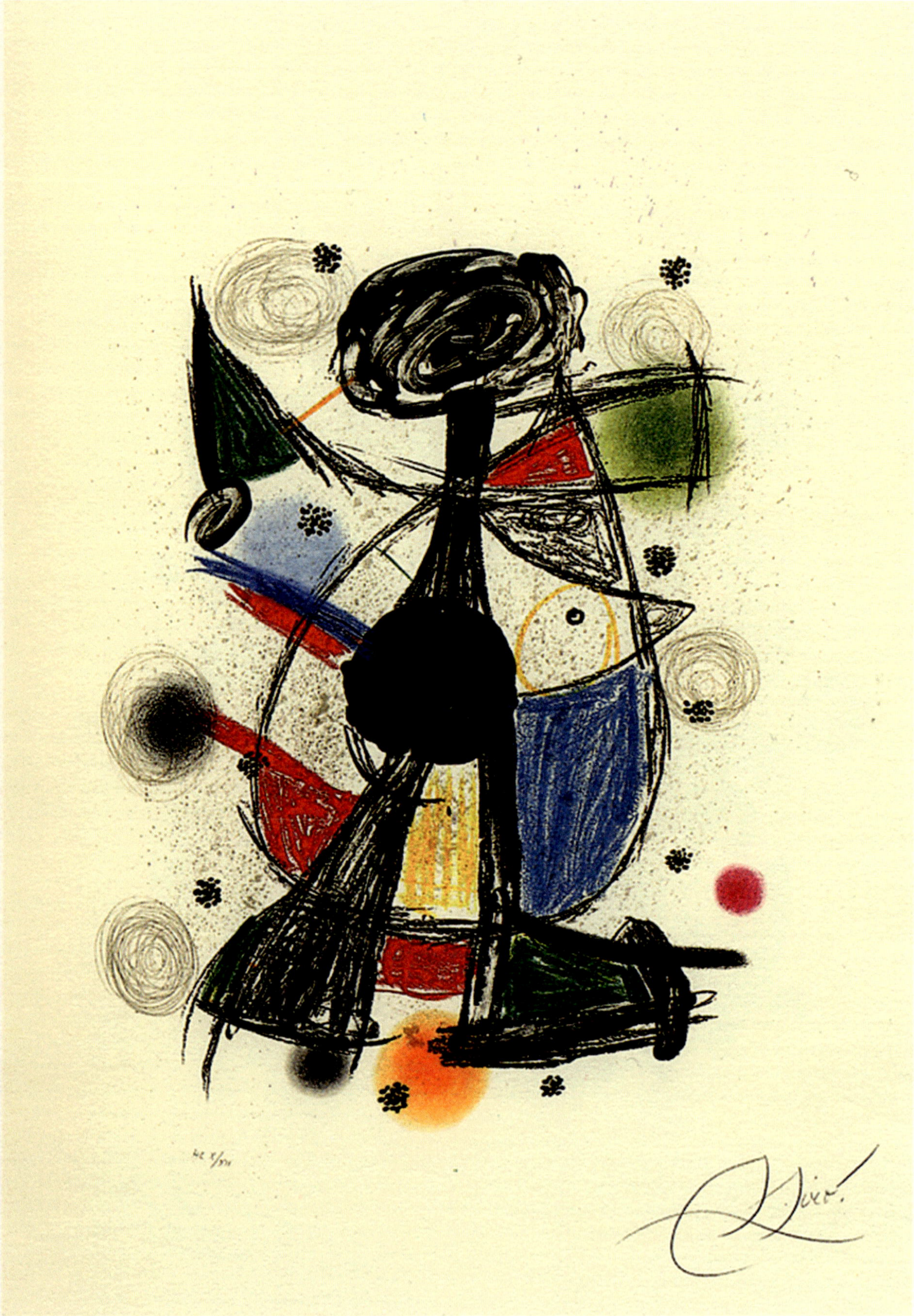

L' ARLEQUIN ARTIFICIER

Joan Miró occupe une place très singulière dans l'histoire de la modernité et des avant-gardes. S'il côtoya des pairs engagés ou reconnus dans des courants esthétiques majeurs des années 1910-1930 (Pablo Picasso et le cubisme, Tristan Tzara et Dada, André Masson et le surréalisme), et s'il fut associé au surréalisme dès 1924 à travers des dialogues réguliers avec des peintres et des poètes ainsi que lors d'expositions manifestes du mouvement, son œuvre apparaît dès ses débuts comme une succession de synthèses distanciées et critiques de ces partis esthétiques influents, par rapport auxquels il décida toujours d'élaborer un langage plastique autonome, pictural comme sculptural. Du fauvisme, du cubisme et de l'abstraction il retint l'esprit de synthèse des formes, de l'espace et des couleurs, tout en ouvrant ses processus de création et ses représentations à des dimensions hasardeuses, expérimentales et oniriques inspirées par le surréalisme. Il se reconnut aussi dans le caractère destructeur et séditieux de Dada, lui-même anticipé par l'esprit renversant, potache et pataphysique[1] du théâtre et des romans d'Alfred Jarry, auquel Miró emprunta à plusieurs reprises les figures du Père et de la Mère Ubu. Au total, son œuvre ne peut être réductible à aucun des courants et mouvements de l'époque. Ceci n'empêcha pas sa reconnaissance unanime par ses pairs, contemporains et plus jeunes, notamment par les artistes américains qui émergèrent à la fin de la Seconde Guerre mondiale – Jackson Pollock, Robert Motherwell, Mark Rothko, Adolph Gottlieb… – et les Européens de Cobra : Christian Dotremont – qui posséda des œuvres de Miró –, Pierre Alechinsky, Asger Jorn… À l'instar d'autres grands singuliers comme Paul Klee et Hans Arp, et peut-être plus encore qu'eux en raison de l'extrême diversité de ses pratiques, de la peinture à la céramique, de la sculpture à l'estampe et à l'édition, du collage et de l'assemblage au bronze, Joan Miró apparaît comme un modèle d'émancipation esthétique non dénuée d'enjeux politiques qui traduit l'esprit moderniste et avant-gardiste dans ses dimensions les plus vitales.

Si ses premiers tableaux de 1916-1922 entretenaient des liens formels et structurants indéniables avec le cubisme de Pablo Picasso, Georges Braque et Juan Gris, notamment dans les paysages et les natures mortes, l'en distinguait d'emblée son souci « détailliste » – pour reprendre le terme inventé par son ami Josep Francesc Ràfols, architecte, peintre et historien de l'art catalan. S'il procéda, en 1922-1923, à un dépouillement des motifs et des compositions dans *La Lampe à carbure* et *L'Épi de blé*, tous deux conservés au MoMA à New York, dans une parenté possible avec le purisme

L'Arlequin artificier, 1980
Lithographie originale sur Vélin d'Arches, 90 × 60,5 cm
Collection Fondation Maeght

de Le Corbusier et Amédée Ozenfant[2], il n'en conçut pas un esprit de système ni ne souscrit à une volonté de « retour à l'ordre » que traduisaient ce courant comme, déjà, certaines issues du cubisme qui voulaient édifier de nouvelles règles ou lois pour la peinture (dans les œuvres et écrits d'Albert Gleizes par exemple[3]). Joan Miró s'évertua en effet dès le début des années 1920 à sans cesse ouvrir sa pratique picturale puis sculpturale à des expérimentations qui remettaient en cause à la fois la tradition esthétique occidentale – ses codes de représentation, ses canons mimétiques et moraux – et ce qui pouvait s'imposer comme nouveaux canons au sein des avant-gardes, que celles-ci maintiennent des liens avec la représentation du monde perçu et vécu ou qu'elles installent l'exercice de l'art dans des préoccupations strictement picturales ou constructives, conduisant à l'abstraction.

S'il n'adhéra jamais à Dada et s'il est absent des publications consacrées à ce mouvement qui naquit à Zurich durant la Première Guerre mondiale et se développa ensuite de Berlin à New York en passant par Paris, sa rencontre avec Tristan Tzara et d'autres acteurs de Dada à Paris en 1920 fut sans doute déterminante pour conforter Miró dans son désir de ne jamais trouver de solutions mais, au contraire, de toujours remettre en cause ce qui, dans son œuvre aussi bien que dans celles de ses contemporains, pouvait obstruer les perspectives et réifier les possibles. L'esprit Dada se caractérisait en effet par une absence de souci de faire école et d'imposer un style à ses acteurs comme à l'ensemble du monde de l'art et de la société (à la différence du suprématisme et du groupe De Stijl par exemple[4]), à tel point qu'il est *a priori* impossible de percevoir et de concevoir une quelconque unité stylistique entre les tableaux mécaniques de Francis Picabia, les photomontages de Raoul Hausmann et ceux de John Heartfield, les visions caricaturales corrosives de George Grosz, l'objectivité picturale d'Otto Dix, les ready-mades de Marcel Duchamp et les collages « selon les lois du hasard » de Hans Arp. Seuls l'esprit de sédition anarchiste, plus ou moins marqué à gauche selon les personnalités, et la volonté de transgression et de destruction permanentes des codes établis ou en cours d'établissement (du cubisme au constructivisme, en passant par le suprématisme, De Stijl ou le purisme) reliaient les artistes Dada. Et c'est cet esprit d'artificier de l'art et en particulier de la peinture qui anima Miró à partir du milieu des années 1920, lorsqu'il déclara vouloir briser la guitare des cubistes puis procéder à l'assassinat de la peinture.

Deux expositions récentes, *Joan Miró. La naissance du monde, 1917-1934* au centre Georges-Pompidou à Paris (2004) et *Joan Miró. Painting and Anti-Painting, 1927-1937* au Museum of Modern Art à New York (2008-2009), rendirent compte de ce moment où l'artiste, établi à la fois en Catalogne à Mont-roig et à Paris, opéra un changement radical dans son approche de la peinture. Ce tant du point de vue du motif – *exit* la ruralité et les figures catalanes de la période « détailliste » qui lui avaient apporté un début de reconnaissance critique auprès de ses pairs, notamment Picasso qui acquit de Miró un *Autoportrait* de 1919 et la *Danseuse espagnole sur fond noir* de 1921, et d'amateurs tel Ernest Hemingway qui acheta *La Ferme* (1921), aujourd'hui à la National Gallery of Art à Washington – que du point de vue du geste et de la composition. À partir de 1924, les tableaux s'allègent, atteignent une dimension aérienne dans l'inscription de tracés et de formes qui ne relèvent plus d'aucun naturalisme ni détaillisme mais du hasard et de l'arbitraire. Miró sélectionne des formes géométriques, végétales ou anthropomorphiques réduites à des signes à valeur symbolique et onirique (*Maternité*, 1924, *La Sieste*, 1925), quand ces formes ne semblent pas totalement détachées de toute référence et ouvrir l'espace mental à une rêverie abstraite, entre terre et ciel (*Peinture*, 1927, coll. LAM, Villeneuve-d'Ascq). La palette chromatique se réduit aux couleurs primaires, au noir et au blanc, ainsi qu'à des teintes terreuses et verdâtres qui, à l'instar des bleus, accaparent les fonds des tableaux, certains monochromes, parfois vite badigeonnés, voire tachés ou souillés. Les grandes compositions comme *Le Carnaval d'arlequin* (1924-1925, coll. Albright-Knox Art Gallery, Buffalo) et les deux *Intérieurs hollandais* de 1928 (coll. MoMA, New York et Peggy Guggenheim Collection, Venise) font alors la synthèse entre la première période détailliste et ce nouveau moment marqué par la confrontation de Miró avec Dada et le surréalisme à Paris. Des formes grotesques déduites de figures humaines et animales, inspirées pour certaines par des objets inuits (notamment la figure d'arlequin), tourbillonnent ou semblent suspendues, aériennes, dans des intérieurs d'habitations réduits à leurs plus simples composants spatiaux (mur, sol, fenêtre, table).

L'influence du contexte surréaliste parisien est régulièrement nommée par les auteurs qui se sont intéressés aux évolutions de l'œuvre de Miró dans les années 1920-1930. Il voisinait et fréquentait en effet régulièrement André Masson, l'un des pionniers du surréalisme et particulièrement du dessin automatique, pratique que s'appropria Miró sous hypnose ou les yeux fermés pour créer une centaine de tableaux. Les dimensions oniriques de ses œuvres témoignent aussi de ces liens, à travers les figures de la maternité, de la déclaration d'amour, de l'oiseau, de la lune et des étoiles. De même, l'intégration de lettres, de phrases poétiques et de mots-clés dans les tableaux, comme éléments de signification autant que comme formes plastiques, renvoie aux recherches d'accords entre poésie et peinture dans le surréalisme, dans la continuité de certaines pratiques de Dada, notamment de Hans Arp, Francis Picabia et Tristan Tzara. Il n'est dès lors pas étonnant que ce dernier, propagandiste de Dada à Paris, acquît des œuvres de Miró, à l'instar de Raymond Queneau, lequel adhéra au surréalisme en 1924.

Il est cependant remarquable que les œuvres de Miró des années 1920-1930 traduisent cette influence déterminante du surréalisme dans des formes très distinctes de celles des principaux acteurs de ce mouvement (André Masson, Salvador Dalí, Max Ernst, René Magritte…). À l'exception des grands tableaux de synthèse des années 1920 (*Carnaval d'arlequin* et *Intérieurs hollandais*) qui rendent compte de proximités avec le foisonnement baroque des compositions surréalistes, le dépouillement de toutes les autres compositions de Miró dans les années 1920-1930 le rapproche bien plus alors de Henri Matisse – l'acquisition de *Lasso* de 1927 par Georges Duthuit, gendre de Matisse et spécialiste de son œuvre, peut être un indice de cette proximité[5] – et de l'abstraction. Si Miró a réduit sa palette chromatique en s'astreignant à des formes et des tracés synthétiques, les couleurs se déploient dans une plénitude et une intensité rares, notamment dans les contrastes opérés entre des fonds monochromes – parfois semblables aux bleus de Matisse dans ses grandes compositions comme *La Danse* de 1909, qui se trouve au MoMA à New York – et des formes volantes ou ponctuantes, elles aussi intenses dans leur identité chromatique même lorsque réduites à un simple point, à une tache ou à un signe plus ou moins géométrique, anthropomorphique, animal, végétal ou cosmique. Comme l'a pointé Jean-Louis Prat, ancien directeur de la Fondation Maeght à Saint-Paul de Vence, cette qualité et cette intensité chromatique remarquables de l'œuvre picturale de Miró, qui seront déterminantes jusqu'à la fin de sa vie, tiennent bien à l'influence du fauvisme de Matisse, Derain et Vlaminck en Catalogne dans les années 1910, sous l'impulsion de la revue *Nord-Sud* créée par le poète Pierre Reverdy et que lisaient et commentaient artistes et poètes is pendant et après la Première Guerre mondiale[6]. Ainsi, certains tableaux de 1927 comme *Peinture (L'Étoile bleue)* apparaissent-ils rétrospectivement aussi bien en résonance avec le fauvisme de Henri Matisse qu'avec l'abstraction de Vassily Kandinsky que Miró admirait, certains aspects du suprématisme – notamment les collages d'Olga Rozanova illustrant *La Guerre universelle* du poète futuriste russe Alexei Kroutchonykh en 1916 – et les collages abstraits selon les lois du hasard du dadaïste Hans Arp (1916-1917).

Cette dimension abstraite de l'œuvre de Miró, qui se manifeste d'abord dans la déclaration de l'espace du tableau qui semble coïncider avec l'espace mental, imaginaire que l'artiste convoque, demeurera un élément déterminant et récurrent de son travail pictural jusqu'à sa mort, à travers le développement de motifs symboliques comme l'oiseau, l'étoile, la constellation ou le cosmos. De très nombreux liens pourraient être établis entre les *Constellations* que Miró peignit durant la Seconde Guerre mondiale, de par leur caractère quasi *all over* – c'est-à-dire le traitement de la surface du tableau comme un champ uni par l'étoilement des lignes des formes aux contrastes spatiaux réduits –, et l'émergence, précisément, du *all over* dans la peinture de Pollock en 1944-1945. En retour, frappé par la spatialisation de la peinture chez les jeunes expressionnistes abstraits américains qu'il a pu apprécier lors de séjours à New York, Joan Miró radicalisa au début des années 1960 son rapport pictural à l'espace dans certains tableaux, tels *Bleu I*,

Bleu II et *Bleu III* de 1961, conservés au Musée national d'art moderne, centre Georges-Pompidou à Paris. Le vocabulaire formel de ses tableaux les plus dépouillés des années 1920-1930 se déploie alors dans de vastes formats jusqu'alors inédits dans son œuvre. De même, la liberté graphique de sa peinture, à la fois destructrice des canons académiques et des codifications rigoureuses de la peinture abstraite constructiviste, concrète ou géométrique, inspirée tant par les apports de l'écriture automatique surréaliste, les dessins d'enfants, les « primitivismes » non occidentaux (Afrique, Océanie, Inuit...) et occidentaux (l'art roman catalan, l'art pariétal préhistorique...), et par ce que Jean Dubuffet nomma art brut[7], inspira grandement le développement de l'abstraction tachiste, informelle ou matiériste après la Seconde Guerre mondiale tant en Europe (Antoni Tàpies, Hans Hartung, Wols...) qu'aux États-Unis (Jackson Pollock, Mark Rothko, Robert Motherwell, Adolph Gottlieb...)[8]. Et cette liberté guidera Miró jusqu'à la fin de sa vie, comme en témoigne par exemple son dessin au fusain, à la gouache et à l'aquarelle de 1976, *Personnages, étoiles* (coll. Fondation Maeght, Saint-Paul de Vence).

Cette dimension abstraite de l'œuvre de Miró a aussi à voir avec son approche poétique et musicale de la peinture et de son espace, l'application de la couleur dans ses tableaux s'apparentant, disait-il, à la mise en forme du poème par les mots et de la musique par les notes, sur un mode intuitif et expérimental. Amateur de musique traditionnelle autant qu'avant-gardiste (notamment la musique dodécaphonique), Miró fut aussi une source d'inspiration pour des musiciens et compositeurs de jazz parmi les plus déterminants de la modernité (Dave Brubeck, qui lui dédia son album de 1961, *Time Further Out*, sous-titré *Miró's Reflections* et illustré en couverture d'une reproduction d'un tableau de l'artiste catalan, et Duke Ellington, qu'il rencontra à la Fondation Maeght à Saint-Paul de Vence et qui lui dédia un morceau, *Blues for Miró*, en 1966[9]). Plus récemment, deux figures importantes du jazz contemporain, le saxophoniste Steve Lacy et le batteur Bobby Previte, ont composé des hommages à Miró. Avec la chanteuse Irene Aebi, Steve Lacy a conçu en 1999 pour la Fondation Joan Miró à Barcelone un concert et un album intitulé *The Joan Miró Fondation Concert* (1999), dans lequel des compositions incluent des fragments de textes du surréaliste Philippe Soupault et des dadaïstes Kurt Schwitters et Francis Picabia, ainsi que des reprises et réinterprétations de morceaux de Thelonious Monk (*Misterioso, Evidence, Reflections*...), lesquels peuvent apparaître en effet comme les plus proches de l'esprit à la fois enfantin, ludique, sériel et expérimental de la peinture de Joan Miró. Quant à Bobby Previte, il composa en 2001 une suite de vingt-trois courtes pièces musicales pour onze musiciens, inspirées par les vingt-trois *Constellations* que Miró peignit durant la Seconde Guerre mondiale et marquées tant par Stravinsky que par le dodécaphonisme de Schönberg.

Comme le jazz et la musique contemporaine, la peinture de Miró intégra très vite des éléments dissonants et destructeurs des harmonies classiques en faisant place à des sources rythmiques, des intervalles qui ouvrent le temps et l'espace de la composition et des rapports entre les notes et les instruments ou entre les formes et les matériaux, libérant de nouvelles appréhensions sensibles et saisies qualitatives du temps et de l'espace, attentives à ce qui advient dans l'accident et l'improvisation : « Jamais, jamais, dit Miró à Georges Charbonnier lors d'un entretien radiophonique de 1951, je n'utilise telle quelle une toile qui sort de chez le marchand de couleurs. Je provoque des accidents, une forme, une tache de couleur. N'importe quel accident est bon... C'est la matière qui décide. Je prépare un fond en nettoyant par exemple mes brosses sur la toile. Renverser un peu d'essence conviendrait tout aussi bien. S'il s'agit d'un dessin, je froisse la feuille ; je la mouille. L'eau qui coule trace une forme... Le tracé imposerait une suite... Le peintre travaille comme le poète : le mot d'abord, la pensée ensuite... J'attache beaucoup d'importance au choc initial[10]. » À tout ceci s'ajoute l'usage de matériaux bruts par collages et assemblages, dès les tableaux de la seconde moitié des années 1920, dans un contexte où, selon les mots d'Aragon, la peinture était mise au défi par l'introduction d'objets, de fragments d'objets ou d'images dans la peinture – voire par la substitution de la peinture par les objets[11].

Les nombreuses sculptures que Miró réalisa après la Seconde Guerre mondiale sont quasiment toutes réalisées à partir d'assemblages de matériaux recueillis par l'artiste. Même lorsqu'elles sont réalisées en céramique ou en terre ou éditées en bronze, l'on perçoit les objets qui ont présidé à leur fabrique. C'est sans doute dans les sculptures de Miró que l'on voit le plus l'influence qu'exerça sur lui le surréalisme et peut-être plus encore Alfred Jarry et la pataphysique. *L'Équilibriste* de 1970, *L'Échelle de l'évasion* de 1973 et *Femme* de 1974 (toutes coll. Fondation Maeght, Saint-Paul de Vence) renvoient au traitement onirique surréaliste des thèmes de la femme et de l'évasion, tandis que son *Grand Personnage* de 1956, *Tête et oiseau* de 1967, *L'Oiseau lunaire* de 1968, *Personnage* de 1972, *Femme chien* de 1972 (toutes coll. Fondation Maeght, Saint-Paul de Vence) et plus explicitement sa *Mère Ubu* de 1975 font subir aux figures un traitement grotesque digne des inventions des figures et de l'univers ubuesques. Dès 1948, Miró a eu le projet avec l'éditeur d'art Tériade de produire une édition illustrée d'*Ubu Roi*, pièce de théâtre écrite par Jarry, représentée pour la première fois à Paris en 1896 et distinguée par Guillaume Apollinaire comme l'une des meilleures pièces comiques de l'histoire du théâtre. Ce projet ne vit finalement le jour qu'en 1966, avec treize lithographies au chromatisme intense, suivi d'*Ubu aux Baléares*, une appropriation par Miró de la figure d'Ubu, propre à dénoncer de façon grotesque et sarcastique les « Ubus qui se vautrent l'été sur les plages » à travers une écriture graphique simplifiée, combinant formes, chiffres, signes et taches[12]. La figure d'Ubu, dessinée et gravée initialement par Jarry, se propose comme une forme très plastique, ouverte à toutes les appropriations et tous les déplacements, d'autant que Jarry associa cette figure à celle de la pataphysique, pseudo-science ou science parodique qu'il inventa et présenta ainsi : « La pataphysique (...) est la science de ce qui se surajoute à la métaphysique (...), s'étendant aussi loin au-delà de la métaphysique que la métaphysique au-delà de la physique », « la science des solutions imaginaires, qui accorde symboliquement aux linéaments les propriétés des objets décrits par leur virtualité[13] ».

Si l'on ajoute que la pataphysique se réfère au « principe d'équivalence » de tout et de son contraire, il apparaît alors que tout est possible et concevable au-delà même de la métaphysique et, pour Miró dans ses sculptures, que toute association d'objets et de formes *a priori* sans rapport peut prendre un certain sens dans le processus même d'assemblage et d'ouverture de l'œuvre à son propre devenir, sur un mode tout de même marqué principalement par l'esprit du grotesque, de la figure qui cloche. Ainsi l'*Ubu* en céramique que Miró réalisa pour le jardin de la villa Natacha de Tériade à Saint-Jean-Cap-Ferrat (aujourd'hui au musée Matisse, Le Cateau-Cambrésis) s'apparente-t-il pour José Pierre à un « rhinocéros de poche, l'œil aux aguets[14] », et sa *Mère Ubu* à une singulière otarie à chignon. Il est par ailleurs frappant de constater que cette dimension plastique et grotesque de la forme figurale inspirée par l'Ubu de Jarry ait beaucoup frappé des artistes, et particulièrement des sculpteurs, car outre Miró, Barry Flanagan (*Ubu of Arabia*, 1976) ou Erik Dietman (*L'Ami de personne*, 1992-1999, jardin des Tuileries, Paris) en déclinèrent aussi des métamorphoses possibles.

Cette liberté prise avec les constituants de la peinture et de la sculpture autant qu'avec l'esprit de sérieux et de système dans la création renvoie à un mouvement profond de la modernité – un certain anarchisme qui remit en cause les canons académiques mais qui se défiait aussi des projections universalistes et utopistes, nécessairement réifiantes et contraignantes, que portaient des mouvements d'avant-gardes tels De Stijl ou le constructivisme. Ce mouvement, et l'œuvre de Miró en particulier, imprégna non seulement le monde des arts plastiques et de la musique mais la culture pop, comme le manifesta en avril 1968 la diffusion du premier épisode des Shadoks à la télévision française[15]. Les Shadoks et Gibis, leurs planètes, mythologies, machines et aventures absurdes, déconcertantes et formidablement drôles, fondées sur des représentations pataphysiques du monde, s'inspiraient directement dans leurs dessins des tableaux de Joan Miró. Et c'est ainsi que ces nouveaux « arlequins artificiers » étendirent l'action émancipatrice des esprits de l'œuvre de Miró.

1. La pataphysique est présentée par Alfred Jarry comme la « science des solutions imaginaires » dans *Gestes et opinions du docteur Faustroll, pataphysicien*, roman achevé en 1898, qui fut dès sa parution en 1911 un livre fétiche pour de nombreux artistes et poètes d'avant-garde en France.

2. Cf. le livre d'Ozenfant et Jeanneret (Le Corbusier), *Après le cubisme* (éd. des Commentaires, Paris, 1918), où apparaît pour la première fois la notion de purisme. Ils préciseront leurs positions dans un article, « Le Purisme », paru dans le numéro 4 de *L'Esprit nouveau* en 1920 à Paris (pp. 369-386).

3. Cf. Albert Gleizes et Jean Metzinger, *Du Cubisme*, Paris, Figuière, 1912 ; Albert Gleizes, *La Peinture et ses lois, ce qui devait sortir du Cubisme*, Paris, 1924.

4. Le suprématisme est né à Saint-Pétersbourg en 1915 lors de l'exposition *0,10. Dernière exposition futuriste*, à l'initiative de Kazimir Malevitch qui publia à cette occasion un essai-manifeste, *Du Cubisme et du Futurisme au Suprématisme*. De ce manifeste à la création du groupe Ounovis (« Pour le Nouveau dans l'Art ») à Vitebsk en 1919, Malevitch réunit autour de lui des artistes porteurs d'un projet de transformation du monde uni par le style suprématiste.
De Stijl (*Le Style*, en néerlandais) fut d'abord une revue d'architecture et d'arts plastiques, éditée de 1917 à 1928, laquelle réunit des peintres et des architectes belges, hollandais et français promoteurs d'une conception « néo-plastique » de l'art, de l'habitat et de l'urbanisme, développant une conception esthétique et sociale utopique à ambition universelle.
Piet Mondrian, Theo van Doesburg, Gerrit Rietveld, Georges Vantongerloo, Bart van der Leck, Felix Del Marle en furent les principaux acteurs.

5. Par ailleurs, Joan Miró fut représenté dès les années 1930 aux États-Unis par la Pierre Matisse Gallery à New York, créée par le plus jeune fils d'Henri Matisse.

6. Jean-Louis Prat, *Joan Miró. Rétrospective de l'œuvre peint*, Saint-Paul de Vence, Fondation Maeght, 1990.

7. La Compagnie de l'art brut fut créée par Jean Dubuffet en 1948 à Paris. André Breton en fit partie, de même que Jean Paulhan, écrivain et éditeur proche des cubistes.

8. Cf. le catalogue de l'exposition *Blast : Foyer et Explosion : Surréalisme européen, expressionnisme abstrait américain*, Villeneuve-d'Ascq, Musée d'art moderne, 1989.

9. Une vidéo de la rencontre de Joan Miró et Duke Ellington à la Fondation Maeght en 1966 et de l'hommage musical du premier au second est visible sur le site Youtube sous le titre *Duke Ellington – The Shepherd (Who Watches Over The Night Flock)*. Il est à ce titre important de se souvenir qu'à la Fondation Maeght, dans laquelle Miró fut si impliqué dès le début, des concerts exceptionnels et déterminants dans l'histoire du free jazz, édités en albums, eurent lieu au début des années 1970 (Albert Ayler et Sun Râ).

10. Cité dans Jacques Lassaigne, *Miró*, Lausanne, Skira, coll. « Le goût de notre temps », 1963, pp. 46-48.

11. Louis Aragon, « La peinture au défi », essai publié dans le catalogue d'une exposition de collages à la galerie Goemans à Paris en 1930. Repris dans Louis Aragon, *Les Collages*, Paris, Hermann, 1965, pp. 35-71.

12. *L'Enfance d'Ubu* fut en 1975 le troisième volume édité par Tériade sur la geste d'Ubu selon Miró.

13. Alfred Jarry, *Gestes et opinions du Docteur Faustroll, pataphysicien* (1898), Paris, La Découverte, 2010.

14. *In* catalogue de l'exposition *Miró & Tériade. L'aventure d'Ubu*, Musée départemental Matisse, Le Cateau-Cambrésis, 2009.

15. Créée par Jacques Rouxel pour la télévision publique française, la série des Shadoks connut 208 épisodes en quatre saisons, de 1968 à 1973 puis en 2000.

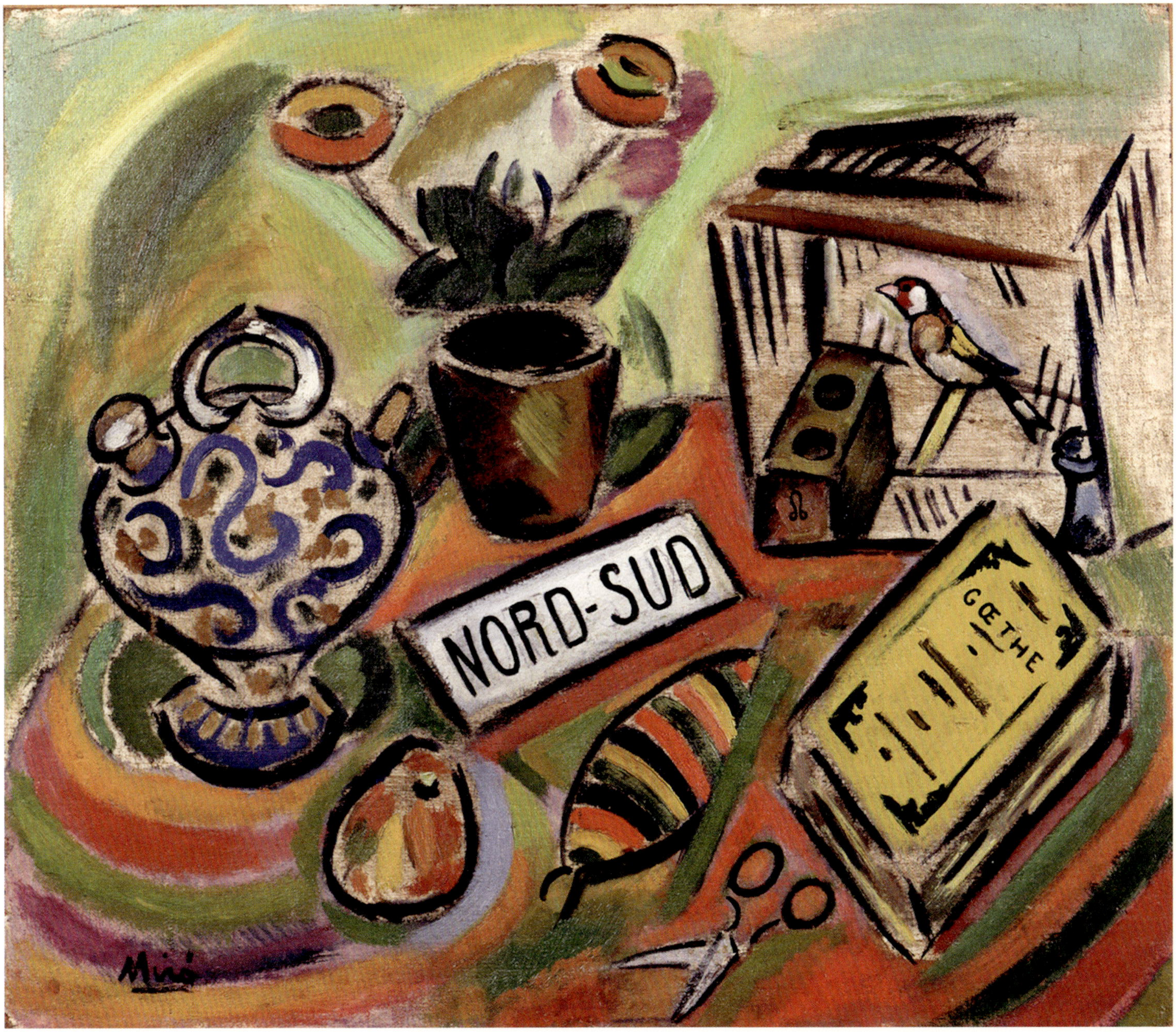

Nord sud, 1917
Huile sur toile, 62 × 70 cm
Collection Adrien Maeght, Saint-Paul de Vence

MIRÓ L'EXPLORATEUR

* Miró ne se satisfait jamais de la réalité. Miró choisit toujours d'être l'homme du pas au-delà. Au fond, quelle que soit la chose apprise et nommée, Miró suggère d'y voir autre chose. Il s'agit chaque fois de reconnaître un objet, un paysage non pour ce qu'ils sont mais pour explorer ce qu'ils peuvent être, grâce à notre expérience, à l'exercice de notre imaginaire.

« Pour moi, un arbre ce n'est pas un arbre, quelque chose qui appartient à la catégorie du végétal, mais une chose humaine, quelqu'un de vivant. C'est un personnage, un arbre, surtout les arbres de chez nous, les caroubiers. Un personnage qui parle, qui a des feuilles. Inquiétant même[1]. »

Miró nous incite sans cesse à nous emparer de la réalité statique pour la transformer en un réel vivant. Il est persuadé que notre pensée ne se développe que grâce à la découverte. Il ne s'agit pas de découvertes lointaines, de passages de frontières géographiques. Les arbres dont il parle lui sont des arbres familiers, ces caroubiers qui deviennent des arbres inconnus pour l'observateur qu'il est, par le seul usage des yeux et de la pensée. Les végétaux de son enfance deviennent des caractères troublants. L'esprit est aux aguets, il attend alors tout de l'inconnu, de la surprise.

1. *« Ceci est la couleur de mes rêves ». Entretiens avec Georges Raillard*, page 61, éditions du Seuil, 2004.

L'expérience de la surprise, Miró ne cesse d'en faire l'éloge comme d'une activité vitale pour le corps et le cerveau, cette surprise qui nous pousse hors de nous pour que nous nous aventurions vers ce qui nous étonne et nous déstabilise. La surprise sur laquelle Miró parie toute sa vie pour permettre l'avènement d'une œuvre d'art.

Cette surprise, il ne va donc pas la chercher outre-mer ou dans l'exotisme de terres, de civilisations éloignées, mais dans sa capacité de vision. Les territoires qu'il révèle, tout au long de son œuvre, sont des espaces imaginaires qu'il incarne dans les formes de ses sculptures et de ses peintures.
Sa poésie est du côté d'Arthur Rimbaud et ses formes ne sont pas des créatures soumises. Bien au contraire, elles occupent des forêts ou des jungles encore inviolées, des êtres qui conquièrent leur autonomie et se transforment en libres identités. Ce n'est pas nous qui, à la suite de leur auteur, les manipulons, les contemplons mais elles qui nous regardent, nous nourrissent, s'échappant comme des djinns ne retrouvant jamais leur flacon. Elles nous intriguent, nous questionnent, relançant une vie qui, parfois, nous fait défaut.

Que sont ces «*Étoiles en des sexes d'escargots*»?
Ou encore ce «*Chien en train de voler la lune*»?
Ou ce «*Cheveu caressé par la rosée dans l'espace*»? Autant de compositions qui, ayant abandonné la convention de la grammaire, peuplent le réel de Miró, notre réel, c'est-à-dire non pas ce que nous croyons vrai pour l'avoir observé mais ce qui est vrai parce que nous venons de le découvrir au sein de nos relations changeantes, renversantes avec la matière.

La première leçon de Miró est de nous apprendre que lorsque nous allons vers une œuvre d'art nous devons être prêts à suspendre tout jugement préalable, à abandonner tout savoir pour pouvoir nous livrer entièrement à la sensation inouïe, la sensation inédite que sont l'expérimentation et l'exploration d'une œuvre. Ce n'est qu'à ce prix que la pensée, la recherche de Miró sont atteignables, compréhensibles et vivantes. Si nous le suivons sur ce chemin alors se dessinent, s'ouvrent son univers et son espace.

Sans titre X/XI, 1960
Huile sur papier, 100 × 72 cm
Collection Jules Maeght, Paris

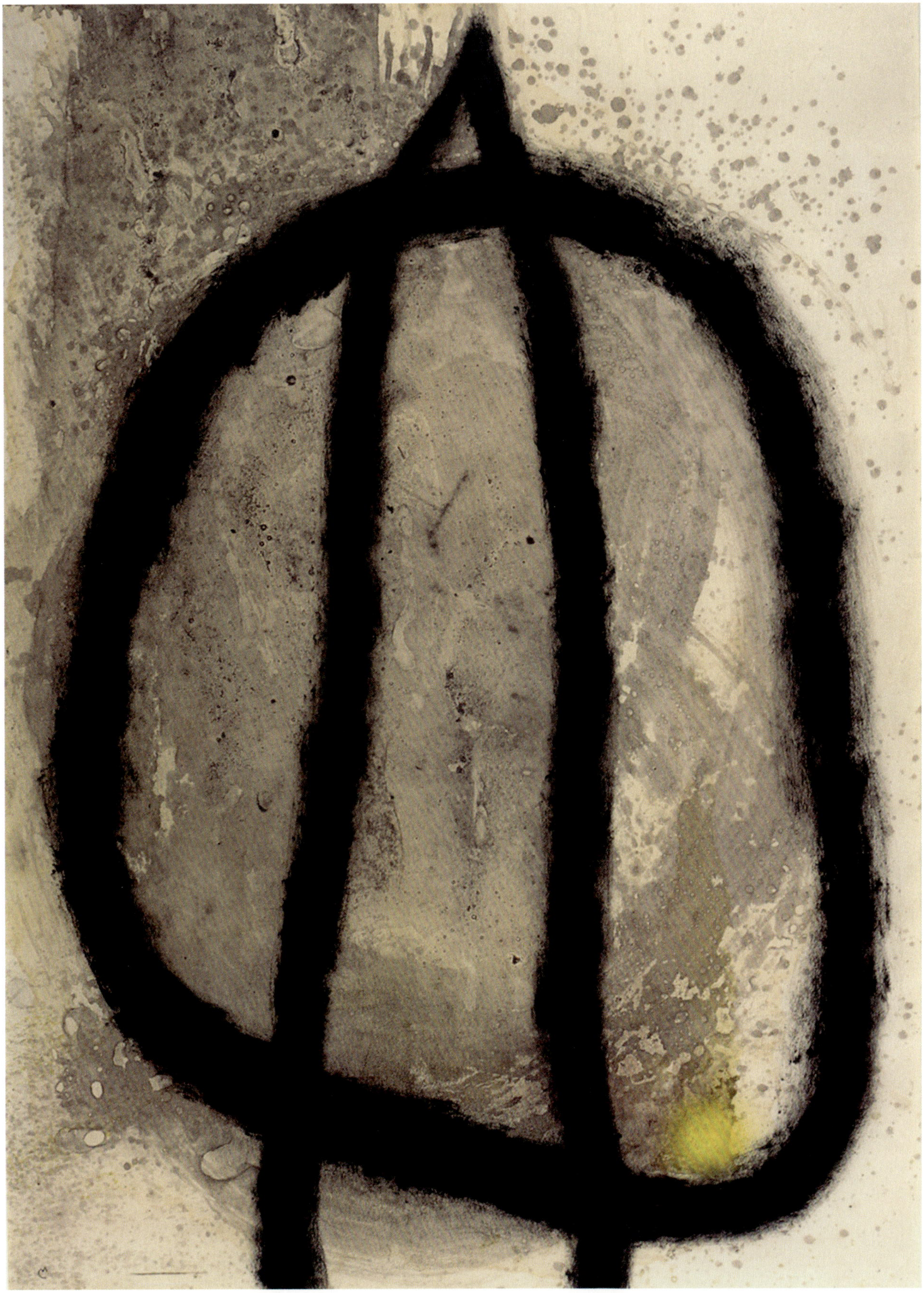

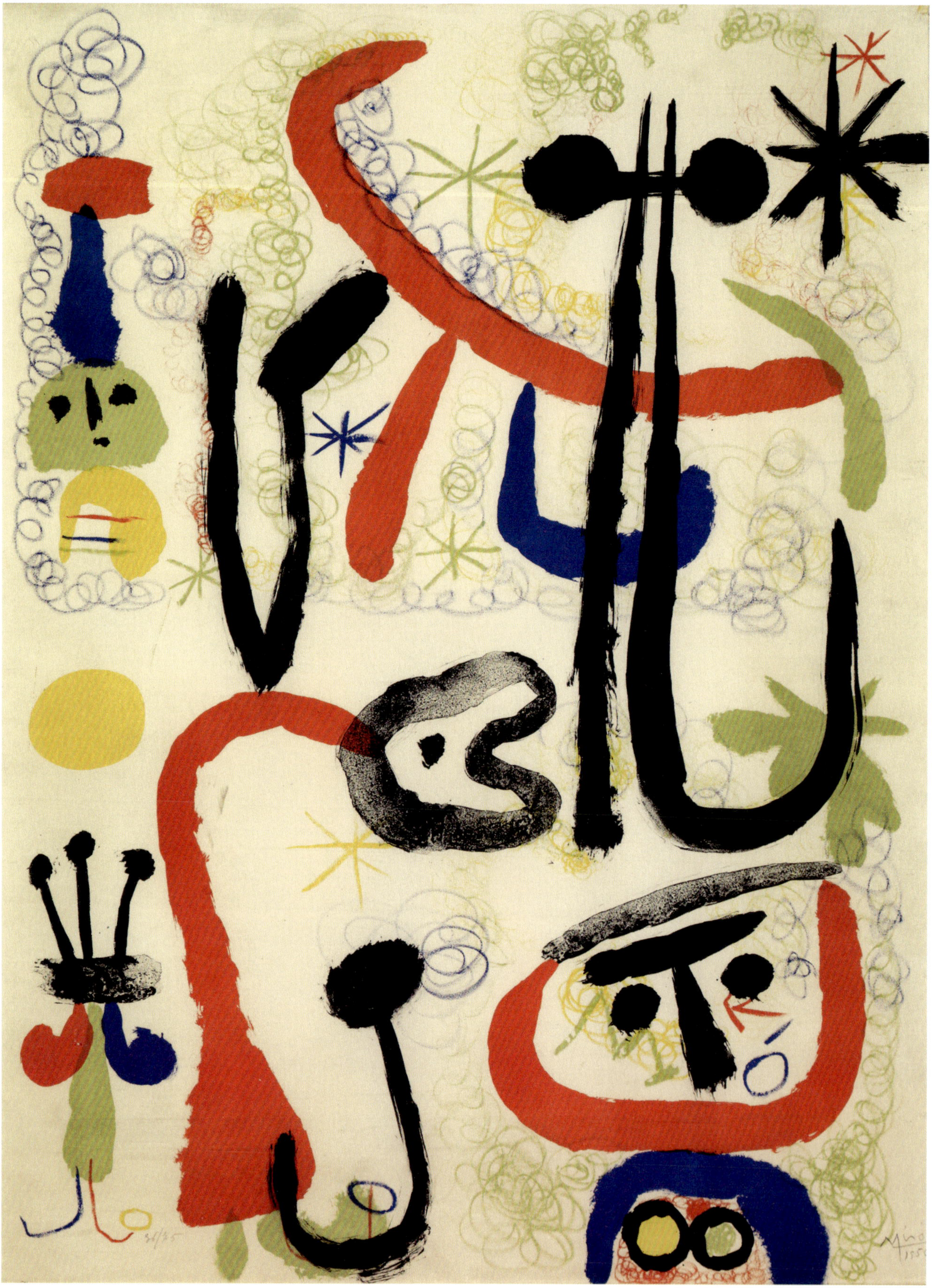

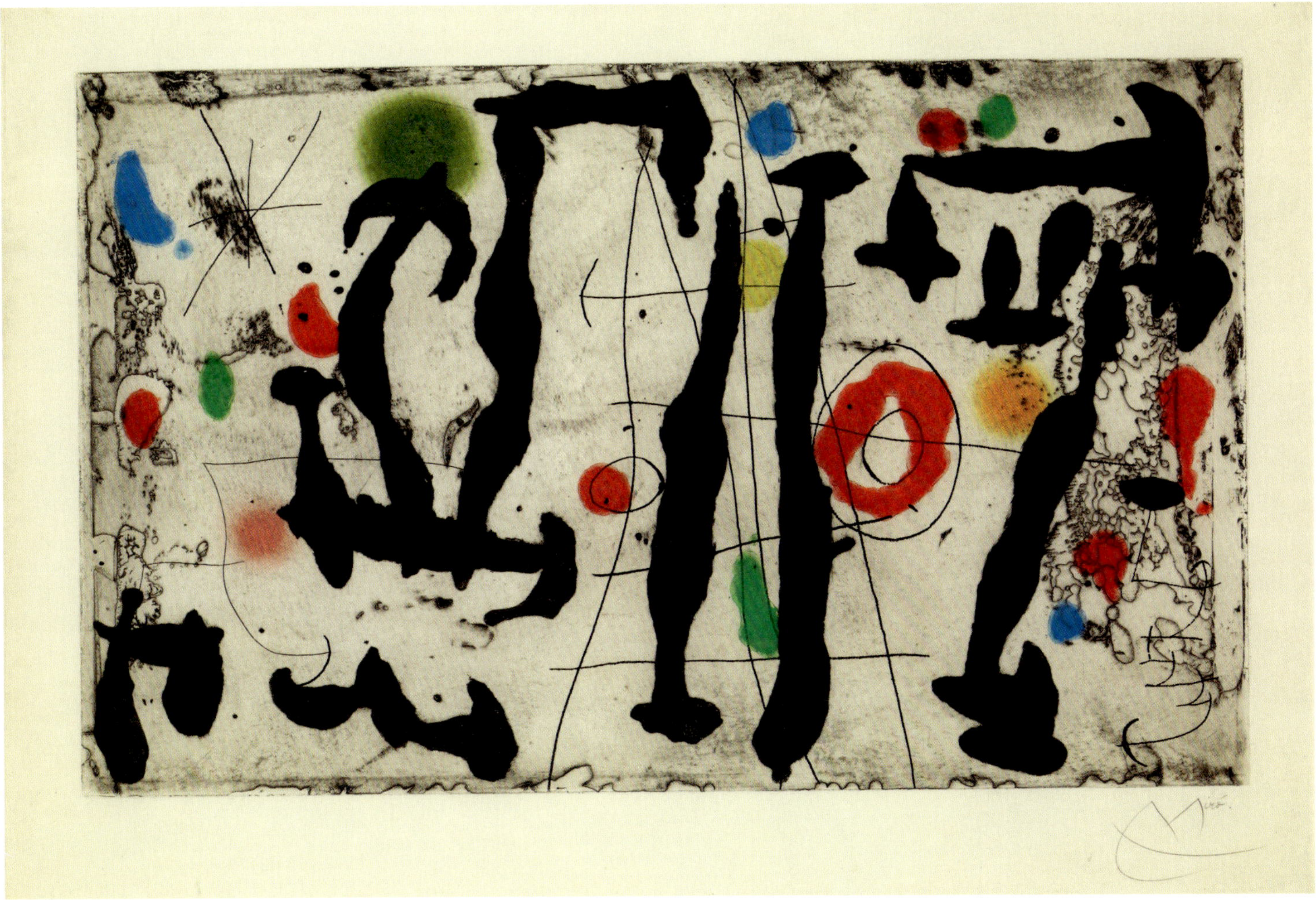

Tracé sur la paroi IV, 1967
Gravure originale en aquatinte,
carborundum et eau-forte sur Mandeure, 73,5 × 104 cm
Collection Fondation Maeght

(Page gauche)
Personnages et animaux, 1950
Lithographie originale sur Vélin d'Arches, 76 × 56 cm
Collection Fondation Maeght

(Pages suivantes)
L'Étoile matinale, 1946
Huile sur toile, 146 × 114 cm
Collection particulière, Espagne

Les Femmes, 1948
Lithographie originale sur Vélin d'Arches, 65 × 50 cm
Collection Fondation Maeght

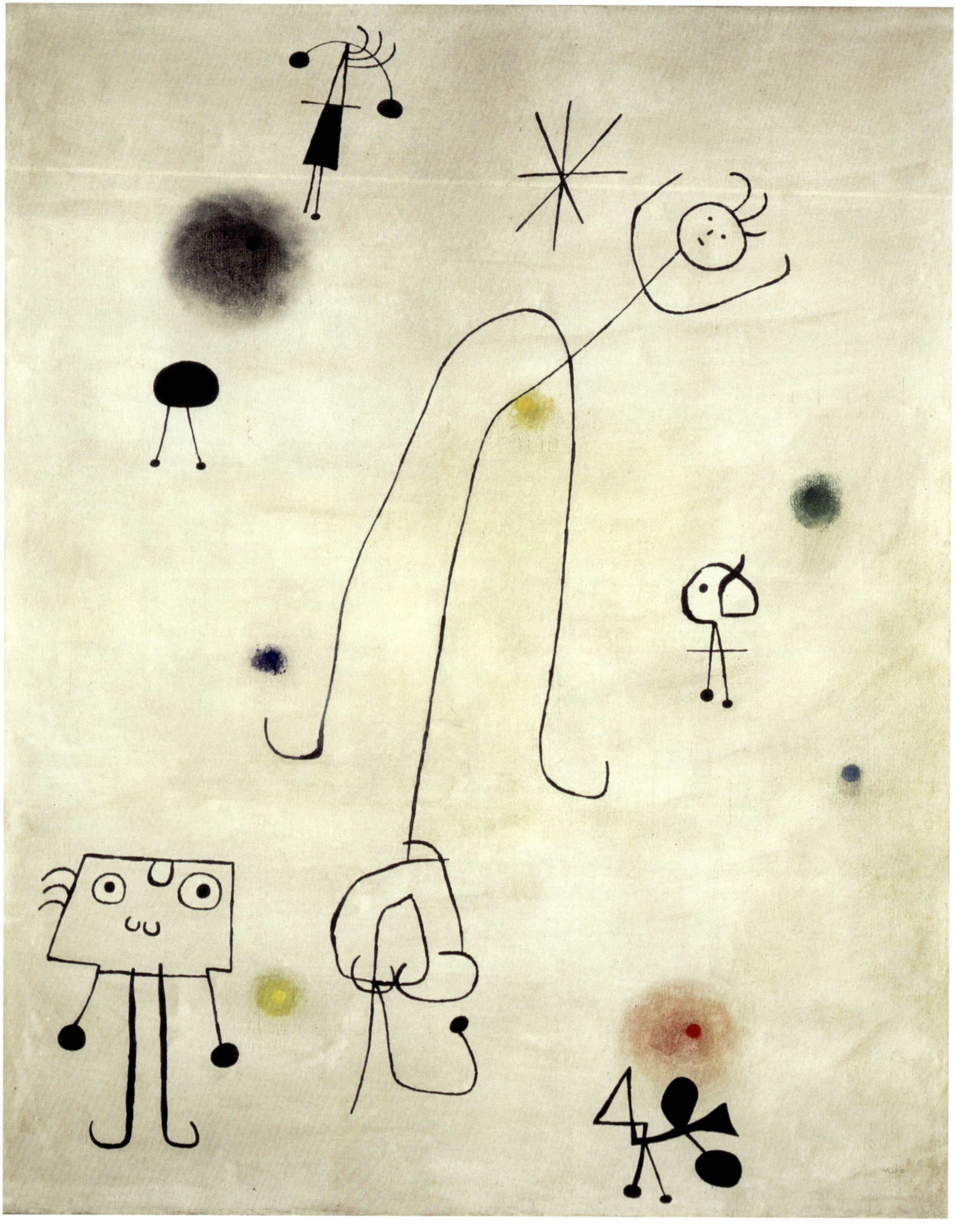
Miró

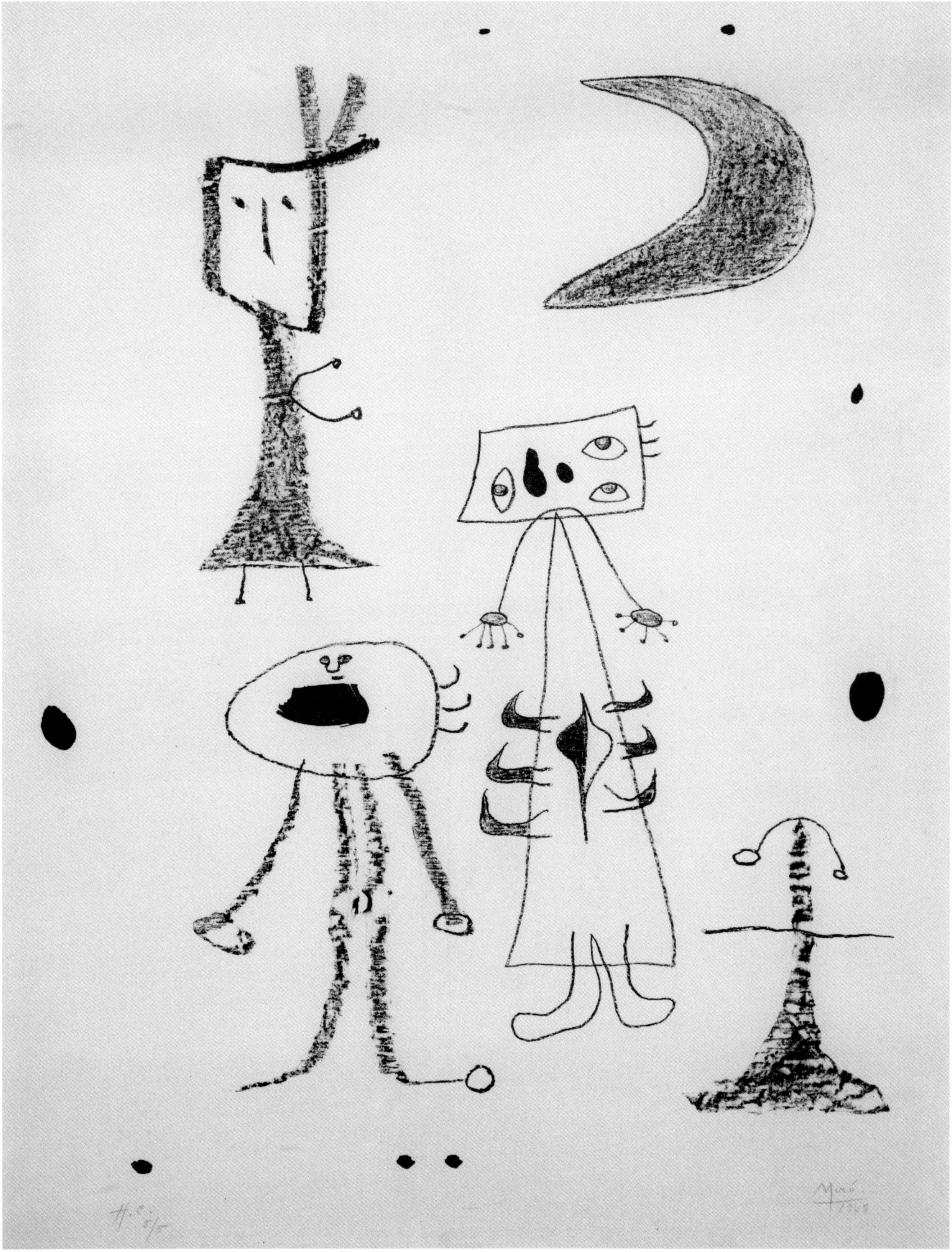

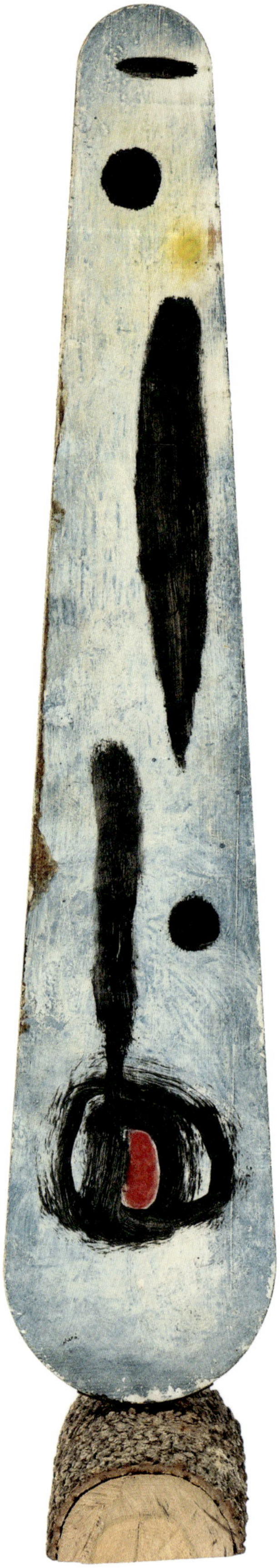

Planche à repasser, 1953
Huile sur bois, 157 × 30 × 3 cm
Collection Isabelle Maeght, Paris

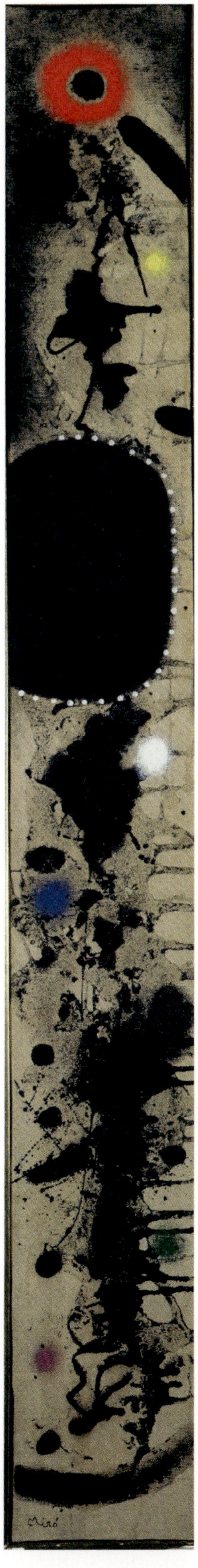

Triptique I, 1963
Huile sur toile, 132,5 × 16 cm
Collection Sylvie Baltazart-Eon, Paris

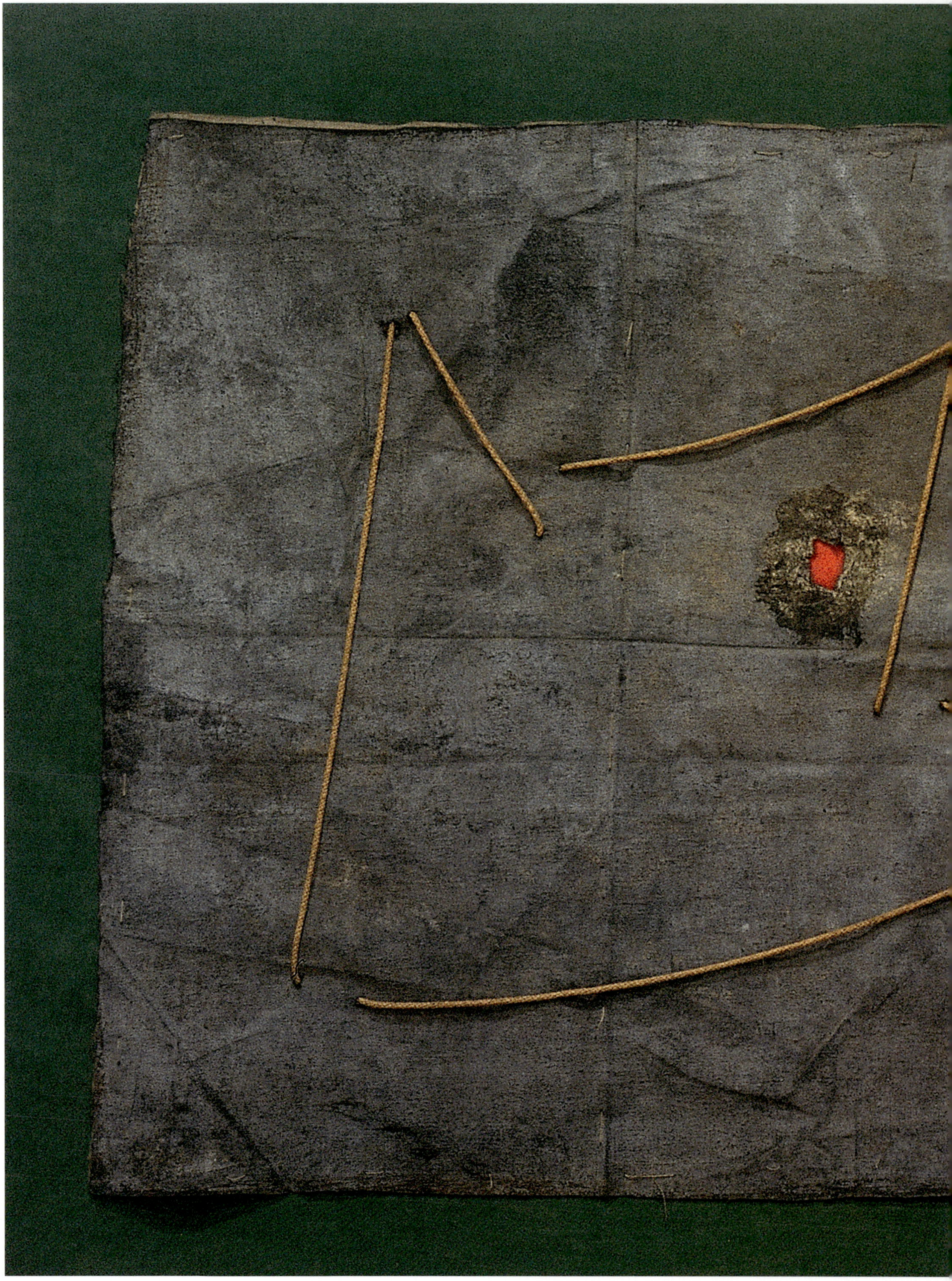

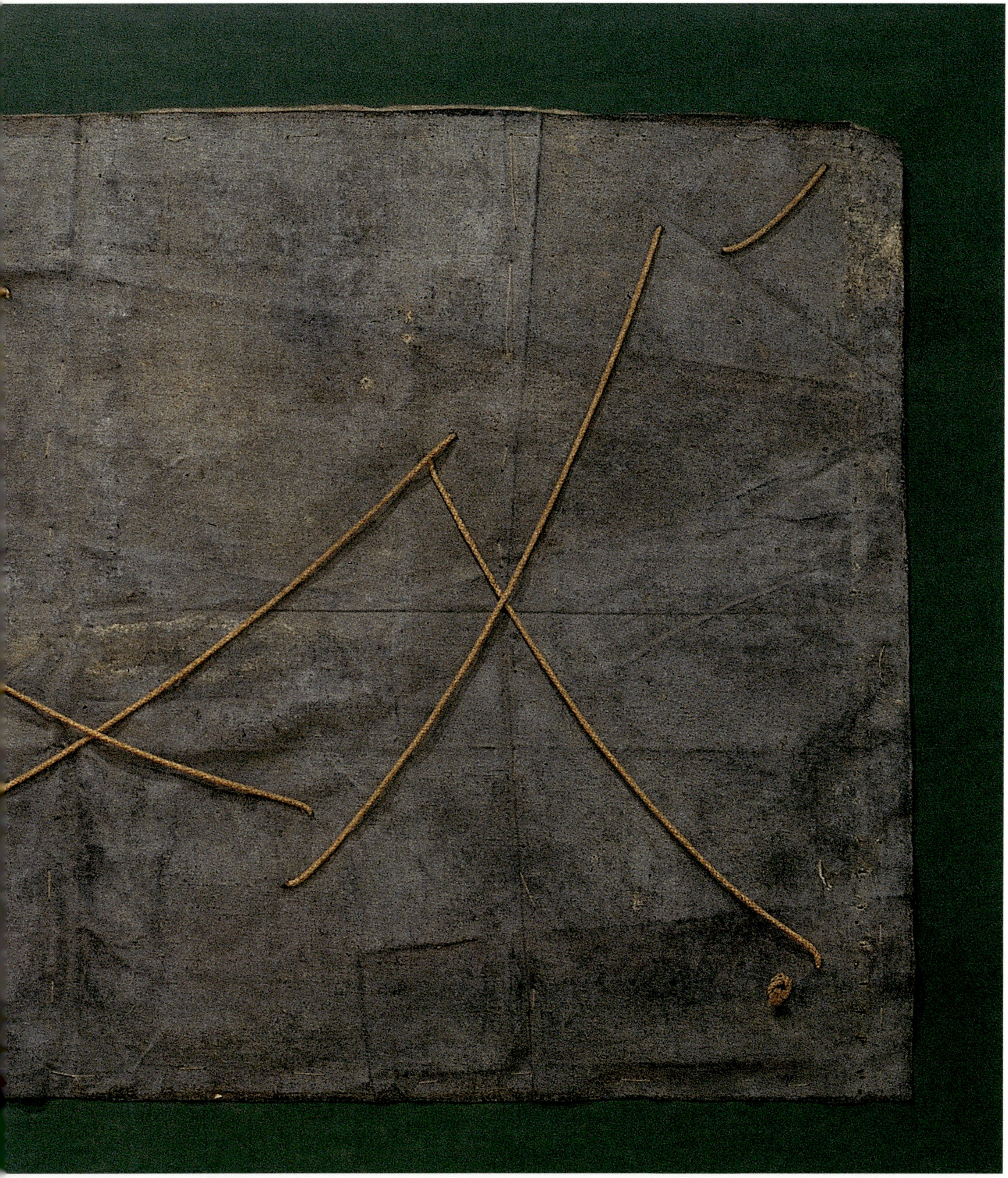

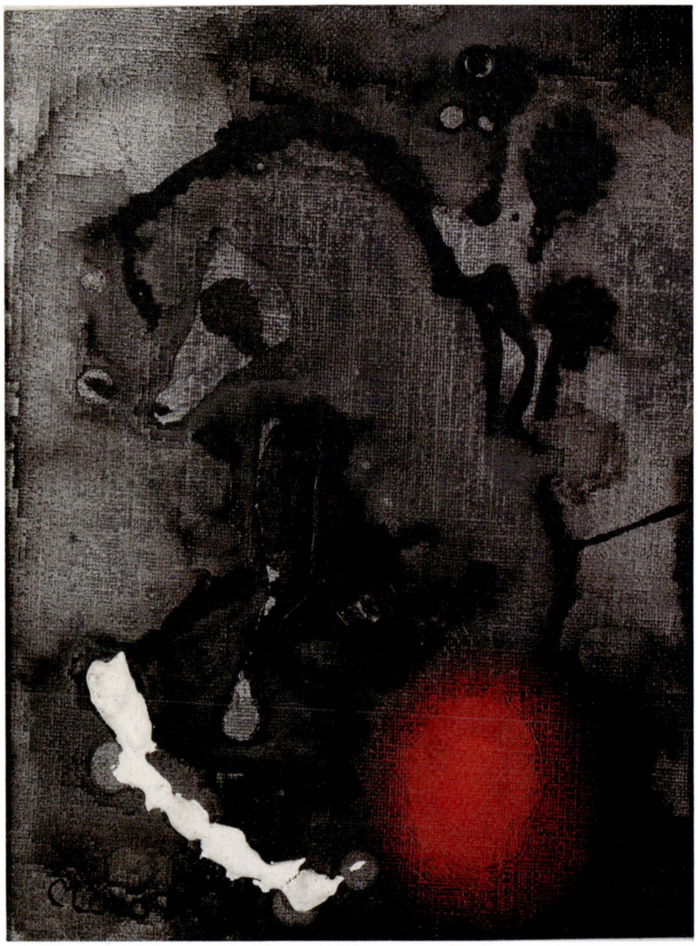

(Double page précédente)
Accent rouge dans le calme, 1968
Huile sur toile, 220 × 362 cm
Collection Adrien Maeght, Saint-Paul de Vence

Accent blanc V, 1963
Huile sur carton, 22 × 16 cm
Collection Adrien Maeght, Saint-Paul de Vence

(Page droite)
Peinture III/V, 1960
Huile sur toile, 92 × 73 cm
Collection Sylvie Baltazart-Eon, Paris

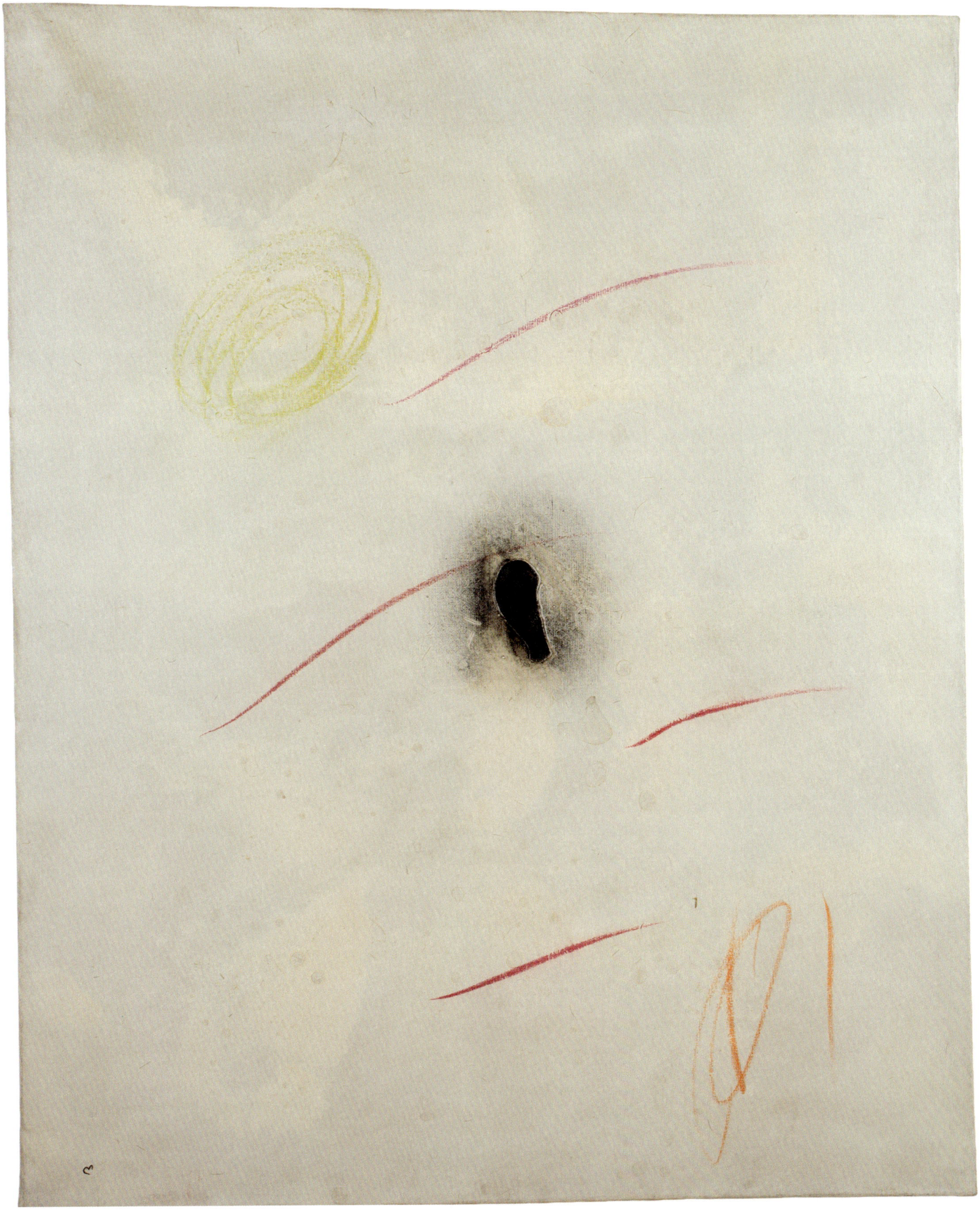

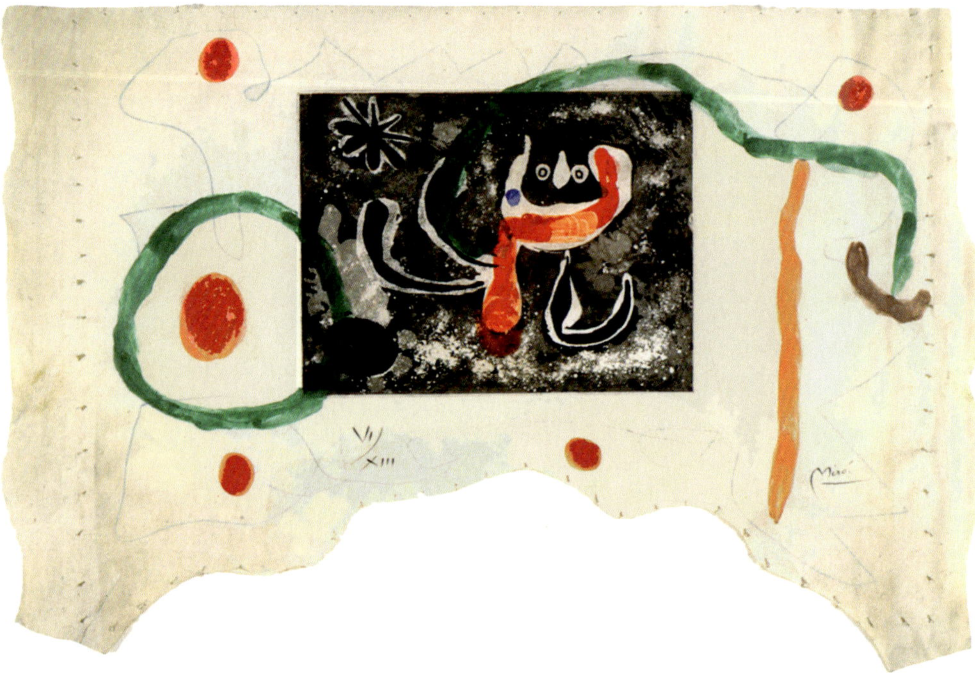

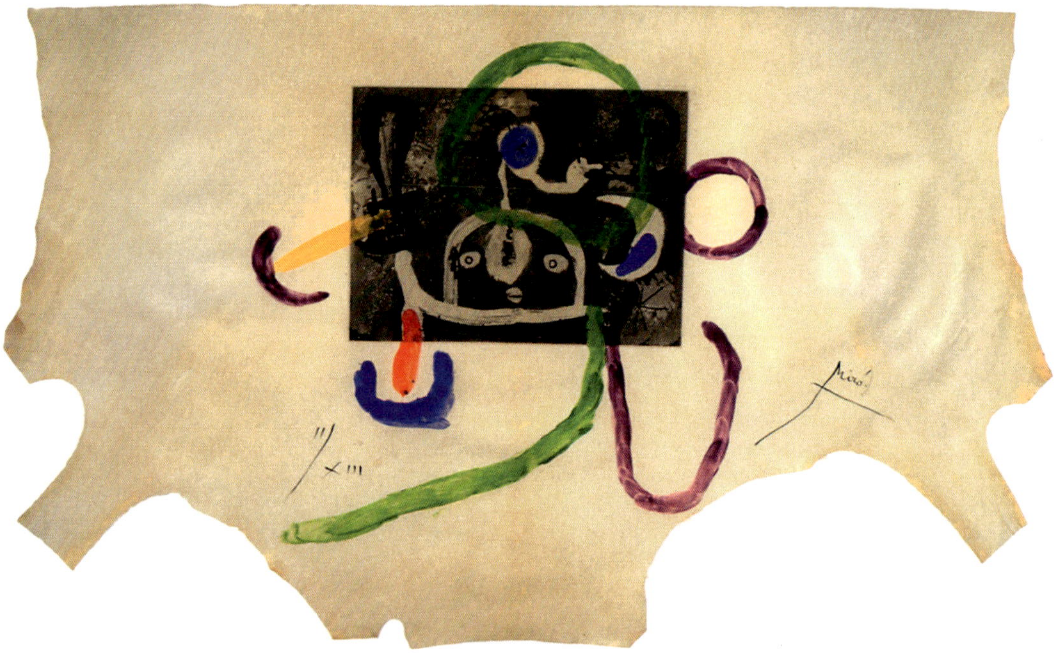

Parchemin n°1, 1953
Eau-forte originale et gouache sur parchemin, 53,5 × 78,5 cm
Collection Adrien Maeght, Saint-Paul de Vence

Parchemin n°2, 1953
Eau-forte originale et gouache sur parchemin, 60,5 × 96 cm
Collection Adrien Maeght, Saint-Paul de Vence

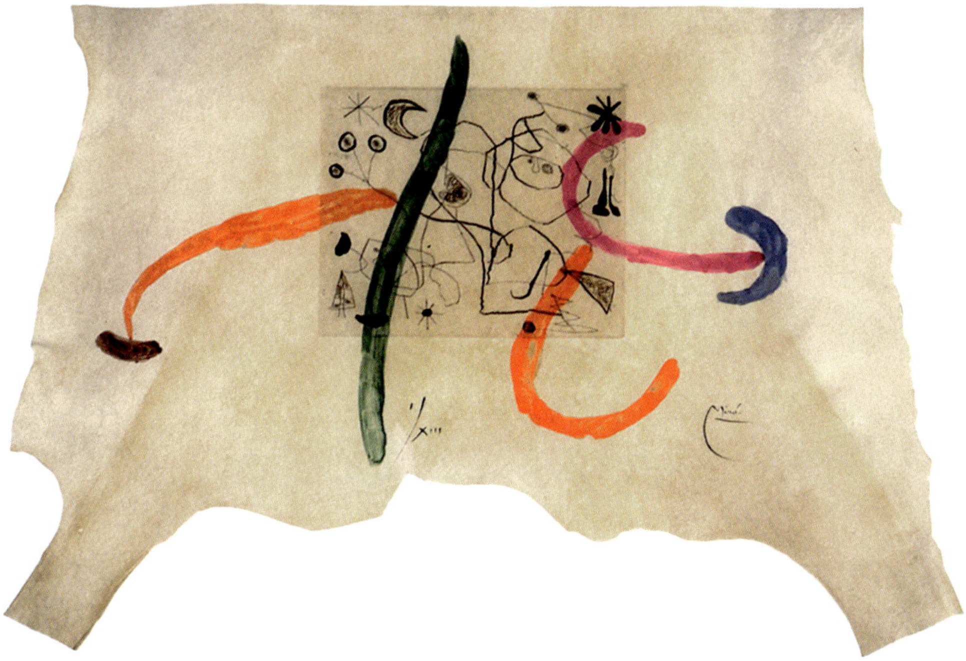

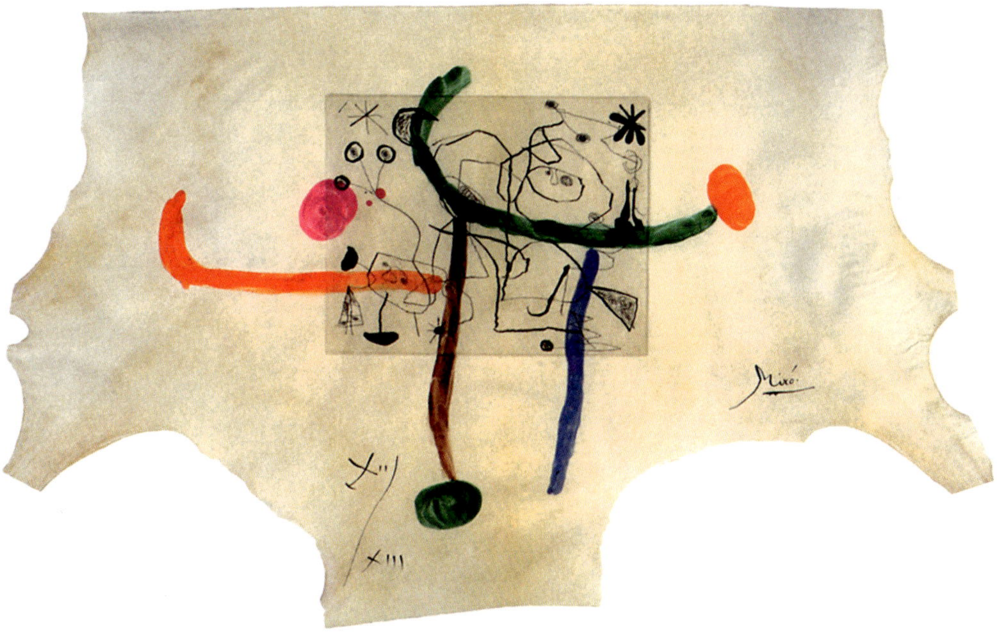

Parchemin n°3, 1953
Eau-forte originale et gouache sur parchemin, 59,5 × 89 cm
Collection Adrien Maeght, Saint-Paul de Vence

Parchemin n°3, 1953
Eau-forte originale et gouache sur parchemin, 55 × 87 cm
Collection Adrien Maeght, Saint-Paul de Vence

Femme et oiseau dans la nuit, 1945
Huile sur toile, 146 × 114 cm
Collection particulière, Espagne

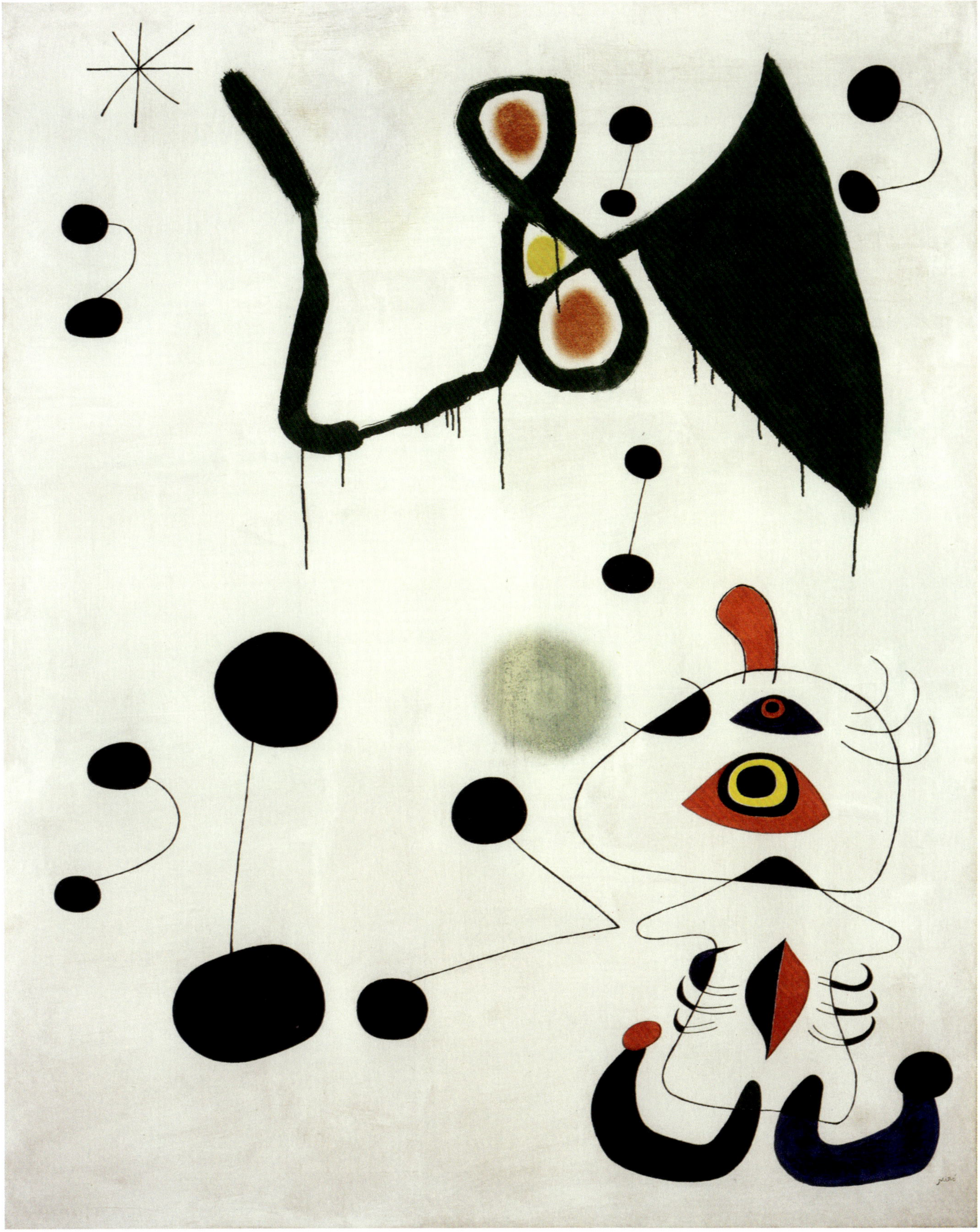

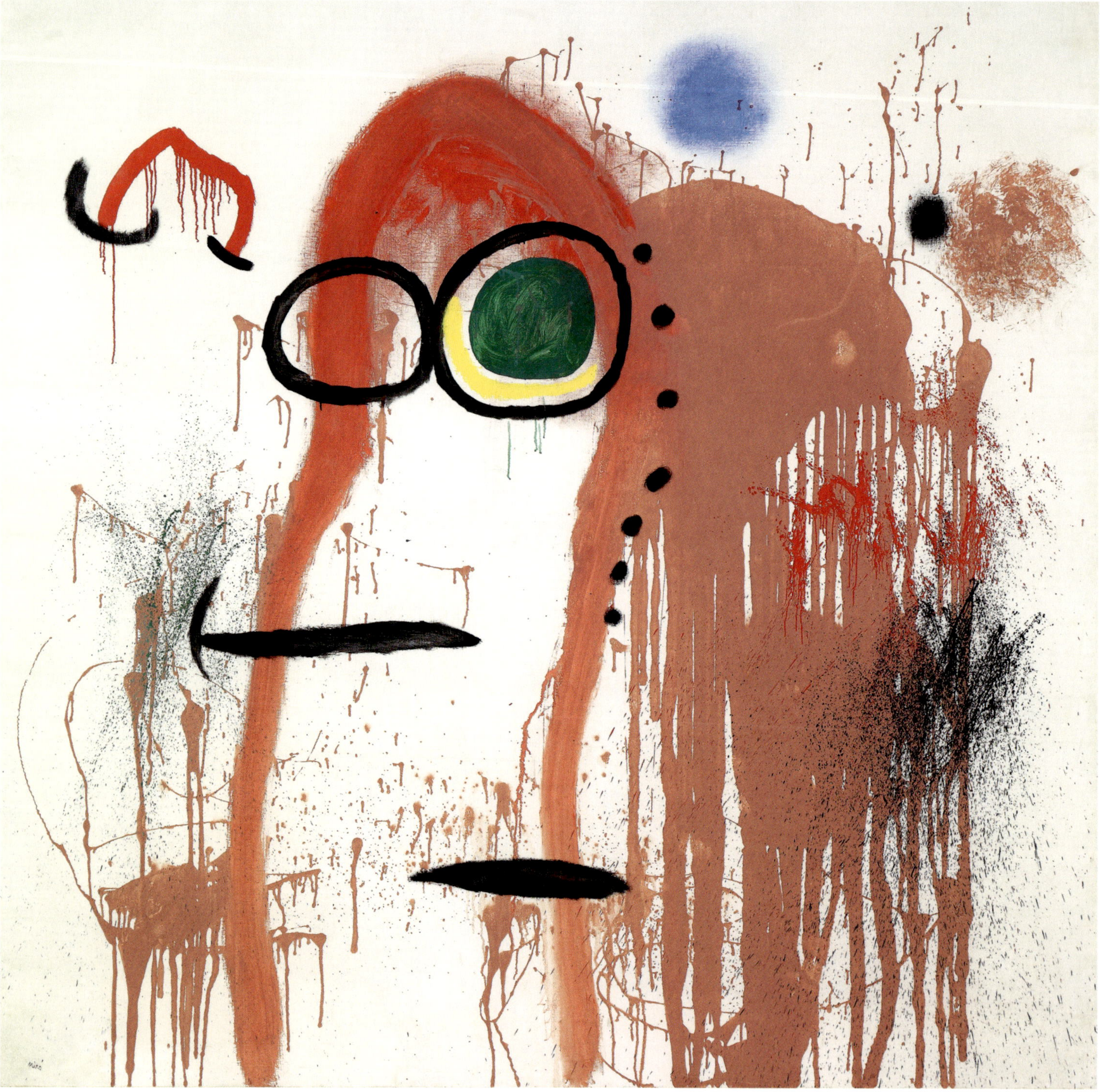

Femme et oiseau I, 1964
Huile sur toile, 199 × 199 cm
Collection Fondation Maeght

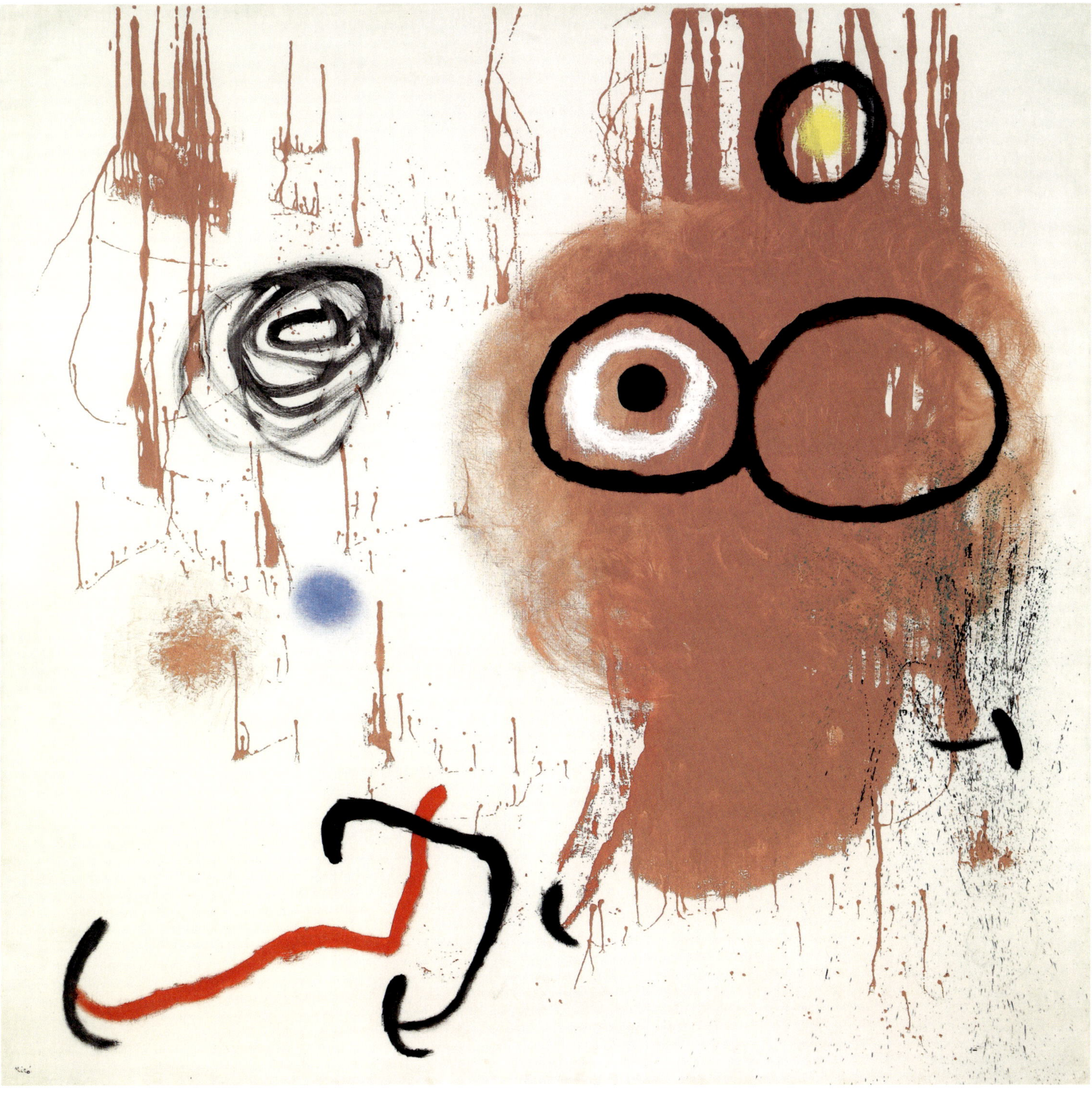

Femme et oiseau II, 1964
Huile sur toile, 199 × 199 cm
Collection Fondation Maeght

Personnage, 1972
Epoxy, 320 × 120 × 100 cm
Collection Fondation Maeght

(Pages suivantes)
Le Chant de la prairie, 1964
Huile sur toile, 193,5 × 130 cm
Collection Fondation Maeght

Vol d'oiseaux à la première étincelle de l'aube, 1964
Huile sur toile, 162 × 130 cm
Collection Fondation Maeght

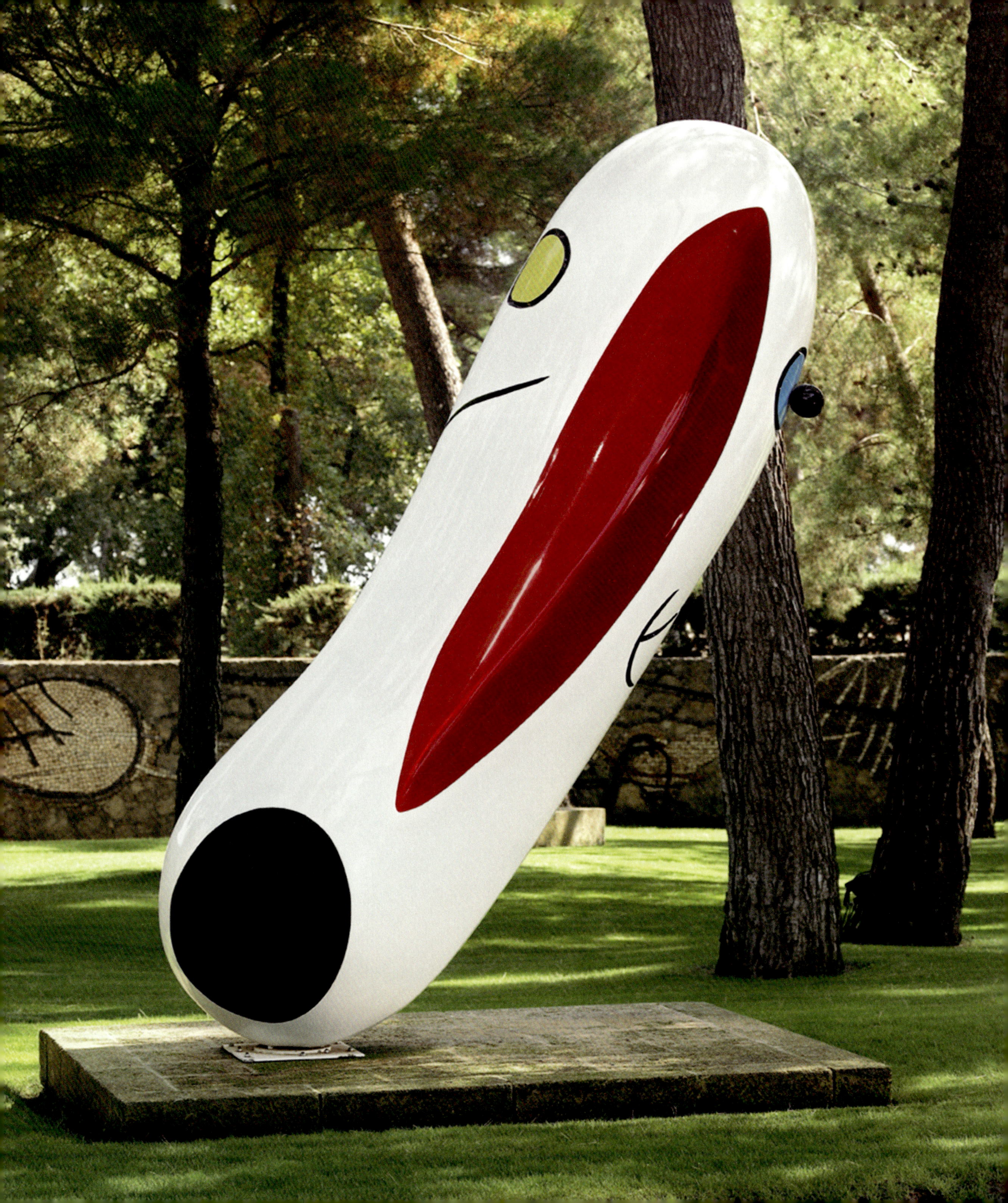

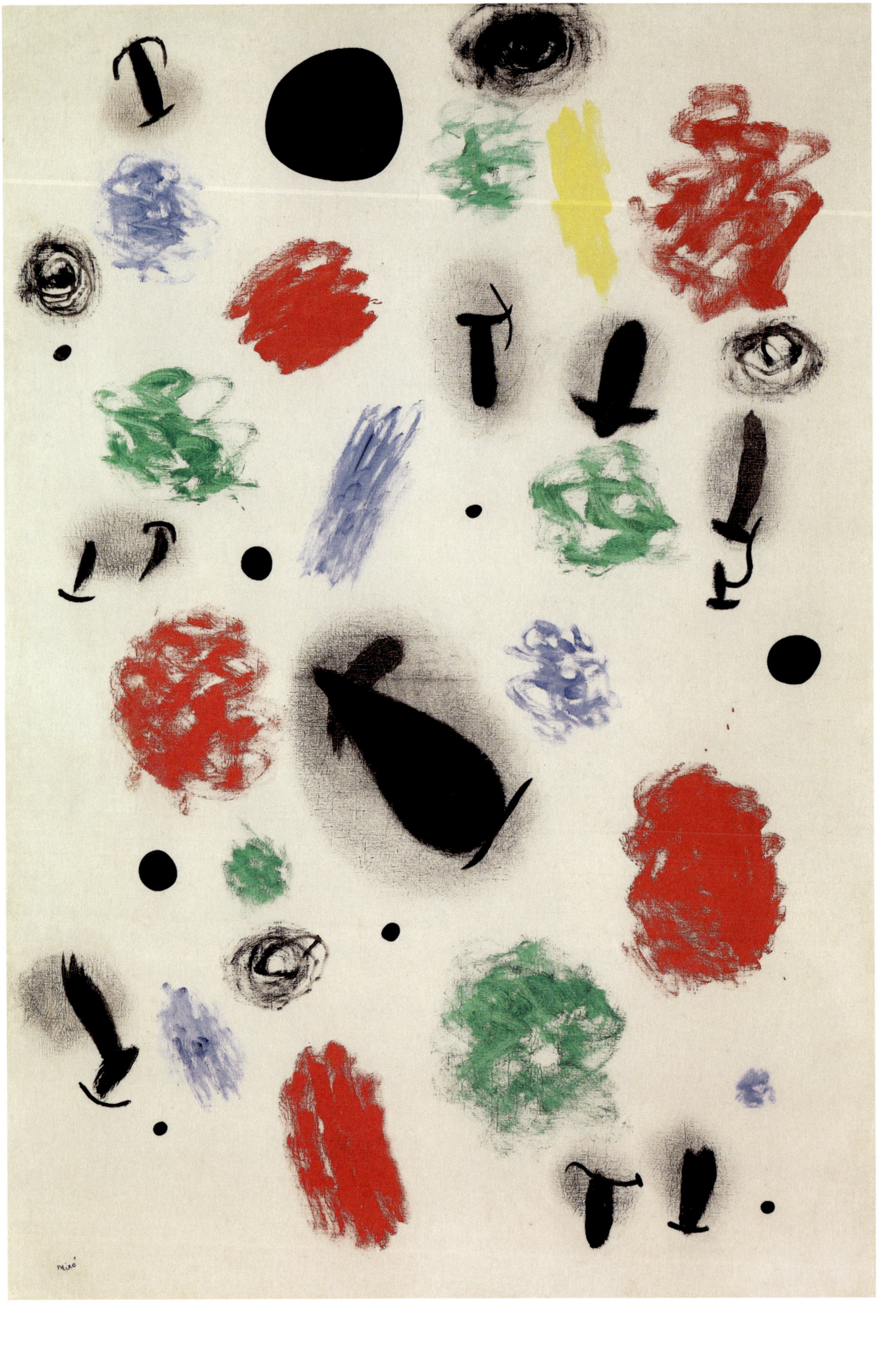
Miró

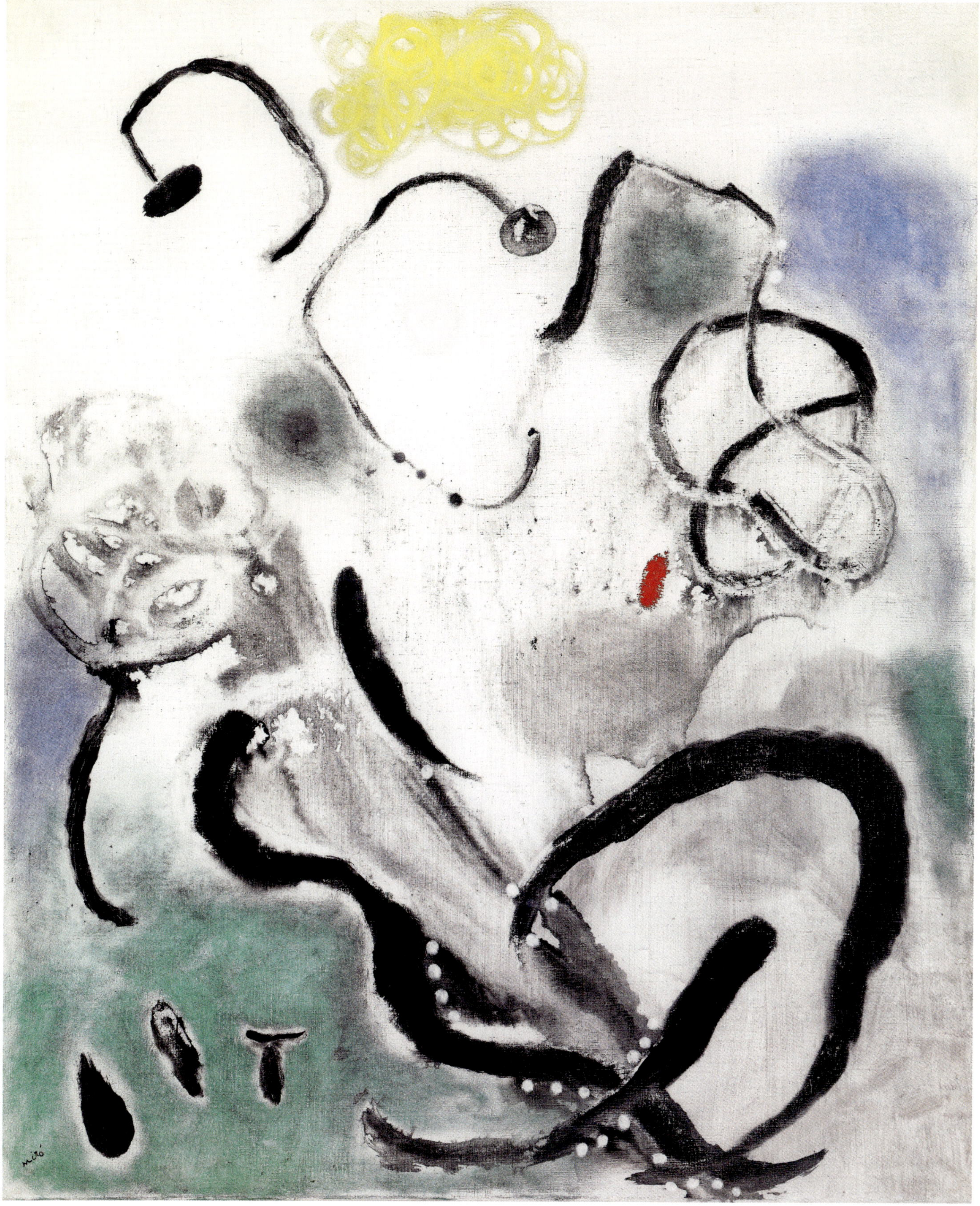
miró

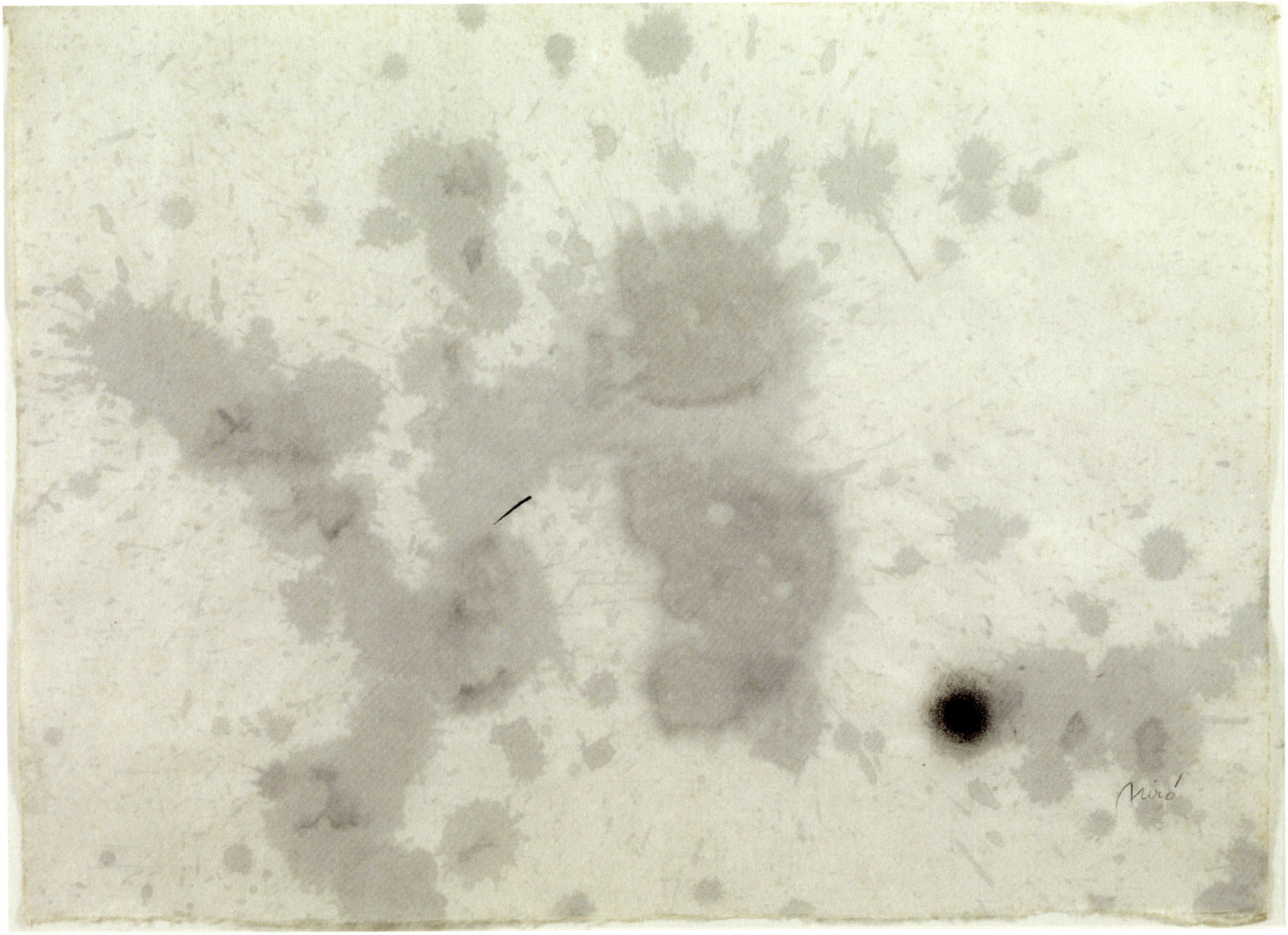

Sans titre, 1971
Encre de Chine sur papier, 46,5 × 62 cm
Collection Fondation Maeght

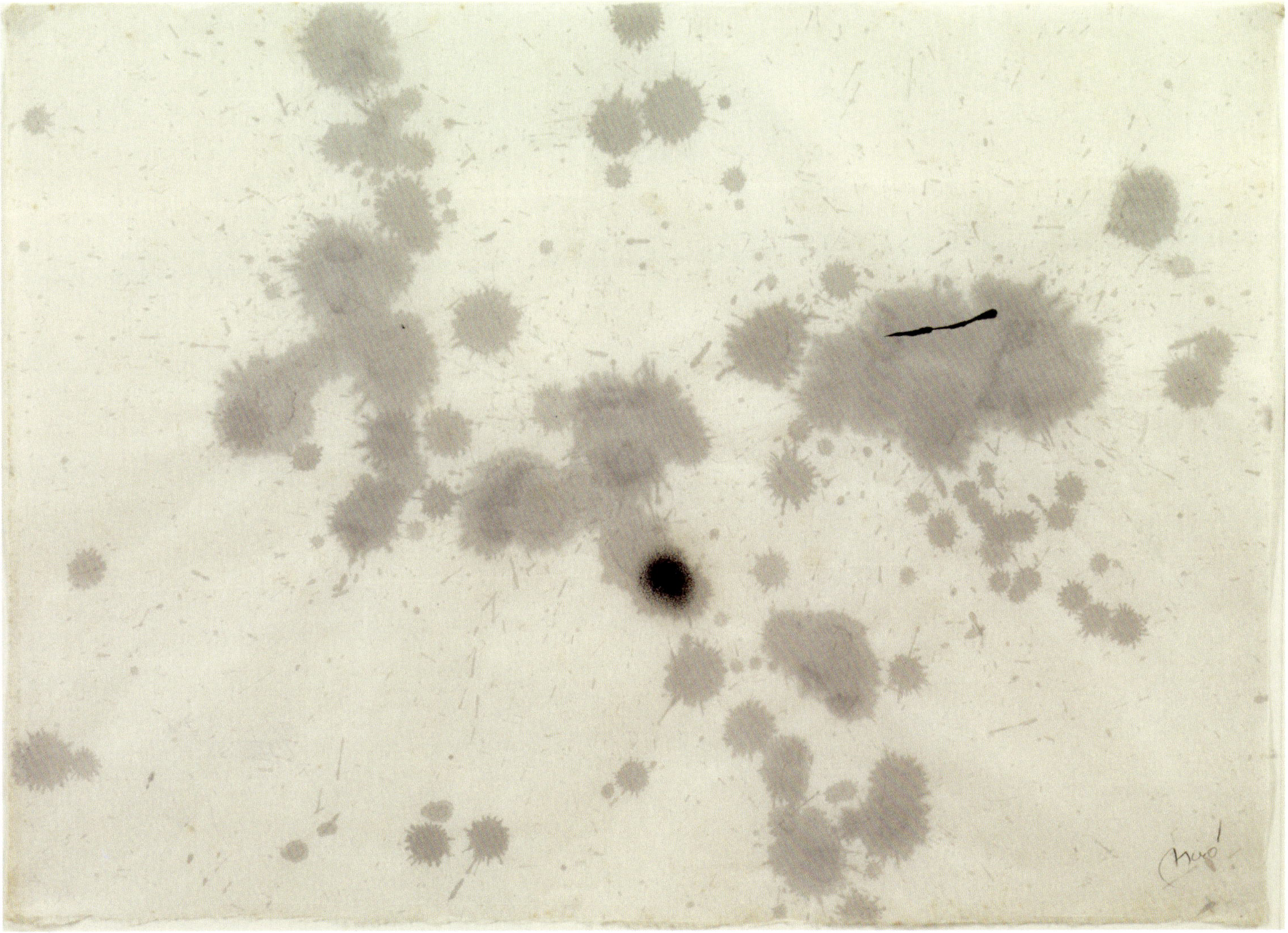

Sans titre, 1971
Encre de Chine sur papier, 46 × 62 cm
Collection Fondation Maeght

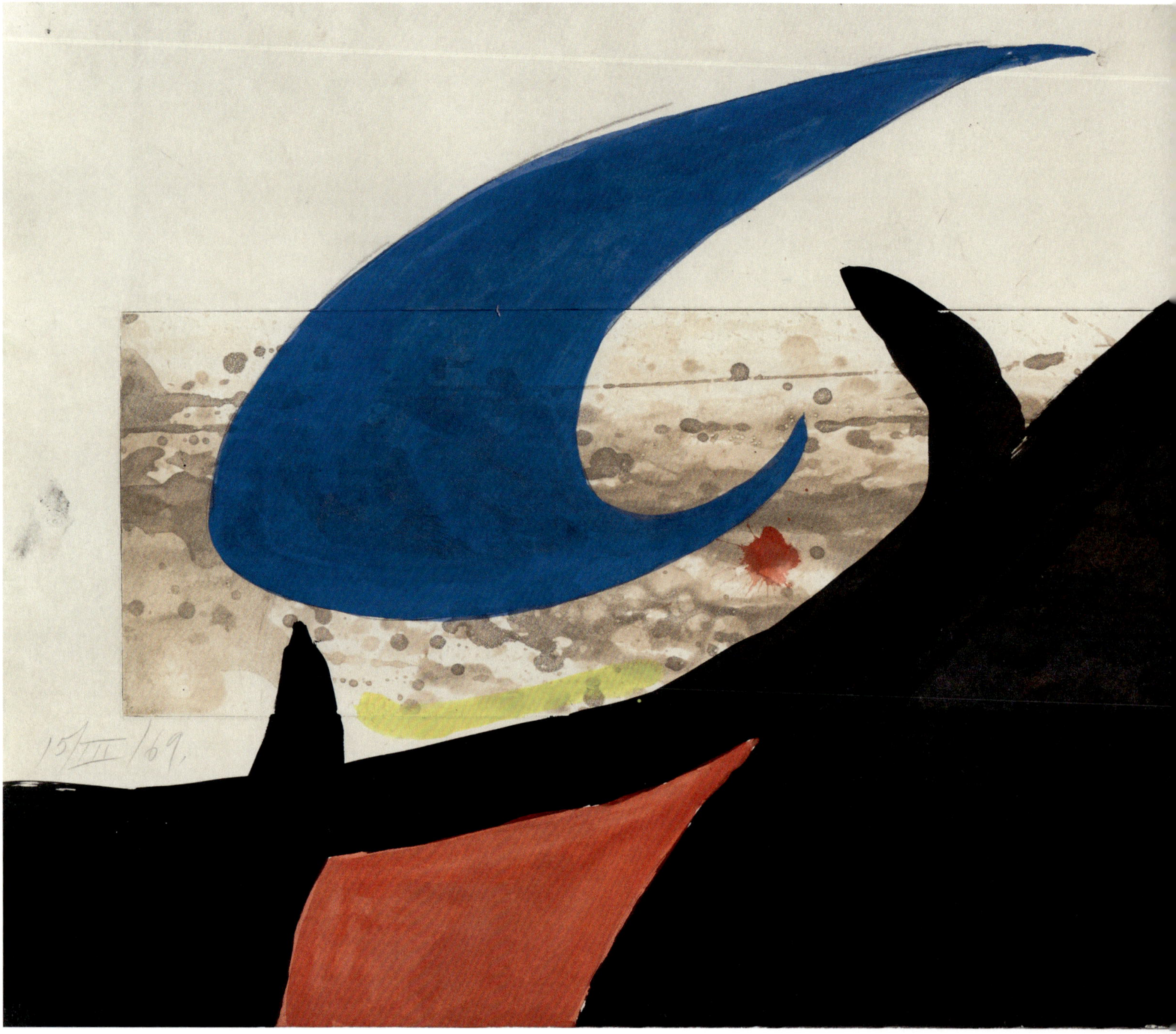

Maja negra, maquette, 1969
Gravure rehaussée d'encre de Chine et de gouache grattée,
60 × 139 cm
Collection Fondation Maeght

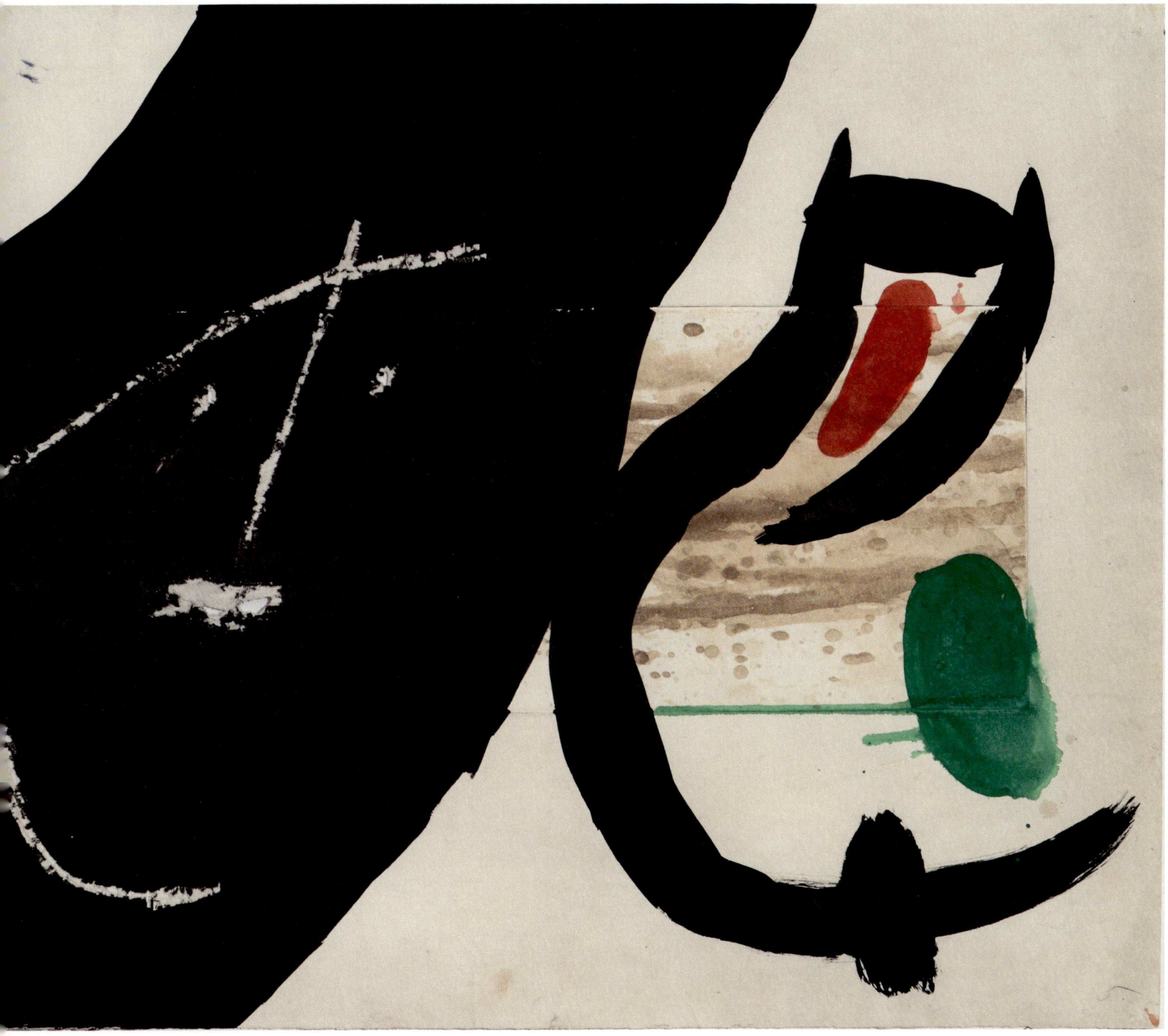

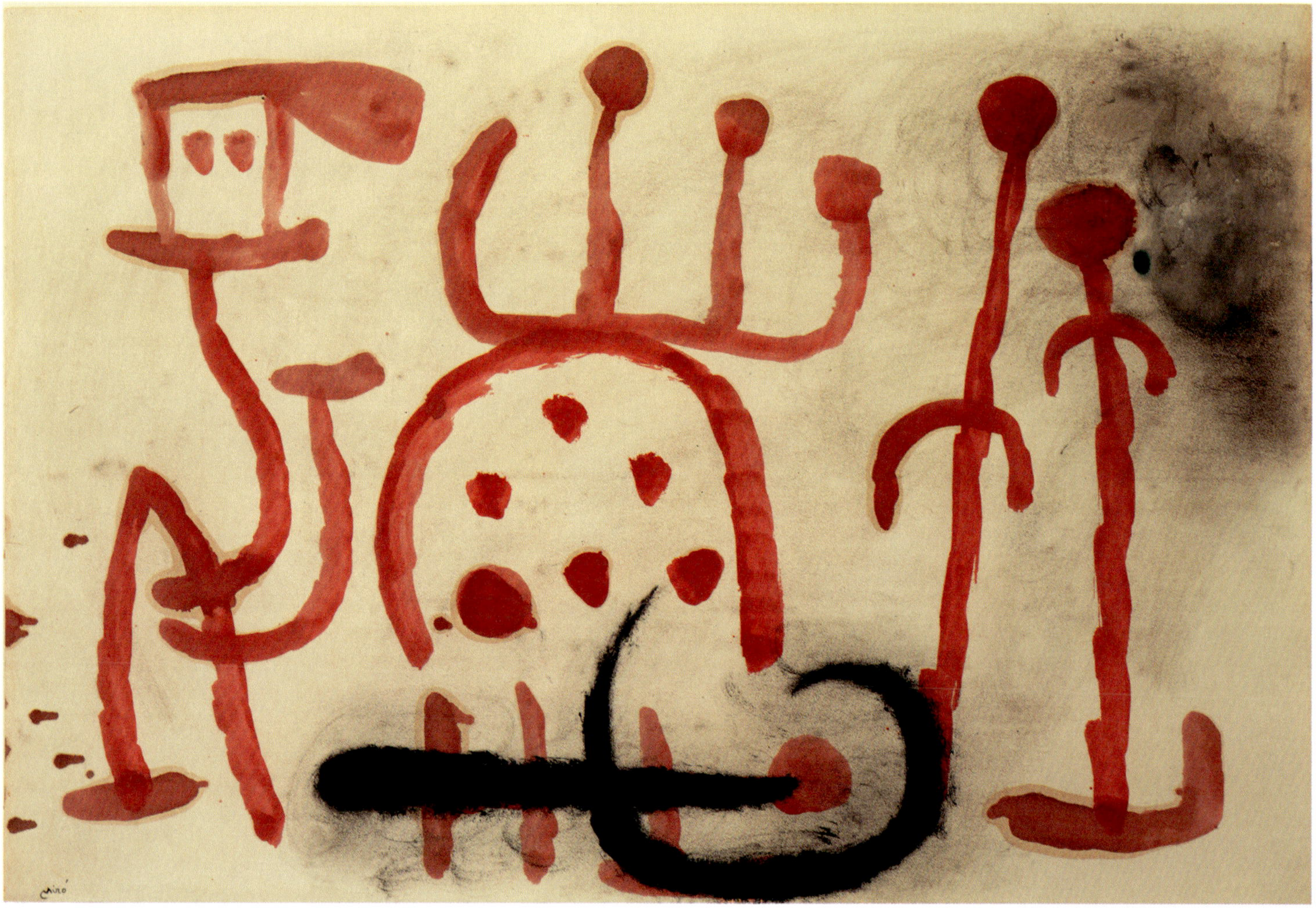

Sans titre, 1960
Encre de Chine, aquarelle et gouache sur papier, 70,5 × 100 cm
Collection Fondation Maeght

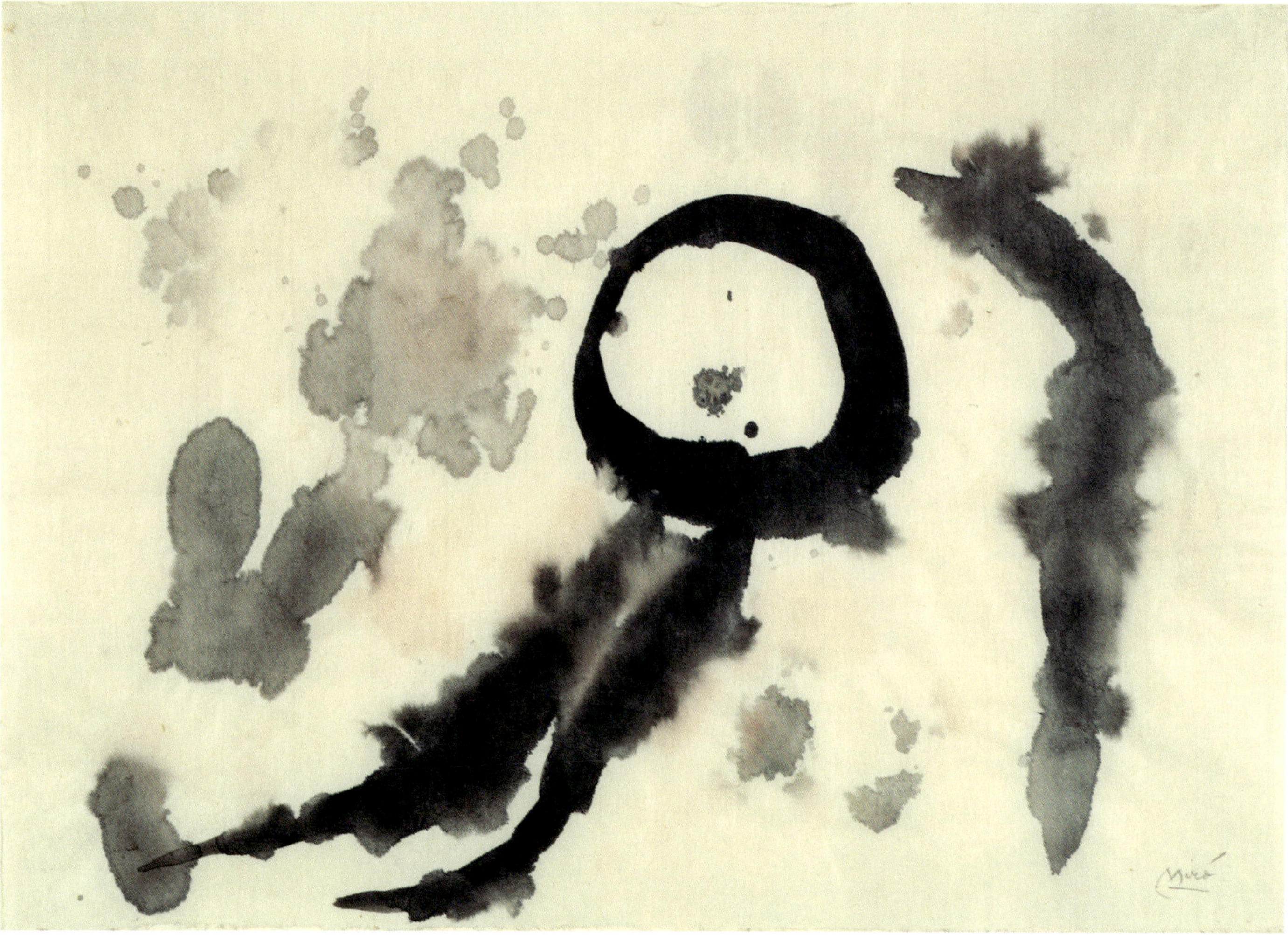

Sans titre, 1966
Encre sur papier, 45,5 × 62 cm
Collection Jules Maeght, Paris

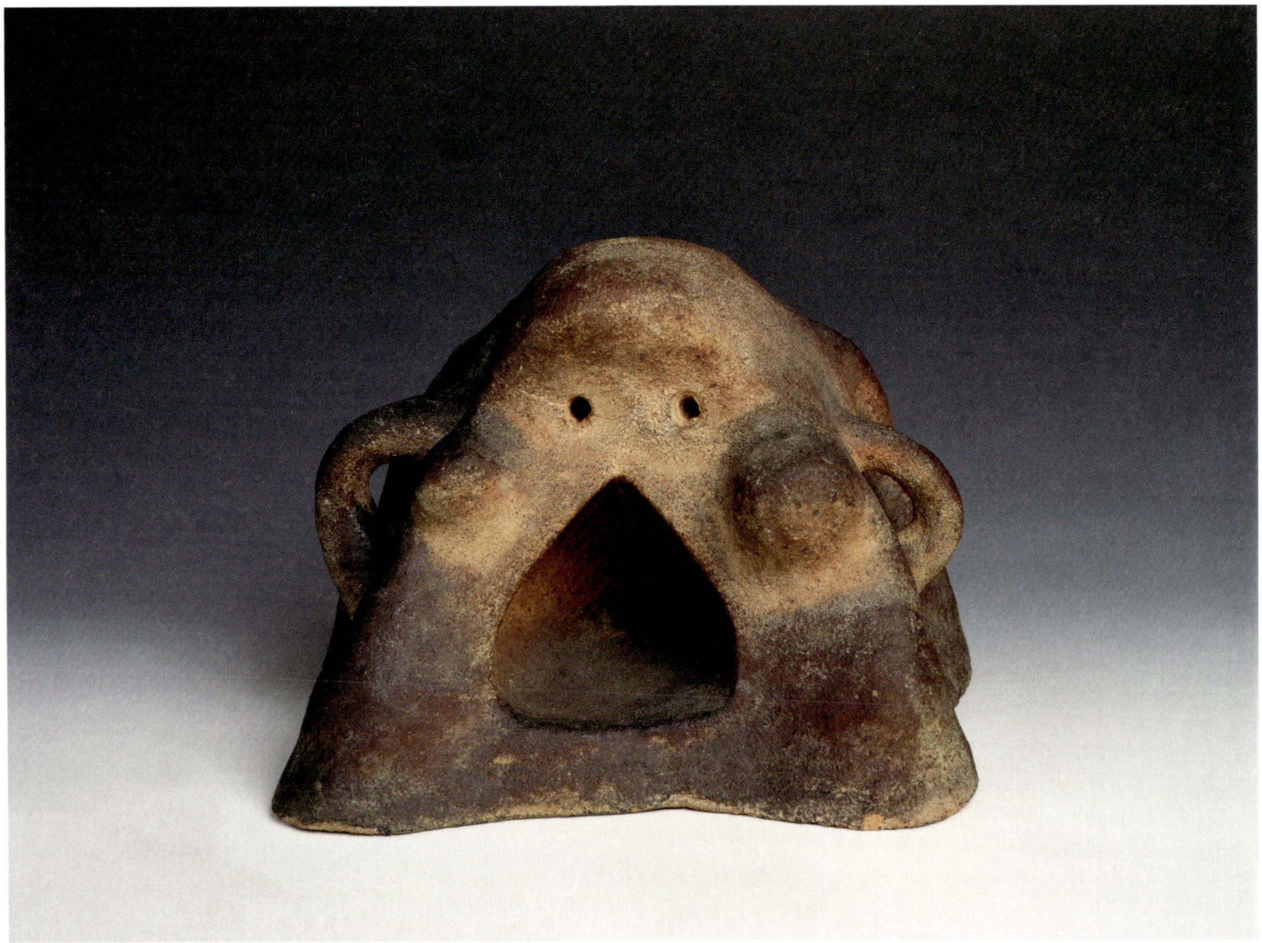

Tête brun foncé, 1944-1946
Céramique, 25 × 18,5 cm
Collection Adrien Maeght, Saint-Paul de Vence

(Page droite)
Grand personnage, 1956
Céramique, 107 × 48 × 44 cm
Collection Fondation Maeght

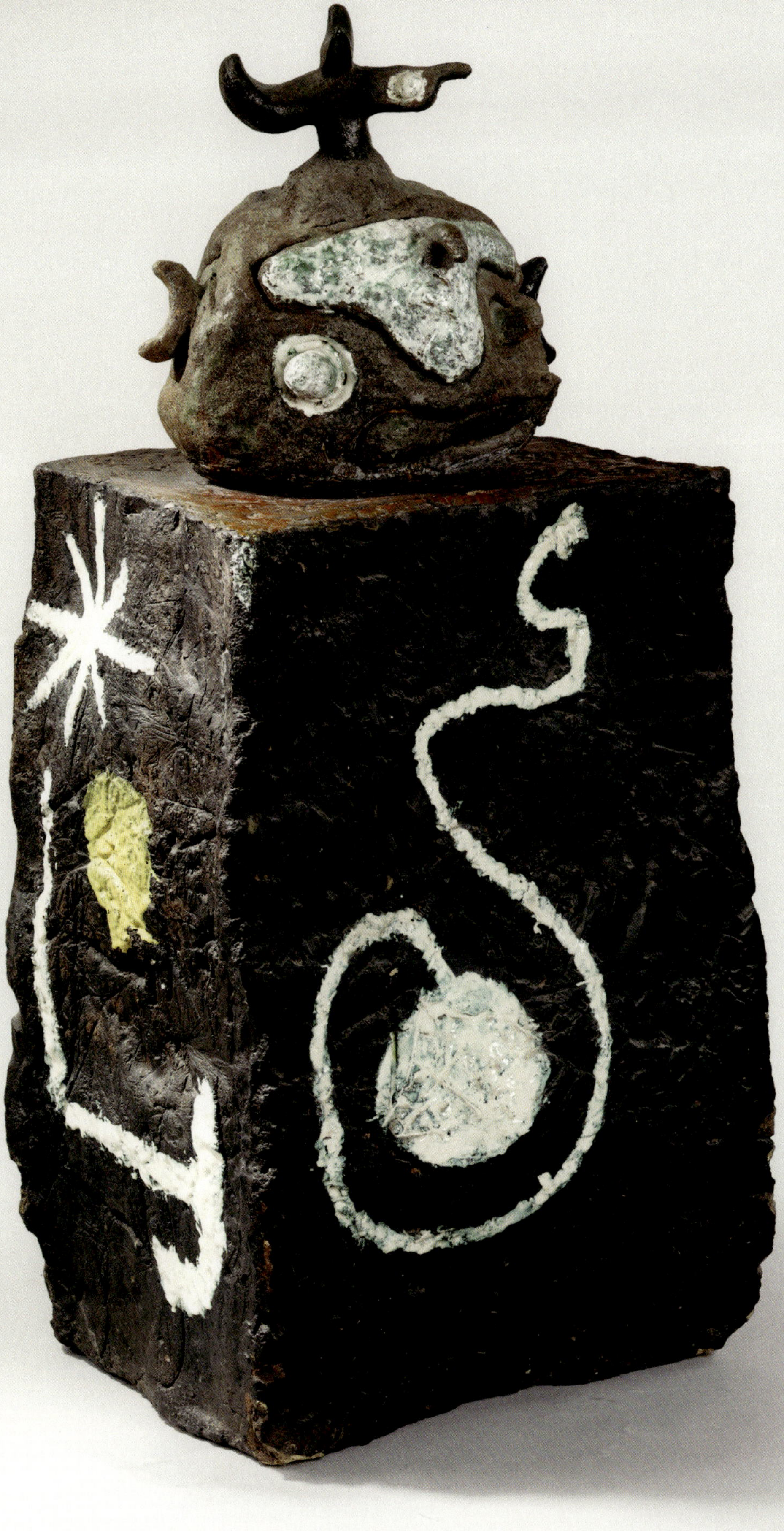

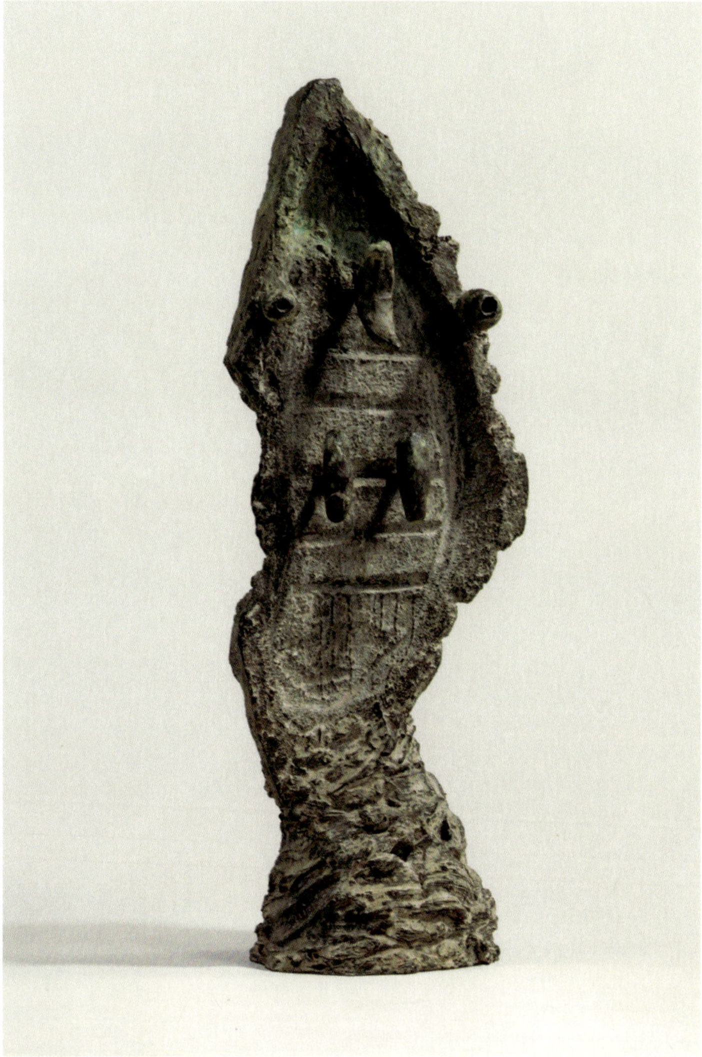

Tête, 1968
Bronze, 87,5 × 31 × 33 cm
Collection Fondation Maeght

(Page droite)
Femme insecte, 1968
Bronze, 107 × 21 × 18 cm
Collection Fondation Maeght

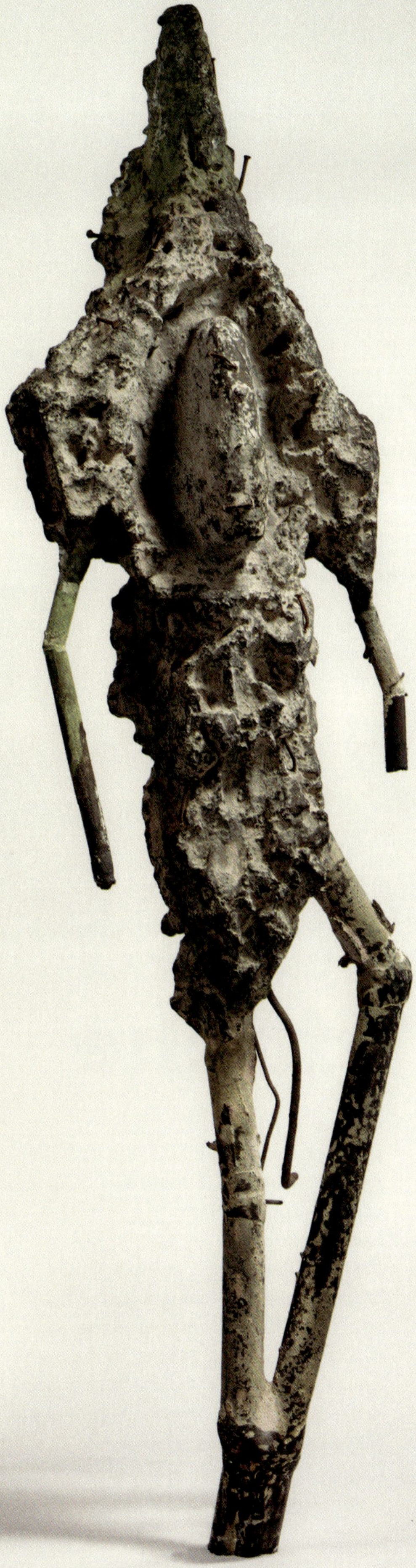

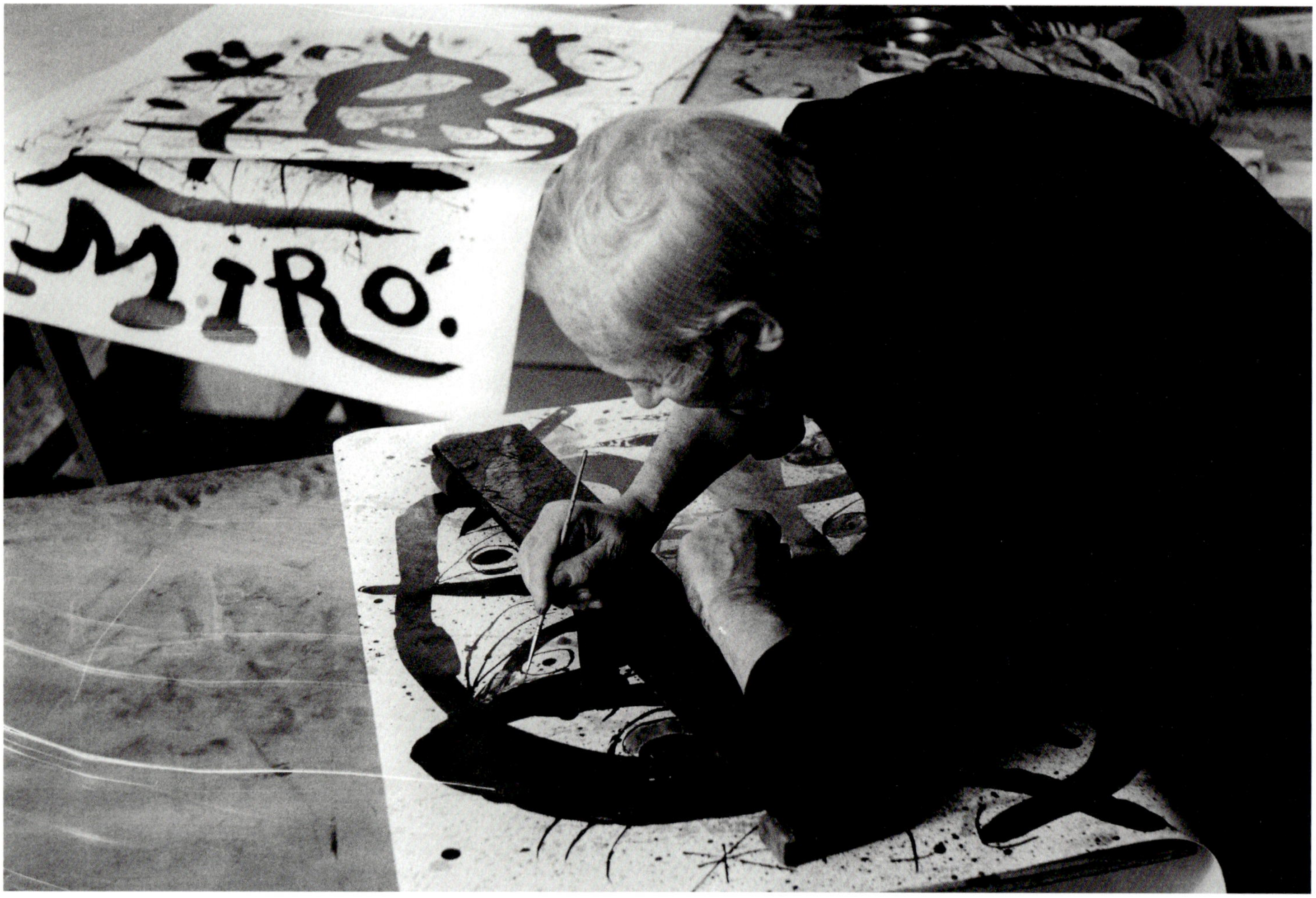

Joan Miró à l'imprimerie Arte - Adrien Maeght à Paris, réalisant l'affiche en lithographie originale pour l'exposition « Agora I » au Musée d'Art Moderne de la Ville de Strasbourg, 1971.

Miró et l'affiche

Il se pourrait que les affiches aient été pour Miró la forme accomplie de certaines recherches. Plus que tout autre artiste du XXe siècle, il voyait dans ce moyen d'expression une possibilité unique de toucher un public plus vaste, plus hétérogène que celui des galeries. Là se trouve sans aucun doute sa réponse à l'industrie culturelle qui se met en place dans l'immédiate après-guerre. Une déclaration formulée dès 1938 révèle un besoin impétueux de se libérer de la peinture : « (...) plus je travaille, plus j'ai envie de travailler. Je voudrais m'essayer à la sculpture, à la poterie, à l'estampe, avoir une presse. M'essayer aussi à dépasser, dans la mesure du possible, la peinture de chevalet qui, à mon avis, se propose un but mesquin, et me rapprocher par la peinture des masses humaines auxquelles je n'ai jamais cessé de songer. » À cela il convient d'ajouter la fameuse sentence sur la nécessité d'assassiner la peinture. Interrogé, il précisait : « C'était à l'intérieur de la peinture qu'il y avait quelque chose à détruire. La peinture était arrivée à un état de pourriture totale à l'intérieur. (...) La peinture était figée, butée, arrêtée, sans plus aucune issue. » Or, en ce début des années 1950, l'affiche lui apparaît comme l'un des moyens les plus efficaces permettant de restaurer une idée de la peinture. Miró se souvenait de la leçon des dadaïstes, de leur liberté inconditionnelle et de leur concept de l'œuvre d'art, la finalité de cette dernière n'étant surtout pas de satisfaire ce public bourgeois. Même si Miró reste méfiant envers l'utopie dada, sa fréquentation des cercles surréalistes le conforte intérieurement : la peinture doit être mise en crise. « La peinture est en décadence depuis l'âge des cavernes », avait-il lancé à la face de Pierre Schneider en 1929. L'anathème vaut évidemment par son ambiguïté et par la force poétique qu'elle contient. Il faudrait donc percevoir Miró comme un précurseur. Bien avant le Pop Art américain, bien avant Andy Warhol et ses sérigraphies, Miró imagine que tout vrai artiste se doit de répondre avec d'autres moyens à l'industrie culturelle qui se met en place. D'où sa fascination pour Duchamp, artiste aux antipodes de sa pratique mais qui, en faux dandy, répond avec le ready-made et son principe d'indifférence à la nature profonde de la société. Miró avait intuitivement compris combien l'artiste du XXe siècle serait celui qui parviendrait à coloniser dans le même temps le cube blanc des galeries (avec des sculptures, des peintures, etc.) et l'espace conflictuel de la rue. À la différence des artistes pop, chez qui pointe une dose de cynisme envers le spectacle de l'Amérique, Miró se fixe pour tâche ultime et immense d'enchanter le monde entier, d'enchanter les murs, les vitrines, de contaminer les appartements et de le faire presque subrepticement, sans ostentation, ni revendication excessive. La peinture en insurrection, la peinture comme défi, c'est aussi cela, ces affiches imprimées à des dizaines d'exemplaires. Voilà pourquoi il refusera toute sa vie les vulgaires reproductions imprimées transposant ses toiles. Chacune de ses affiches est donc imaginée, conçue, composée comme une œuvre originale. Elle se doit de prendre en compte les limites techniques du genre (format, capacité de reproduction des couleurs, texture « pauvre » du papier). Chacune atteste d'un événement – une de ses

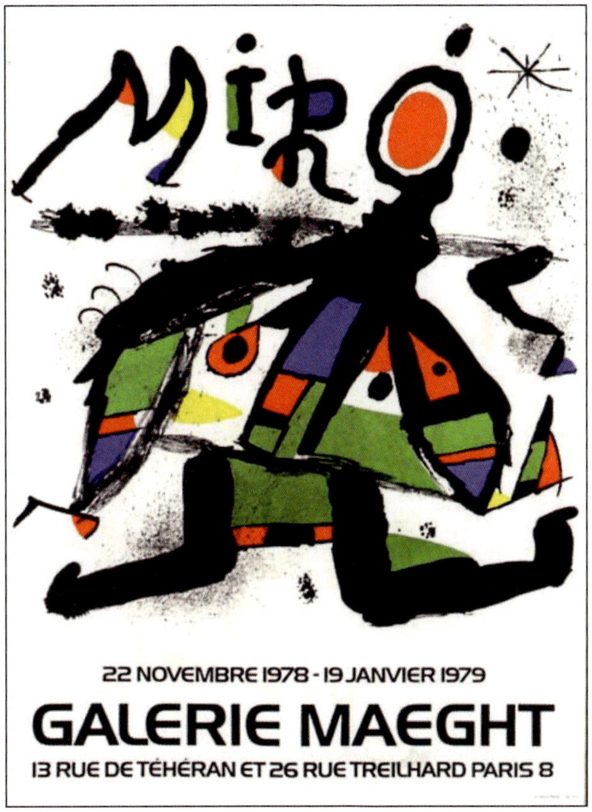

Affiche « Galerie Maeght », 1978
Affiche en lithographie originale,
78 × 57 cm
Collection Fondation Maeght

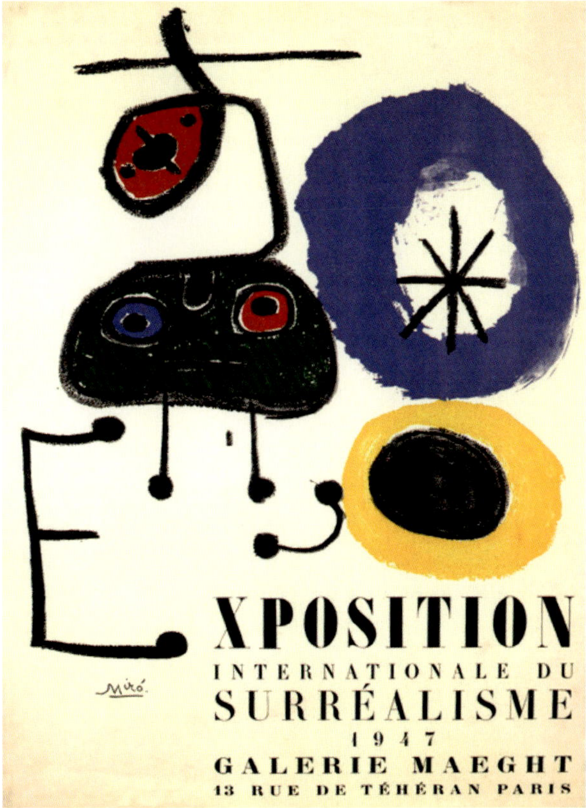

Affiche en lithographie originale pour l'exposition internationale du surréalisme, galerie Maeght, 1947.

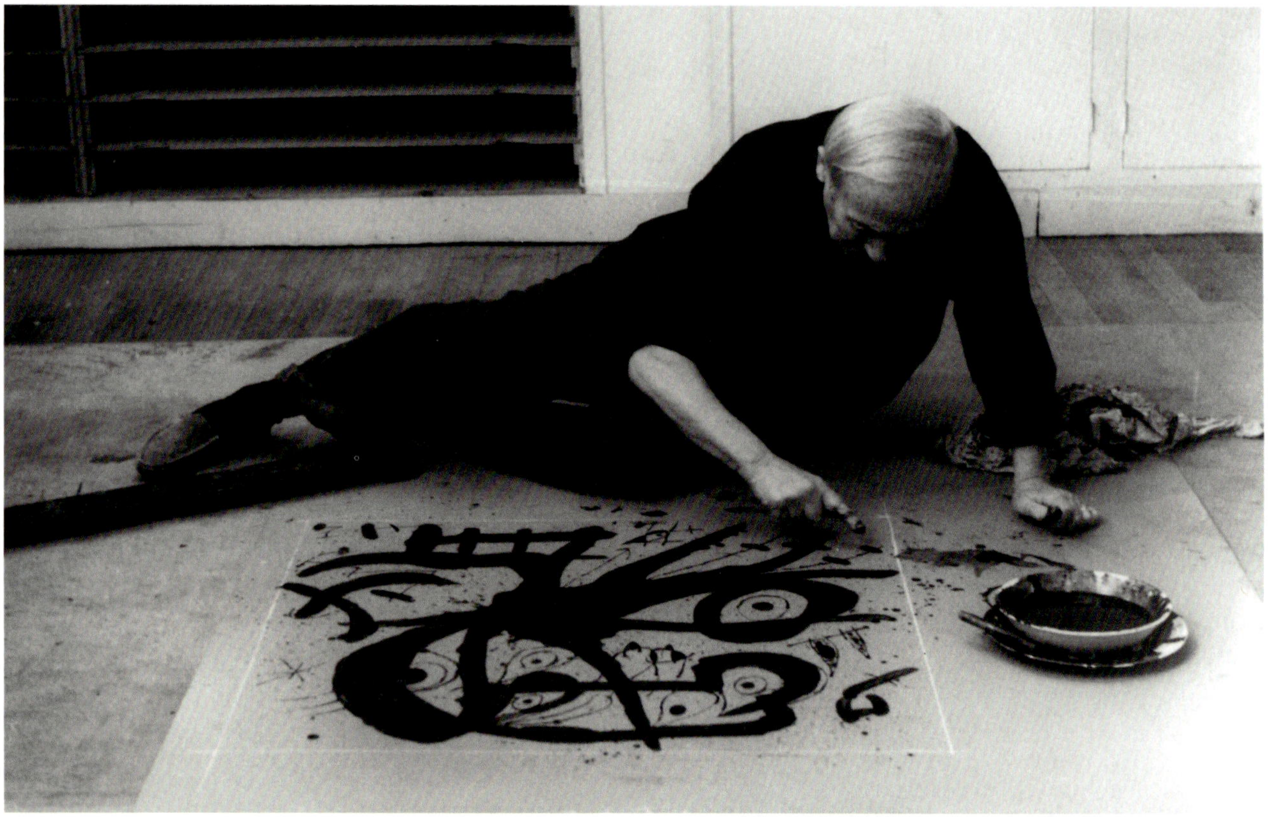

Joan Miró réalisant une affiche en lithographie originale pour l'exposition « Agora I »
au Musée d'Art Moderne de la Ville de Strasbourg, 1971.

expositions, un de ses livres, un spectacle ou un concert. Par leur style, leur graphisme, leur composition, ses affiches revendiquent surtout un nom : Miró. Très rares furent les artistes du XXe siècle à posséder ce pouvoir. Picasso évidemment, Dalí sans doute. Mais aucun d'entre eux n'eut une production équivalente, aussi intense et massive : 120 affiches originales. La première date de 1919. Elle avait pour obscur commanditaire une revue catalane, *L'Instant*, et reste à l'état de simple projet. La seconde, de 1937, s'avère une réussite, exemplaire par sa force et sa capacité à renouveler un genre assez codifié : l'affiche politique. *Aidez l'Espagne* répond à la tragédie de la guerre civile espagnole par un trait virulent rehaussé de jaune orangé et de rouge. Largement diffusée, l'œuvre marque son temps. Curieusement, il faut attendre 1947 pour voir Miró se préoccuper de nouveau d'affiches. L'homme a évolué, sa notoriété le plongeant dans un questionnement sur la finalité de l'art. Marcel Duchamp, croisé à New York, l'invite à participer à une exposition surréaliste à Paris, la première depuis la Libération. De plus, l'ensemble se tiendrait dans une galerie résolument tournée vers les nouvelles forces de l'art : la galerie Maeght. Dans l'effervescence du moment, on confie l'affiche à Miró. Il s'en acquitte avec joie, sans imaginer qu'il vient de renouer avec un moyen d'expression qui va le mobiliser jusqu'à sa mort. En 1948, Miró rencontre enfin Aimé Maeght. La connivence immédiate entre les deux hommes aboutit à une exposition la même année. Surtout, en tant qu'ancien graveur typographe, Aimé ne conçoit pas sa galerie sans une politique novatrice d'édition, de lithographies et évidemment d'affiches. Miró répond avec délectation à ce vœu. Désormais chacune de ses expositions se verra accompagnée d'une affiche originale. Le flux ne cessera plus, l'entraînant à se jouer des formats, des techniques d'impression, des possibilités de composition, de surimpression.
Miró s'amuse, réaffirmant les analogies végétales ou animales qui avec le temps deviennent lettres, nombres, mots. Toutes sont réalisées à partir de lithographies originales, d'une gouache ou d'un dessin. Quant aux thèmes, ils sont multiples : expositions d'artistes amis, spectacles de compagnie de danse, grandes causes humanitaires telle Amnesty International.
À partir des années 1970, Miró créera beaucoup d'affiches sur la Catalogne ; on compte même une affiche fêtant le 75e anniversaire du Barca, club de foot mythique pour tout Barcelonais.

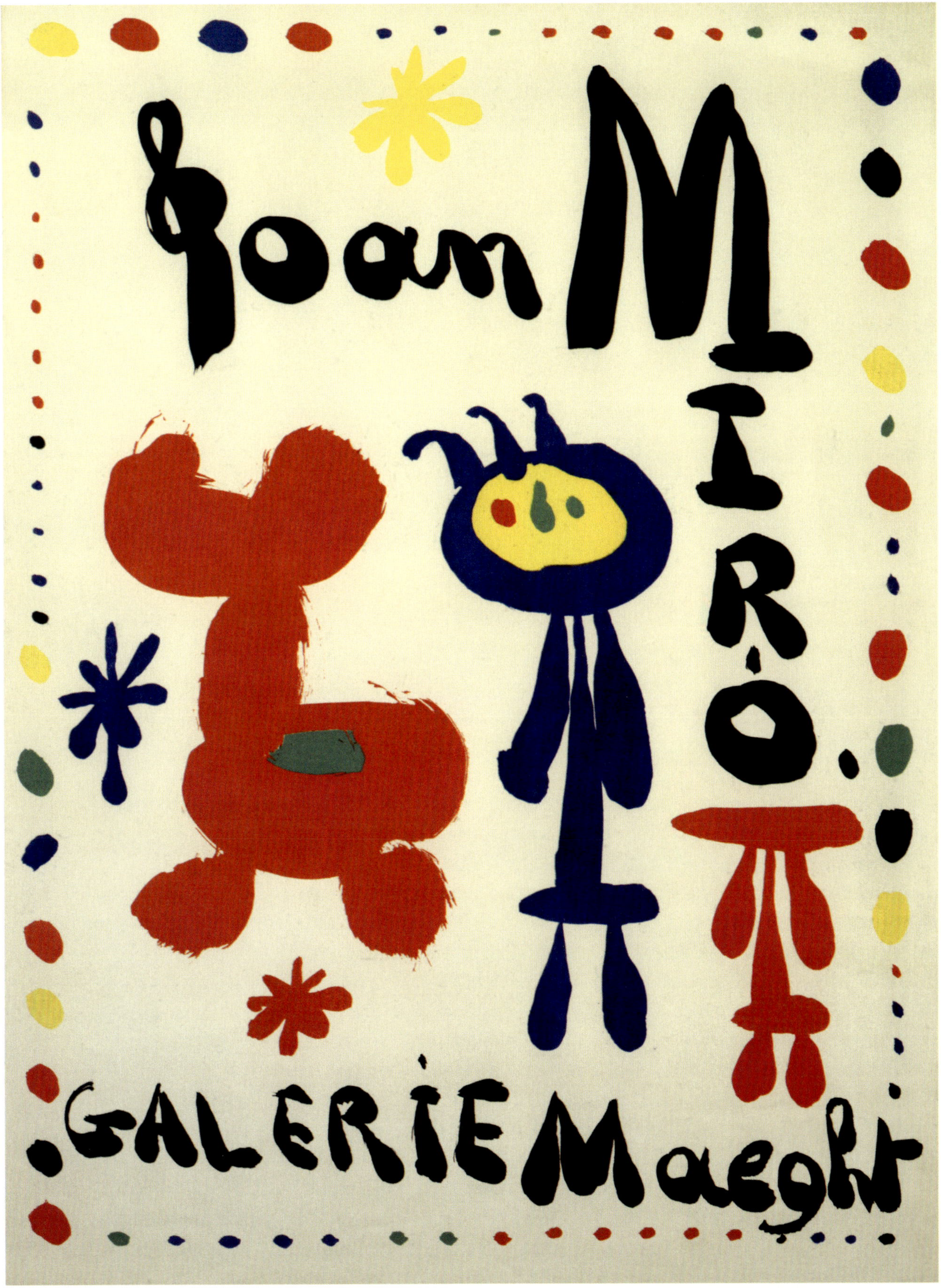

Affiche en lithographie originale pour la première exposition de Joan Miró à la galerie Maeght : 39 peintures et 49 céramiques et terres cuites réalisées en collaboration avec Josep Llorens Artigas.

MIRÓ ARTIFICIER ET DANSEUR

* Miró dans son œuvre fait « sauter », peu à peu, l'académie du dessin, de la peinture et de la sculpture. Il va même jusqu'à tenter ce qu'il appelle un assassinat de la peinture, à travers une hypothèse qui se traduit par une série de dessins ou à travers des expériences diverses comme celles des toiles brûlées. Il est dans tous les sens du terme un artificier. Il est aussi, plus obscurément, un artiste, un créateur de contes prêt à laisser faire dans son œuvre le travail destructeur d'un étrange personnage : un rat. Oui, répond-t-il à ce sujet, « oui, exactement l'œuvre d'un gros rat ! Regardez la richesse de couleurs de ça. Si on pouvait l'analyser au millimètre, quelle richesse, quelle beauté[1] ! » C'est là que se situe le paradoxe éclairant et révélateur de l'œuvre de Miró car les attaques, les explosions qu'il fait subir à la vieille peinture, aux cuisines d'une peinture désuète, ne le mènent pas à une position nihiliste et mortifère mais, au contraire, à une pensée joyeuse, celle d'un « gai savoir » où il cherche « le regard sauvage, le regard vierge[2] ». Miró défait la mécanique du regard. Il l'empêche de fonctionner grâce à une attitude et un projet mental qui vont permettre de voir bien au-delà des obstacles optiques et des automatismes acquis. Miró veut « voir » grâce à la vision et non à la vue, Miró veut également « voir le voir » pour ne pas se laisser prendre aux pièges des modèles et pour provoquer un « voir » construit par l'intensité, l'acuité.

1. *« Ceci est la couleur de mes rêves ». Entretiens avec Georges Raillard*, page 159, éditions du Seuil, 2004.

2. *Ibidem.*

Ce « voir », cette pensée par la vue, est faite de mobilité, de mouvement. Disons qu'elle est une « danse », une danse indispensable pour établir la relation essentielle à la matière et au corps. Une danse permettant l'incarnation de la vue, de son *anima* dans toutes les dimensions qui sont les nôtres.

Miró est le disciple d'un dieu danseur ou musicien. Miró rêve à des ballets ou à des petites formes de chorégraphies, qu'il aimerait mettre en scène avec ses amis musiciens ou poètes.

La danse, l'esprit de la danse, animent toute son œuvre parcourue par des ballerines, des équilibristes et des funambules.

L'art, l'artifice, l'artificier conduisent, chez lui, non à la dissolution, à la disparition mais, bien au contraire, au feu d'artifice, à l'étoilement des corps, à leurs jeux et à leurs rayonnements.

Chez Miró la danse exprime la manifestation de l'âme et du corps mêlés. Cette manifestation il la cherche dans son art par tous les moyens. Il sait que chaque substance ne cesse de se transformer. Il vit, à travers l'usage de ses mains et de ses rêves, ces métamorphoses permanentes. Il les suit, il les invente, les développe comme un scénographe de l'espace.
En ce sens il est proche d'Héraclite. Il retrouve l'eau du nuage dans un fleuve du paysage, avant de la voir s'évaporer dans l'air insaisissable.
Il sait que le corps est traversé par des énergies qui accueillent la diversité du monde afin de l'utiliser pour construire des formes inédites.
À la manière des derniers Magnasco ou de certains Frans Hals, il sait que sa main doit porter cette danse à travers sa touche, qu'elle guide l'élaboration de ses sculptures, ses assemblages d'objets qui font trembler l'air. « Pam, pam, pam, pam, zac », dit-il évoquant cette vibration. Voilà l'artiste dessinant dans l'air ses traces dansées, le voilà dans ses habits d'arlequin qui nous invite à le suivre.

Femme espagnole I, 1972
Huile sur toile, 162 × 130 cm
Collection particulière, Espagne

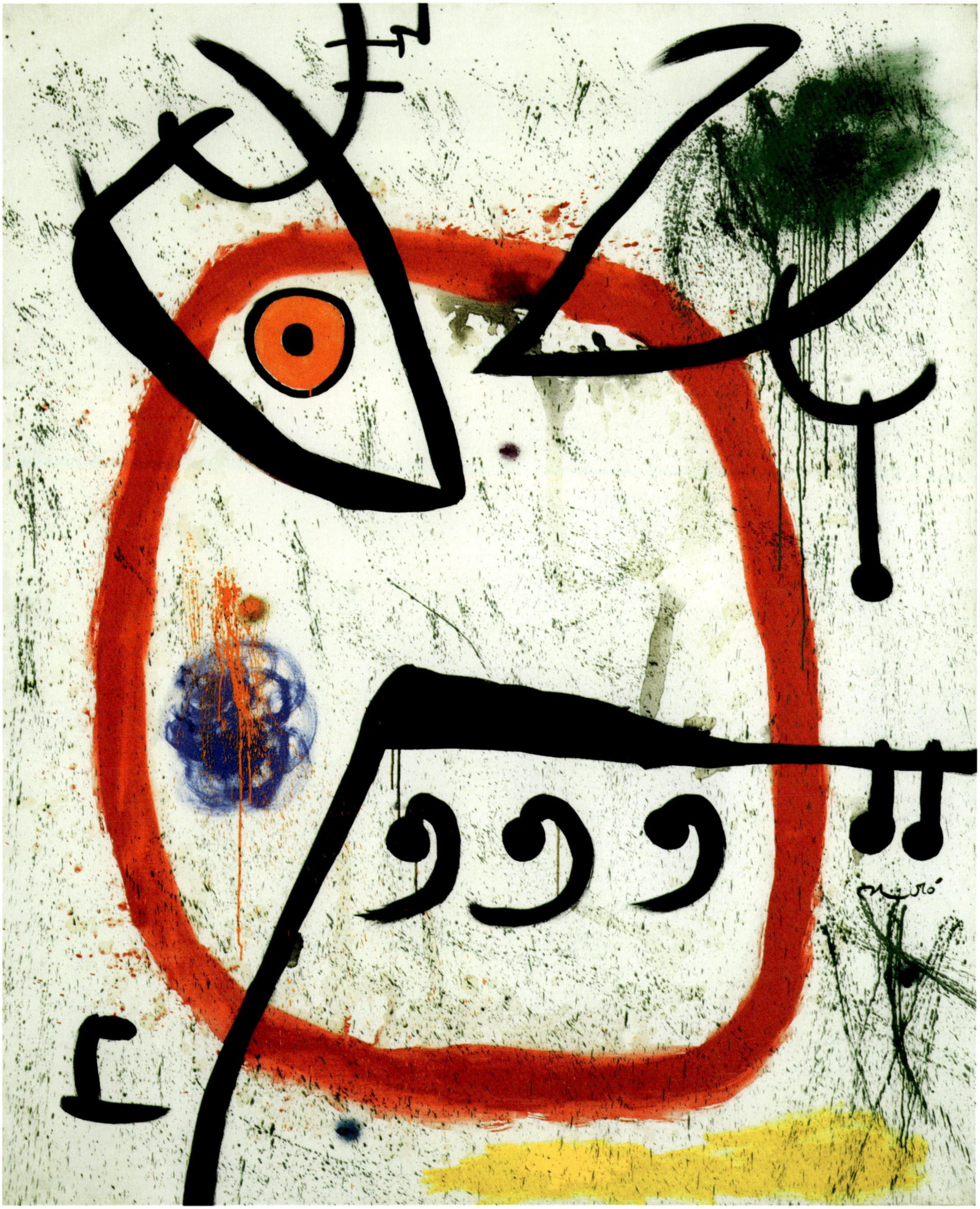
miró

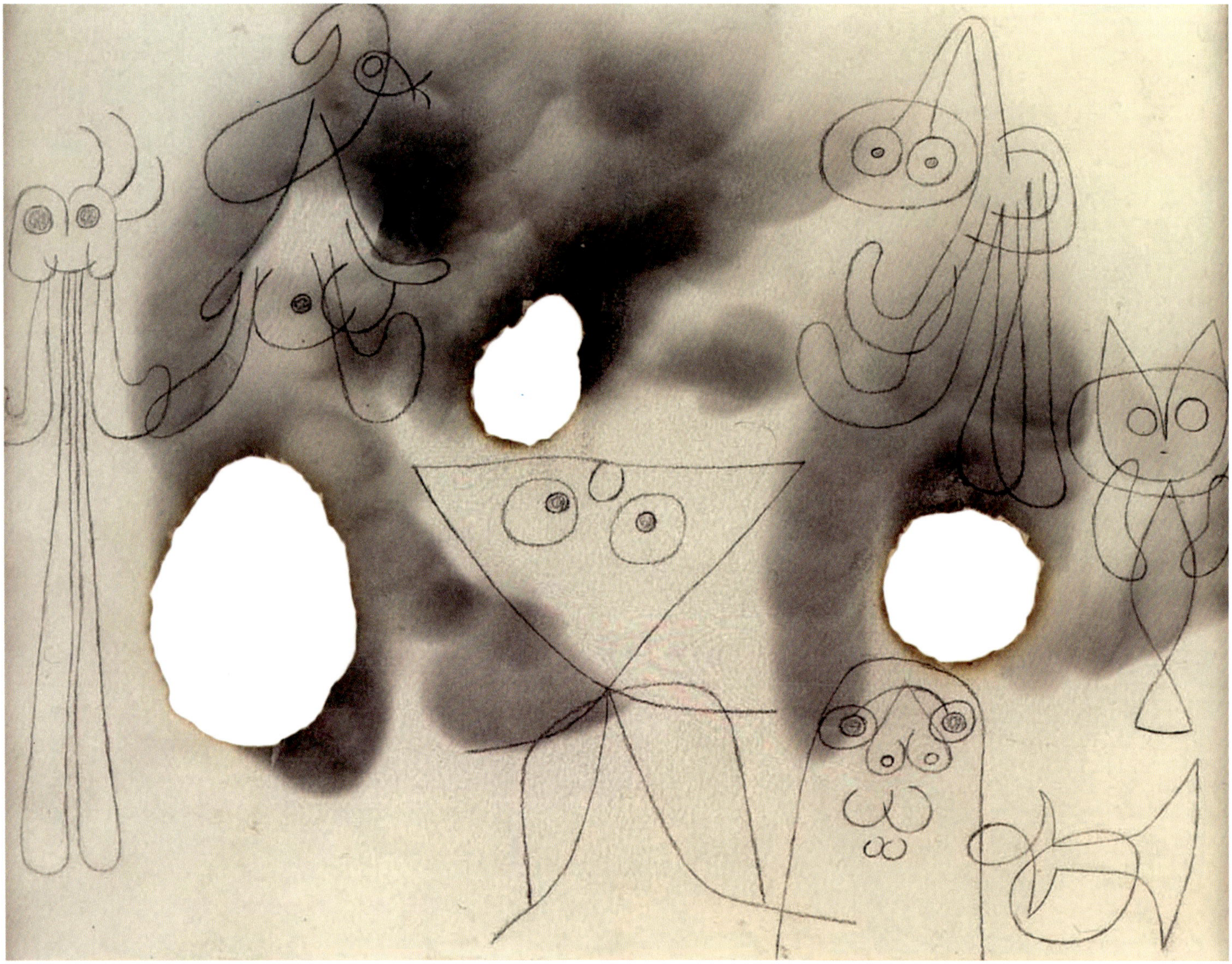

Personnages brûlés, 1949
Encre et brûlage sur papier, 40 × 46 cm
Collection Adrien Maeght, Saint-Paul de Vence

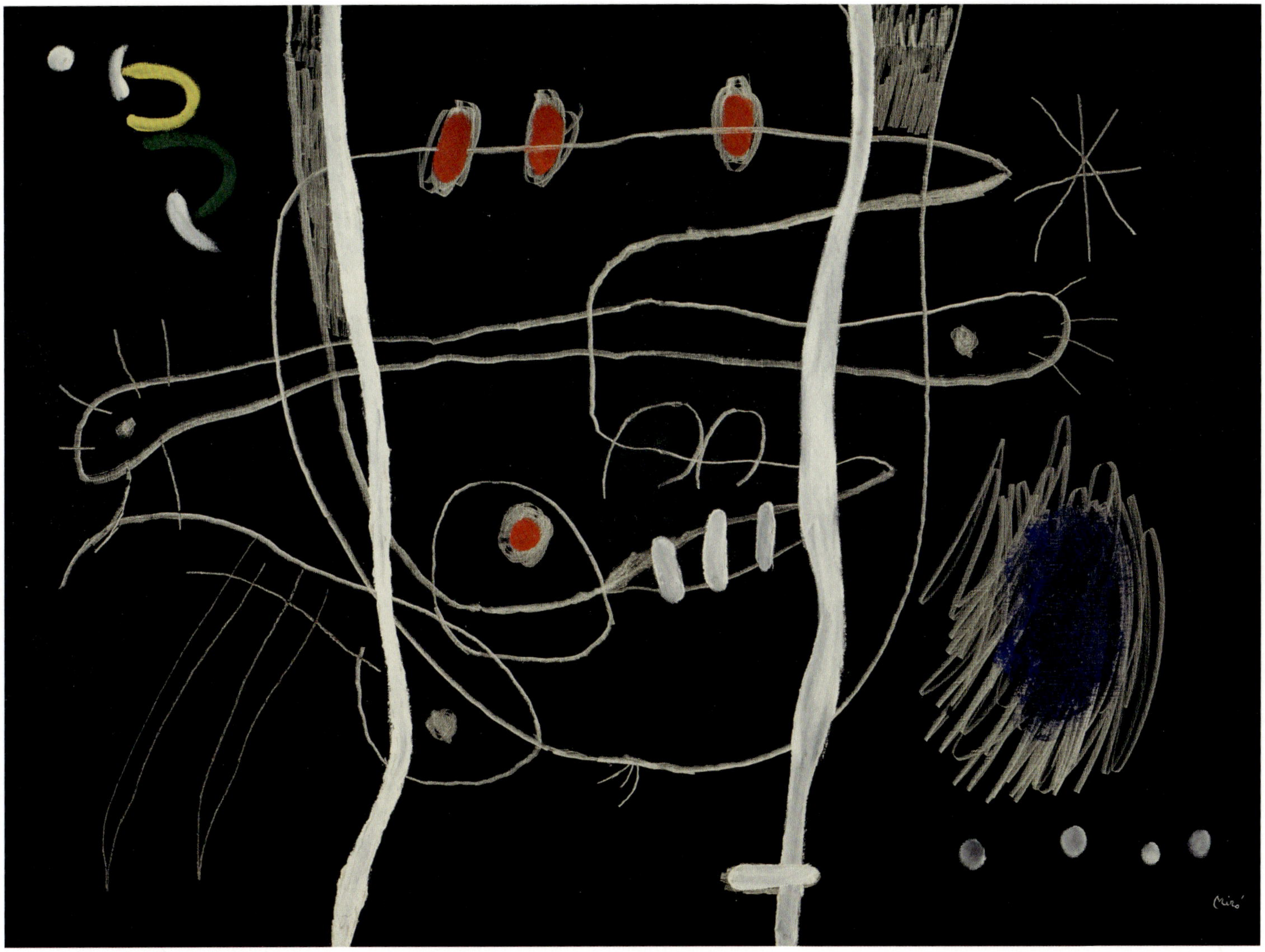

Personnage et oiseaux, 1966
Huile sur toile, 95,5 × 129 cm
Collection Sylvie Baltazart-Eon, Paris

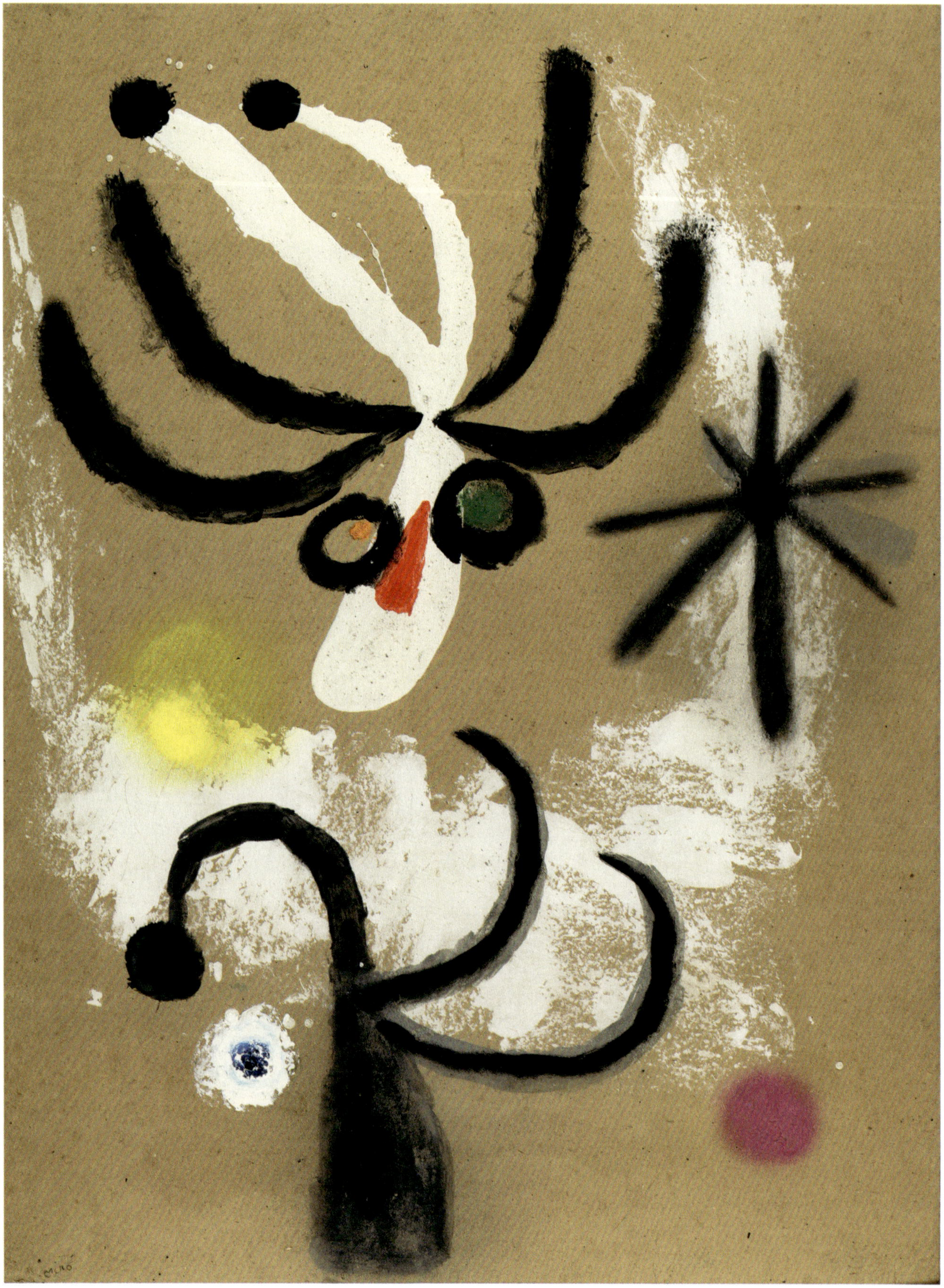

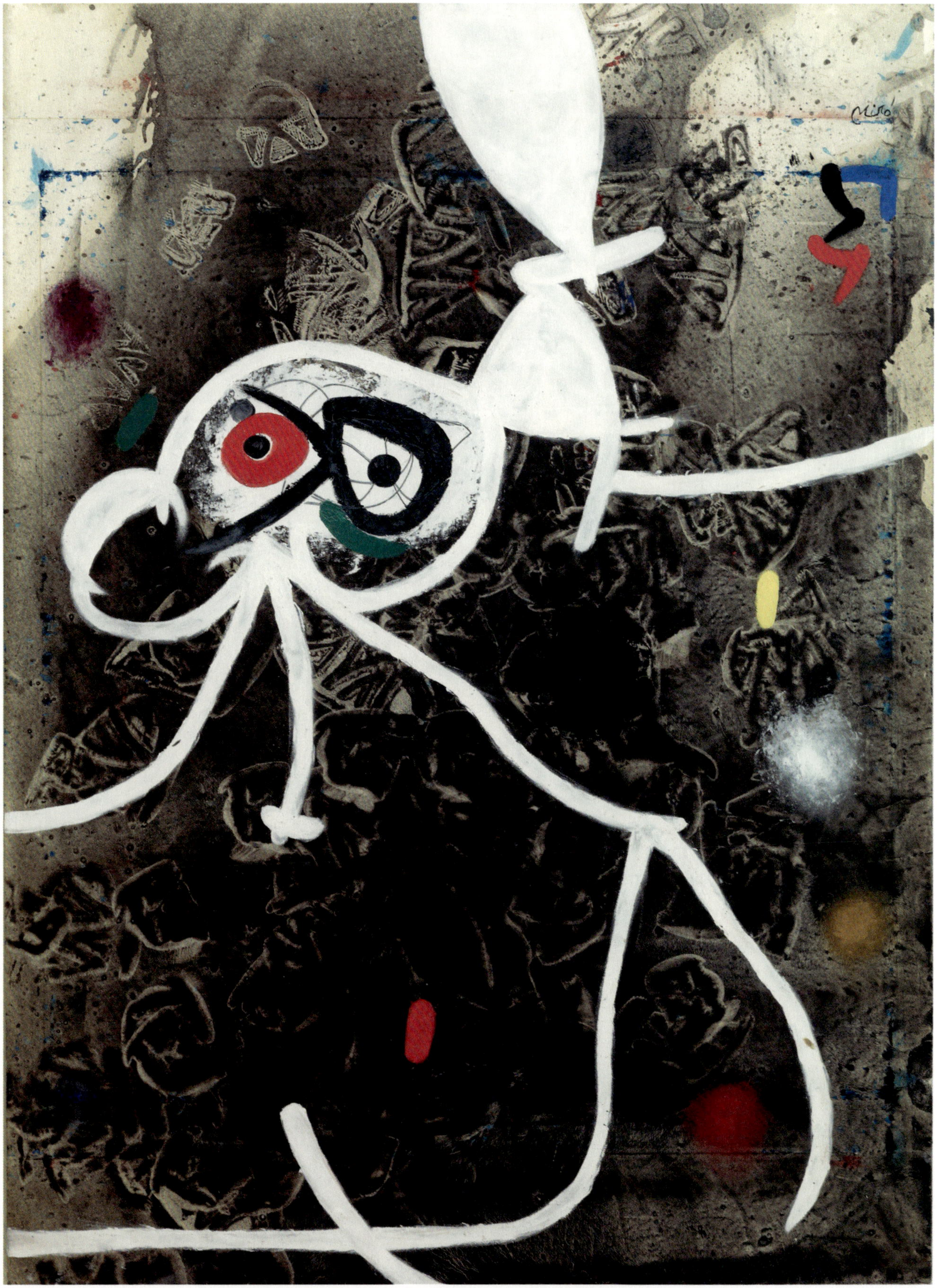
Miró

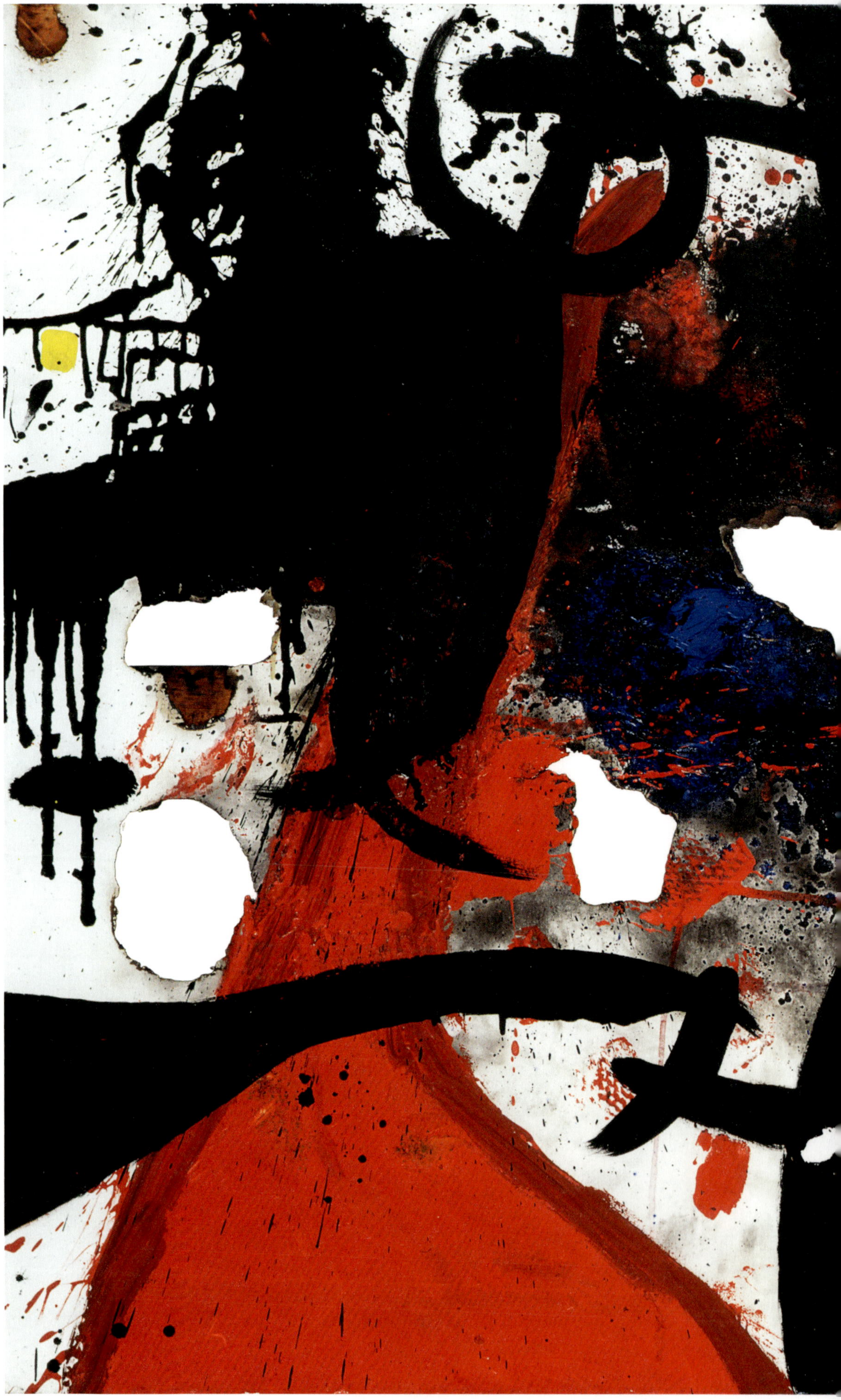

Toile brûlée II, 1973
Acrylique sur toile lacérée et brulée,
130 × 195 cm
Collection particulière, Espagne

(Pages précédentes)
Oiseau nocturne, 1960
Huile sur carton, 105 × 75 cm
Collection Sylvie Baltazart-Eon, Paris

Personnage, oiseaux, 1972
Huile, encre de Chine et crayon sur carton,
105,5 × 75,5 cm
Collection Fondation Maeght

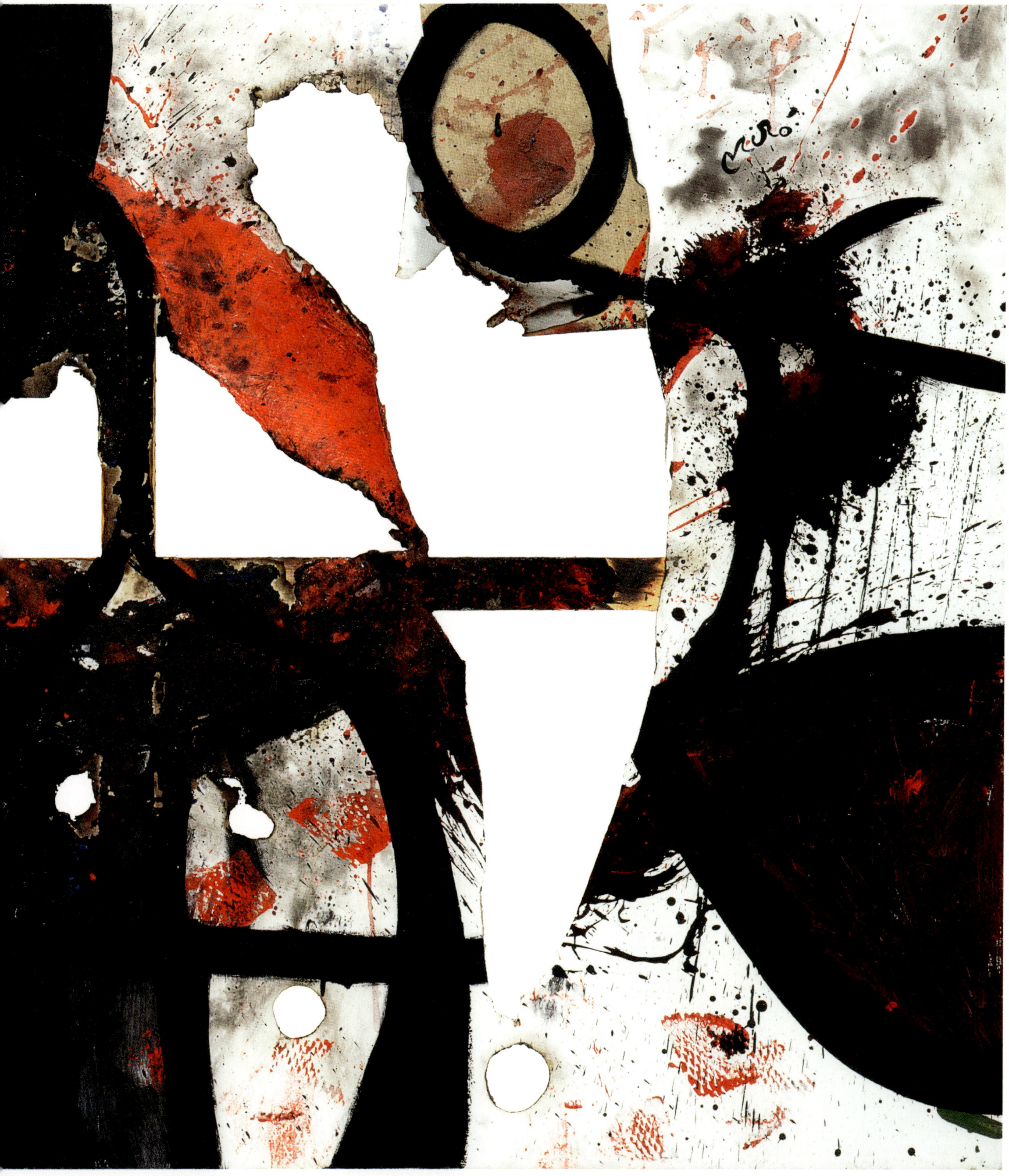
Miró

La Ruisselante (variante), 1976
Lithographie originale sur Vélin d'Arches, 157,5 × 117,5 cm
Collection Fondation Maeght

(Pages suivantes)
À Adrien Maeght en hommage à son travail, 1965
Pastel sur papier, 37 × 28,5 cm
Collection Adrien Maeght, Saint-Paul de Vence

Personnage, oiseaux, 1980
Technique mixte sur papier, 76 × 57 cm
Collection galerie Maeght, Paris

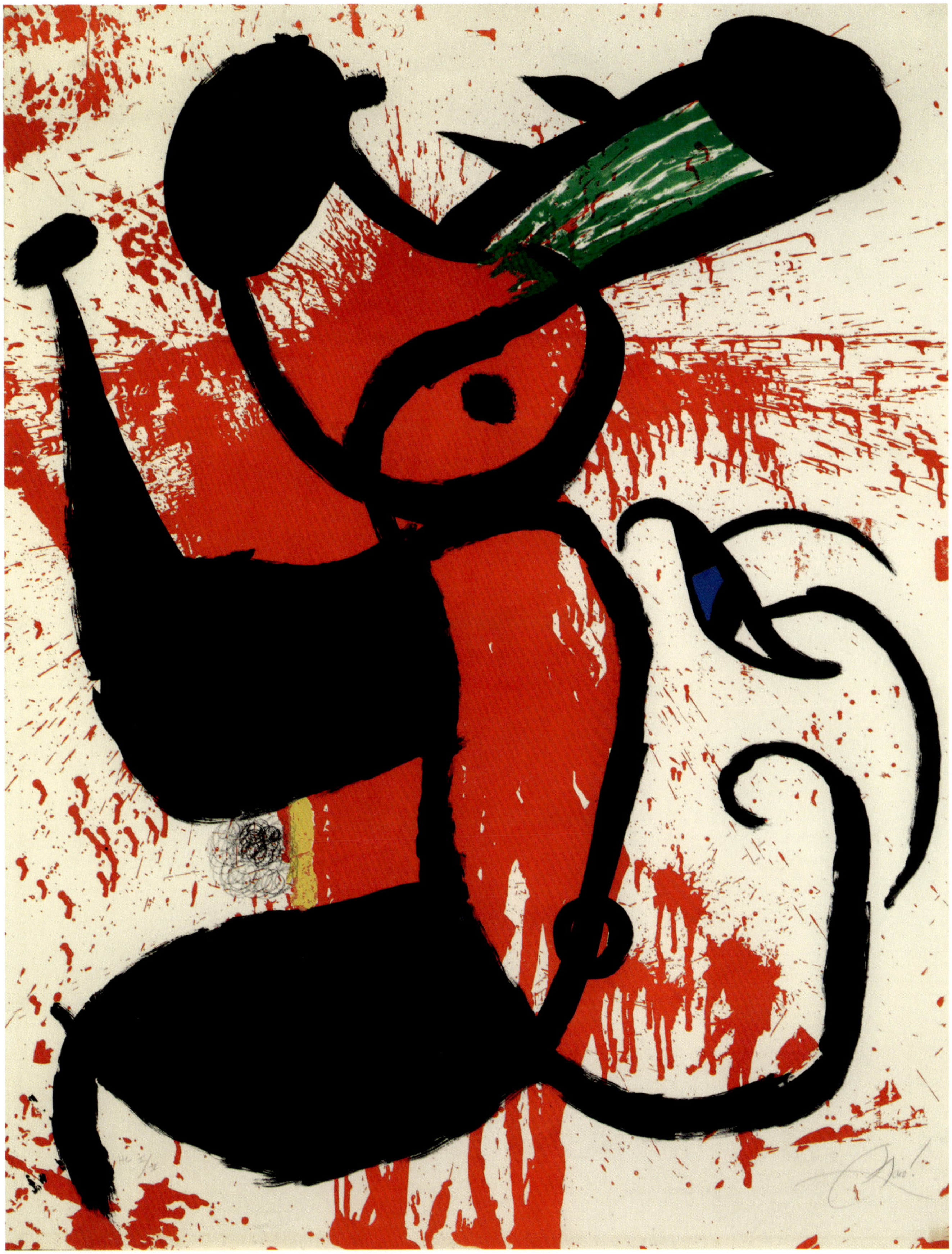

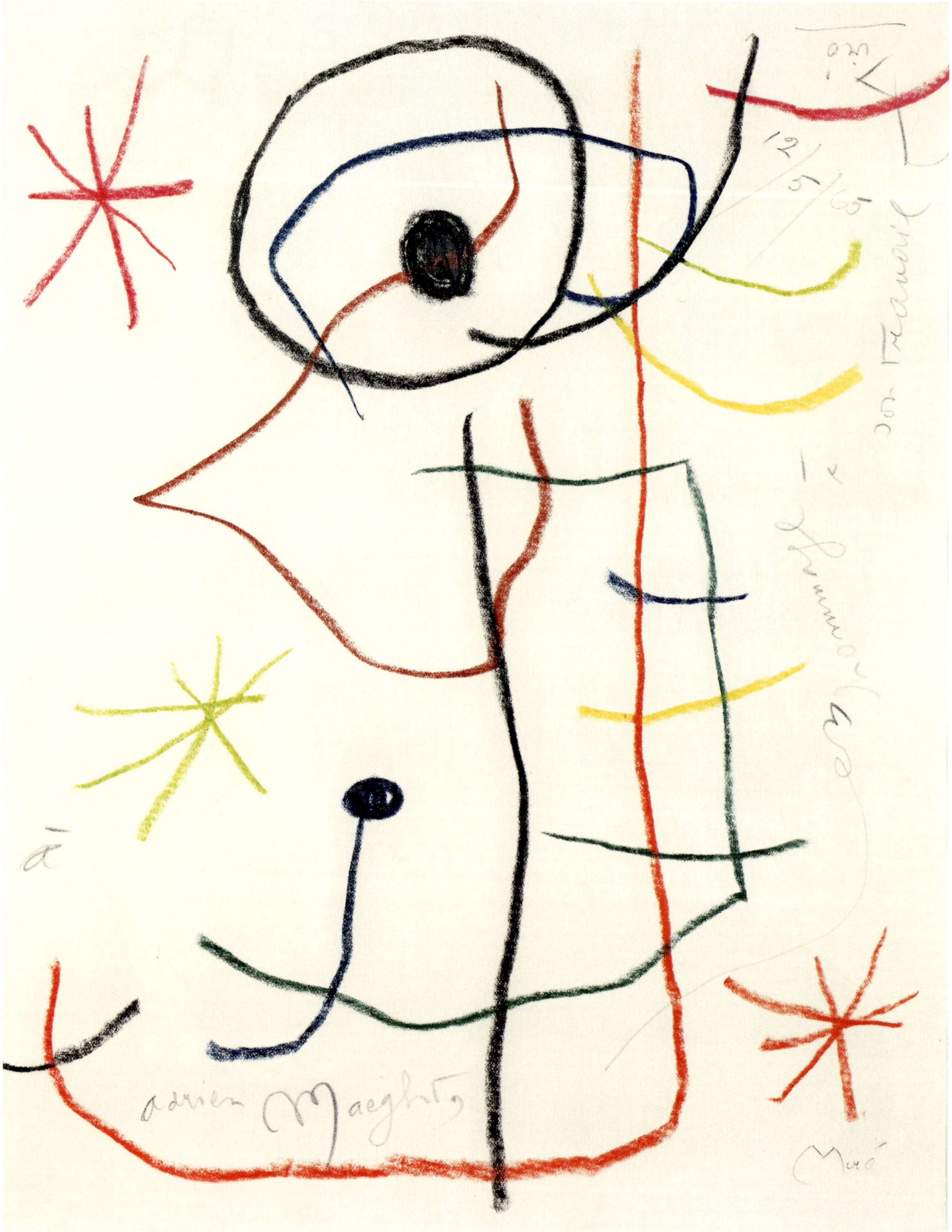
à
adrien Maeght
12/5/65
Miró

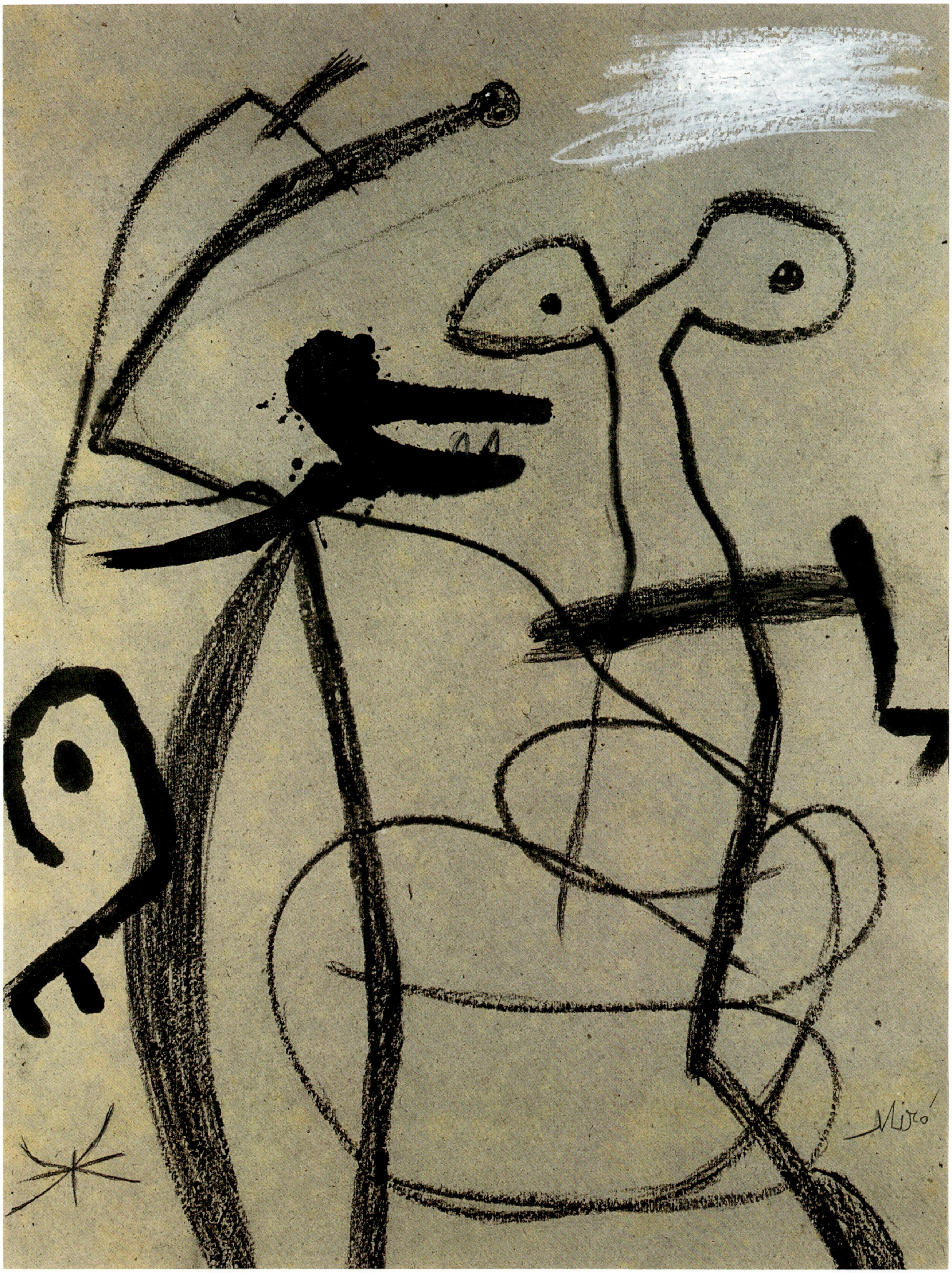
Miró

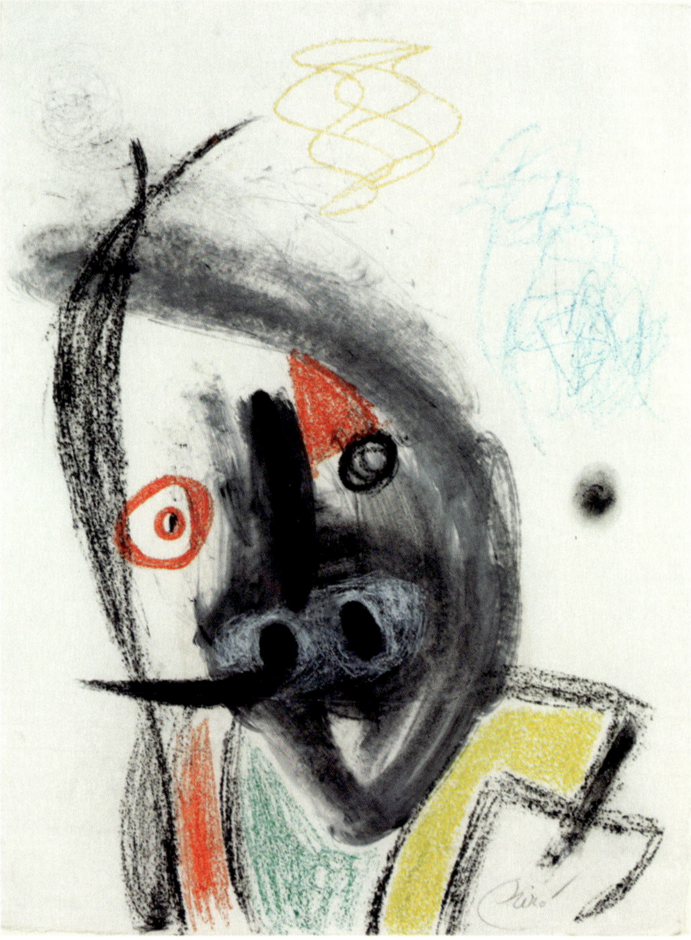

Personnage, 1975
Fusain, encre de Chine
et pastel gras sur papier, 77 × 56,5 cm
Collection Fondation Maeght

(Page droite)
Les Oiseaux de proie foncent sur nos ombres, 1970
Huile sur peau de vache, 250 × 200 cm
Collection Isabelle Maeght, Paris

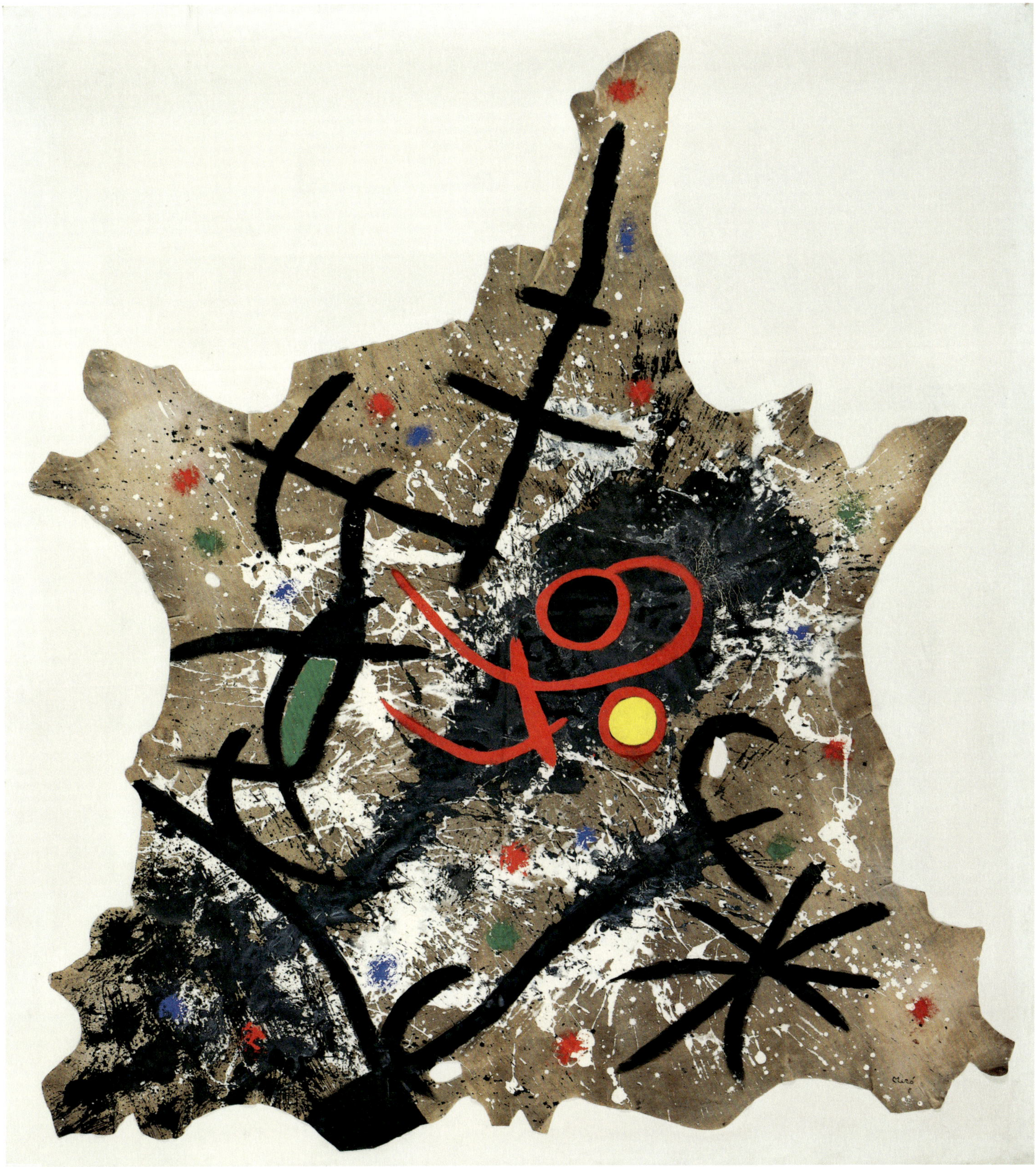

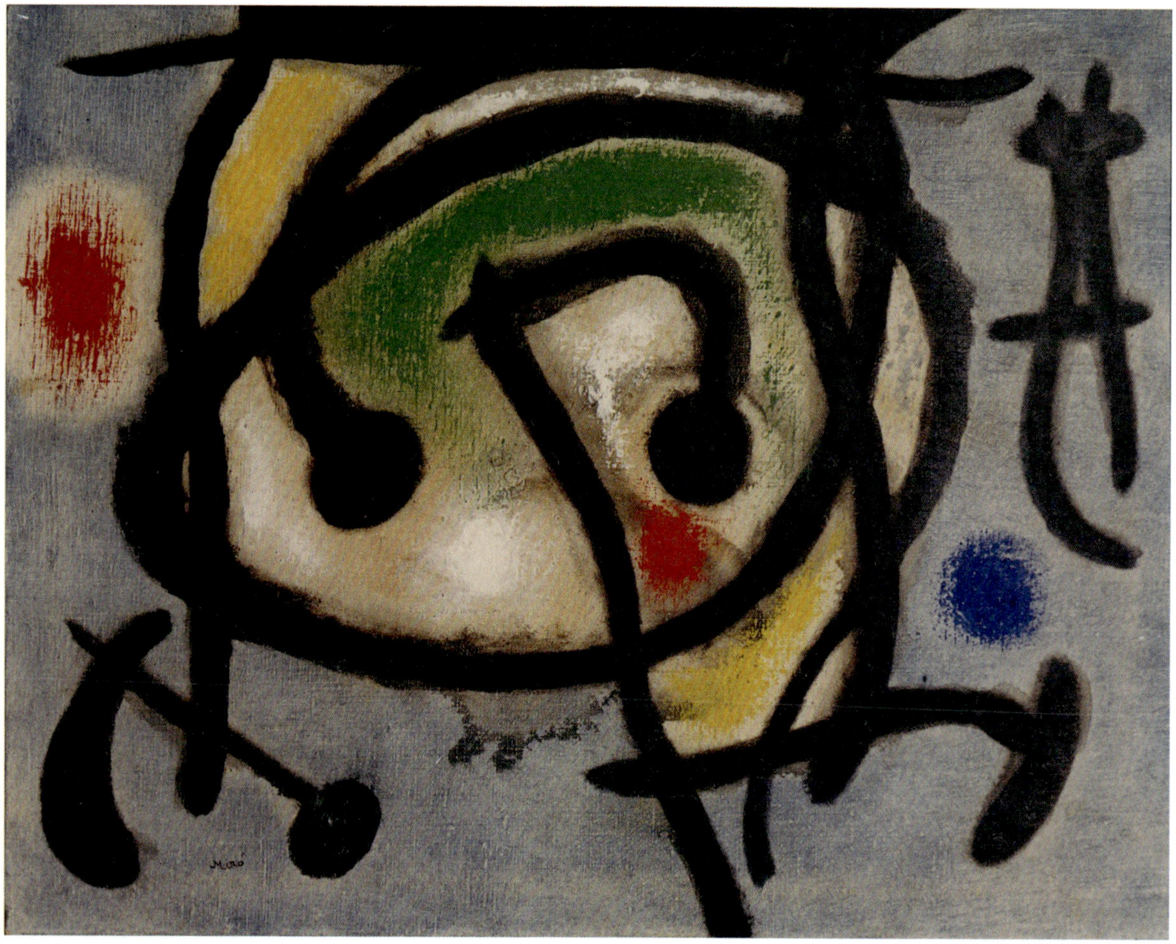

Tête et oiseau, 1962
Huile sur toile, 65 × 81 cm
Collection particulière, Barcelone

(Page droite)
Le Cracheur de flammes, 1974
Gravure originale en aquatinte, carborundum
et eau-forte sur Vélin d'Arches, 113,5 × 74,5 cm
Collection Fondation Maeght

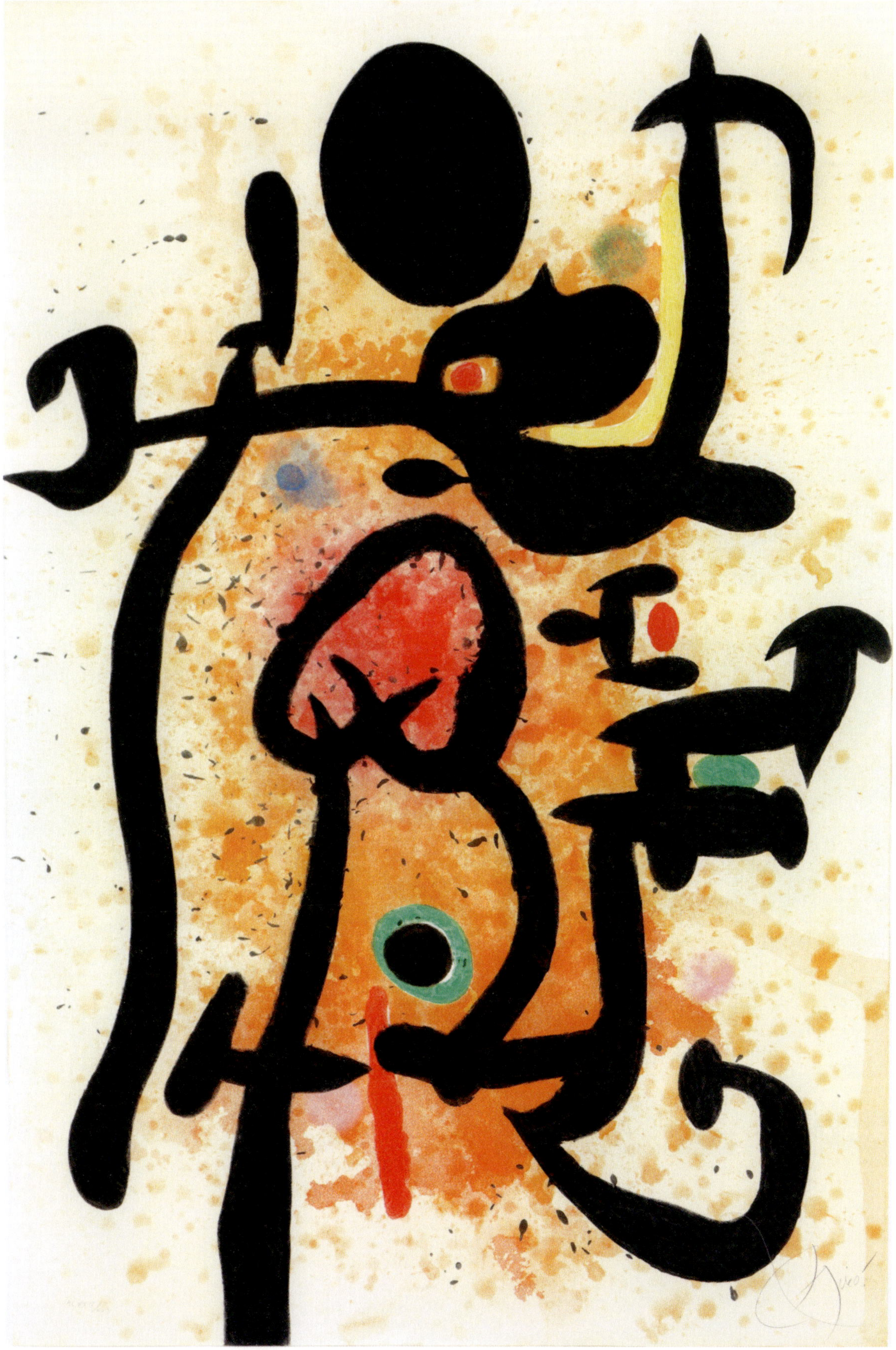

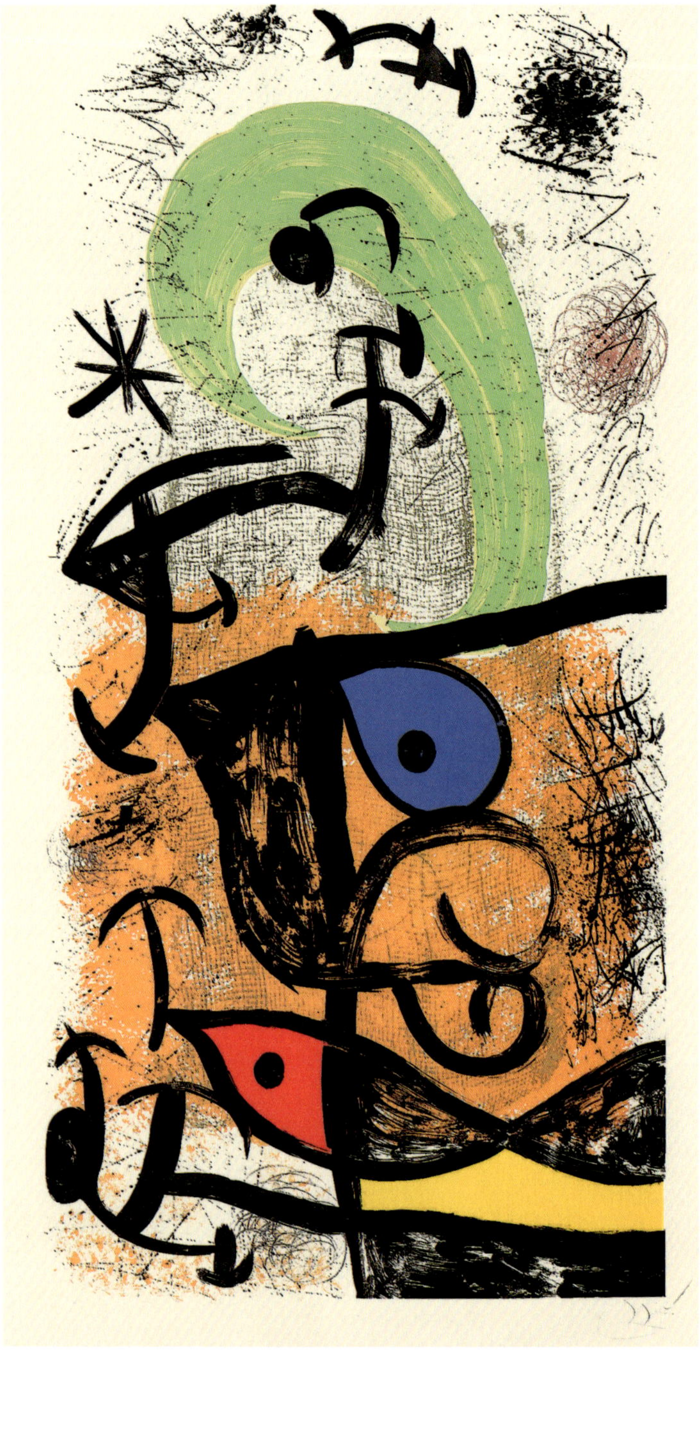

La Meneuse de lune, 1975
Lithographie originale sur Vélin d'Arches, 234 × 122 cm
Collection Fondation Maeght

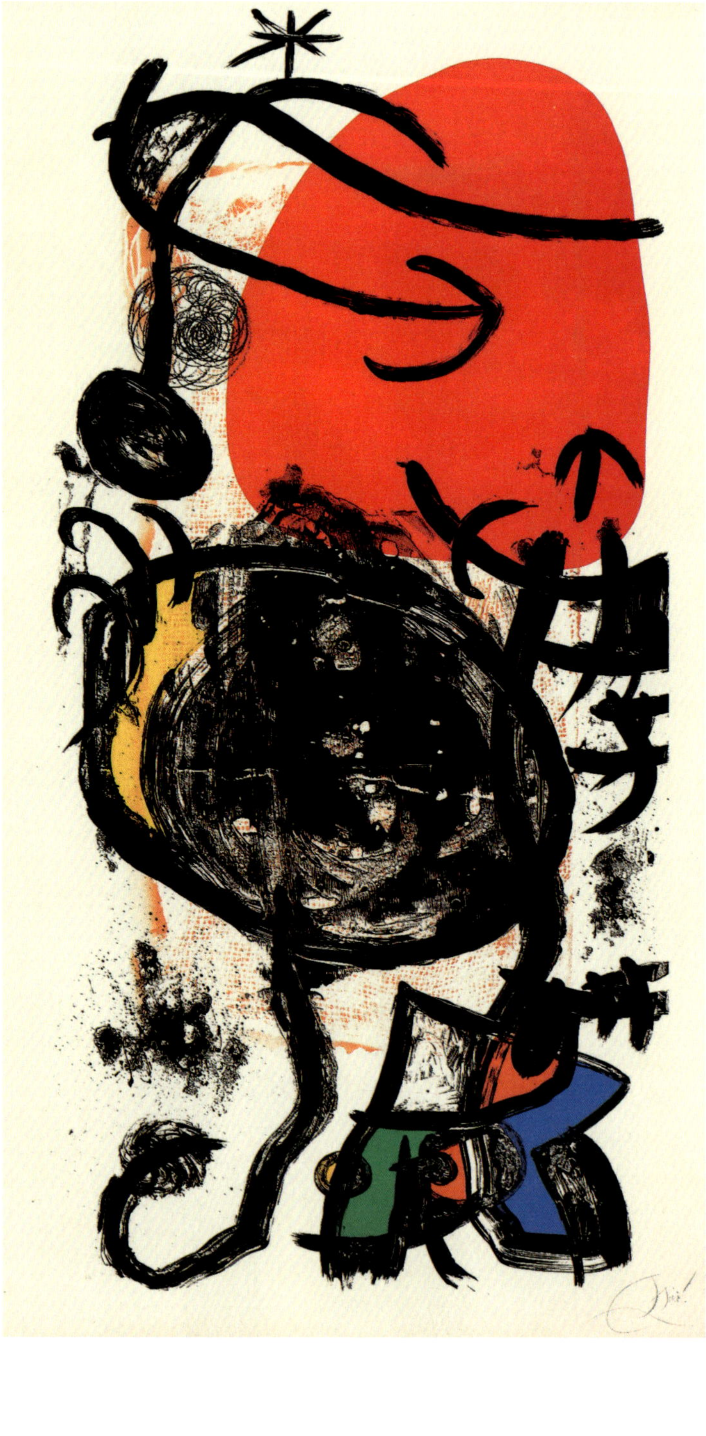

L'Haltérophile, 1975
Lithographie originale sur Vélin d'Arches, 234 × 122 cm
Collection Fondation Maeght

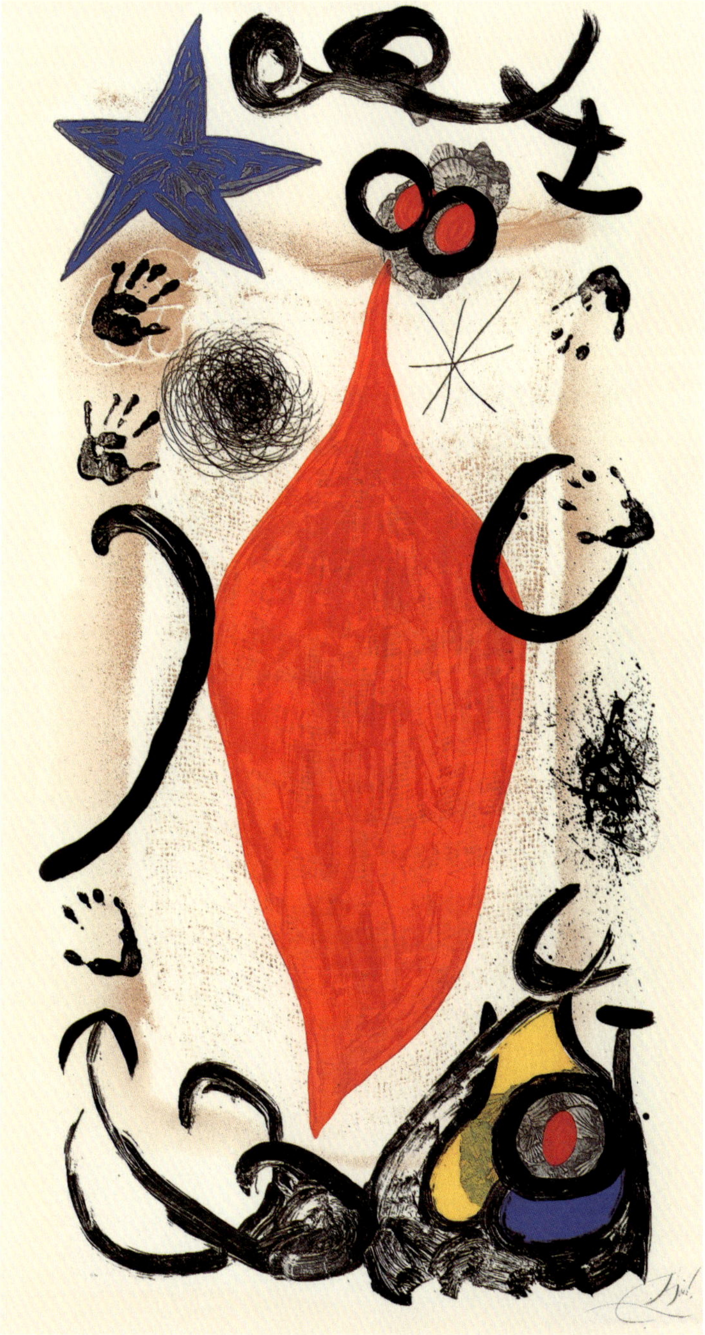

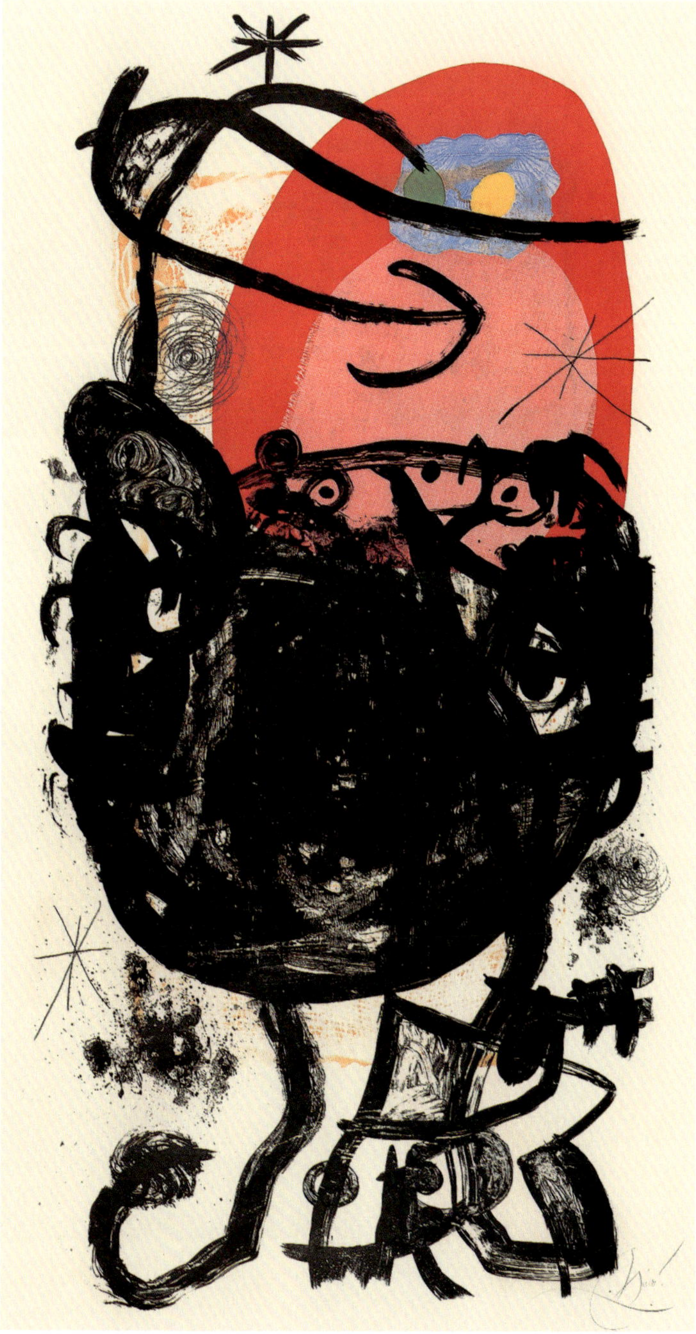

La Grande Écaillère, 1975
Lithographie originale sur Vélin d'Arches, 234 × 122 cm
Collection Fondation Maeght

La Guerrière de cent ans, 1975
Lithographie originale sur Vélin d'Arches, 232 × 122 cm
Collection Fondation Maeght

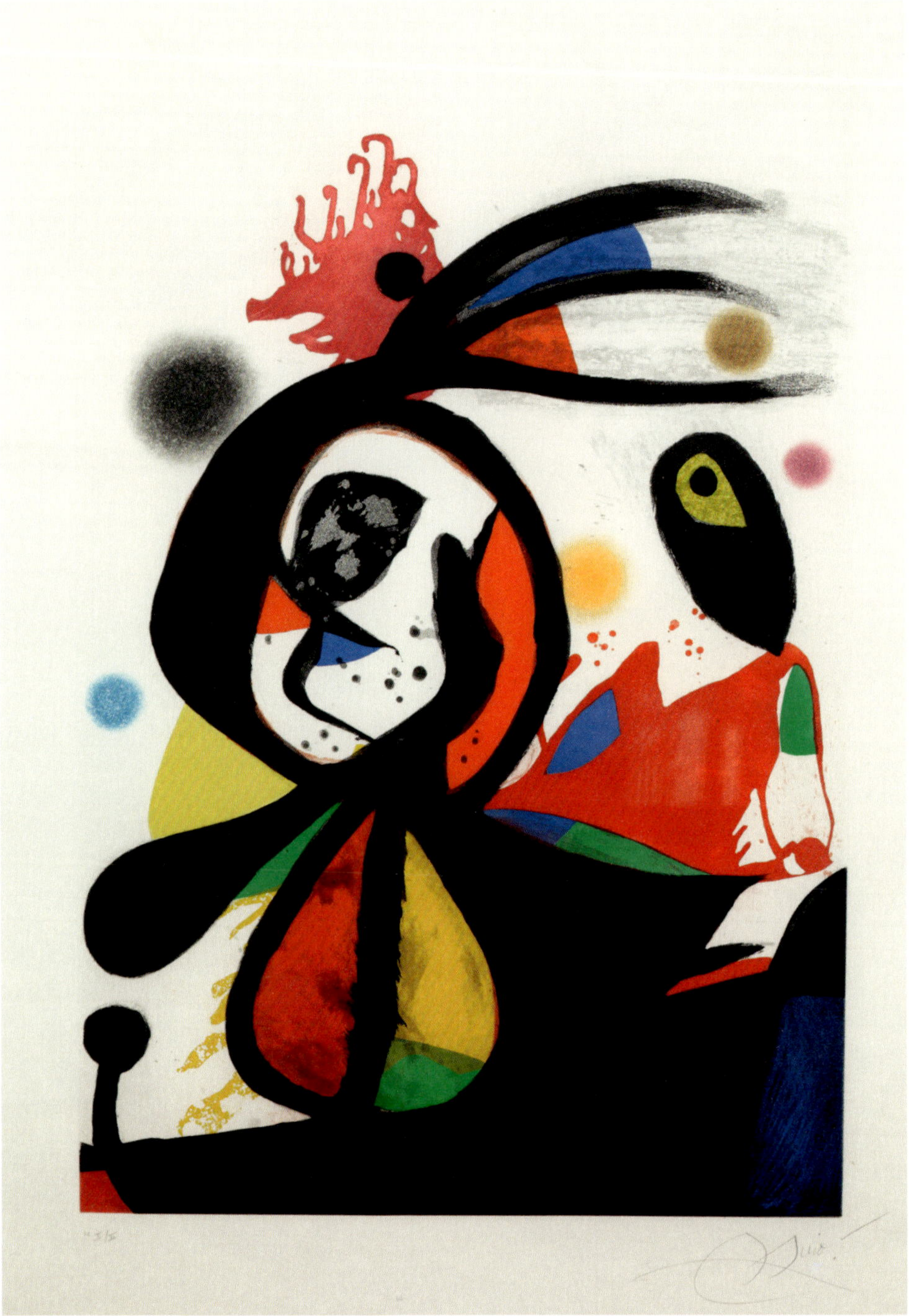

L'Aigrette rouge, 1976
Gravure originale en aquatinte,
eau-forte et carborundum sur Vélin d'Arches, 138,5 × 96,5 cm
Collection Fondation Maeght

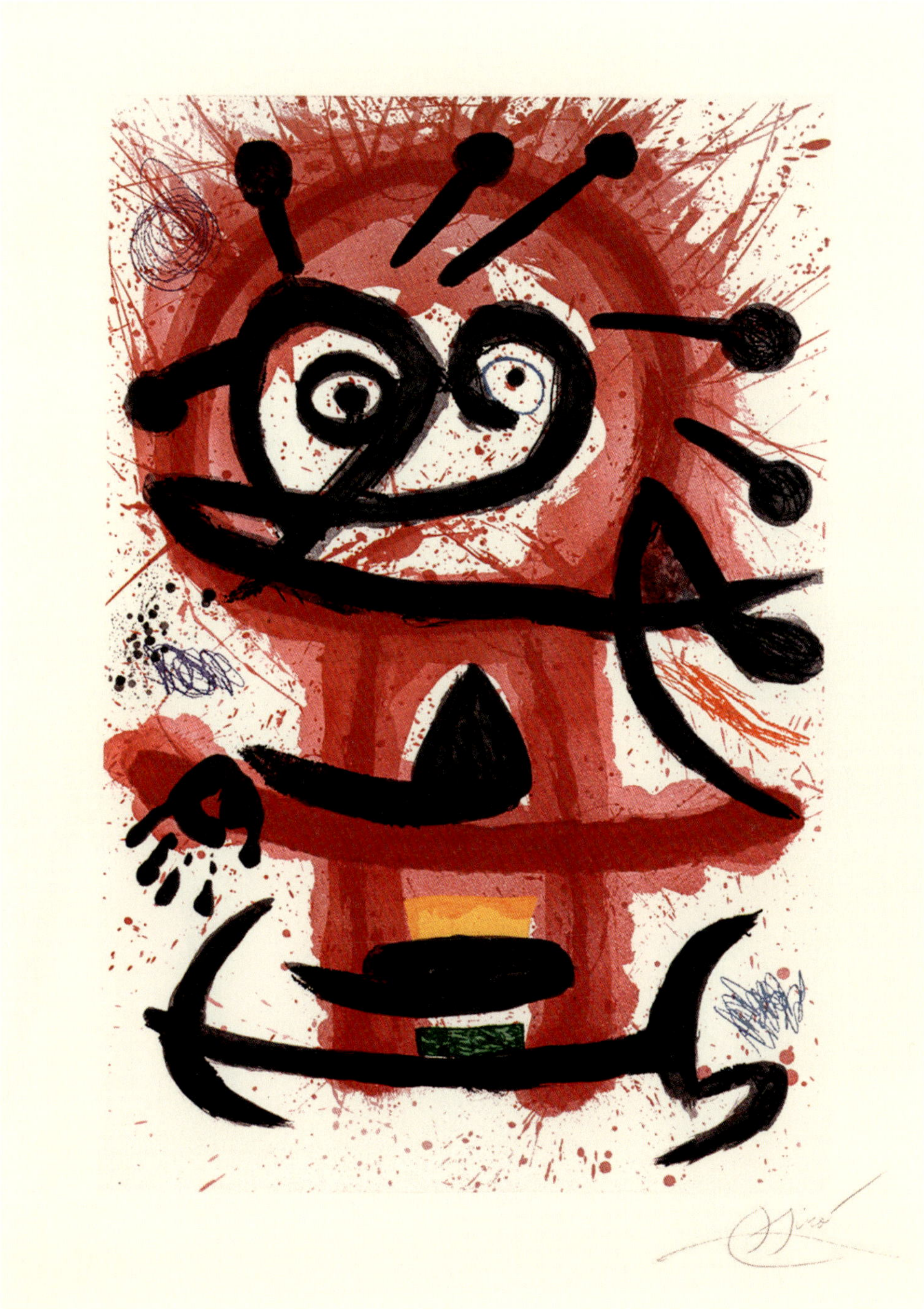

Mambo, 1978
Gravure originale en aquatinte
et eau-forte sur Vélin d'Arches, 138,5 × 96,5 cm
Collection Fondation Maeght

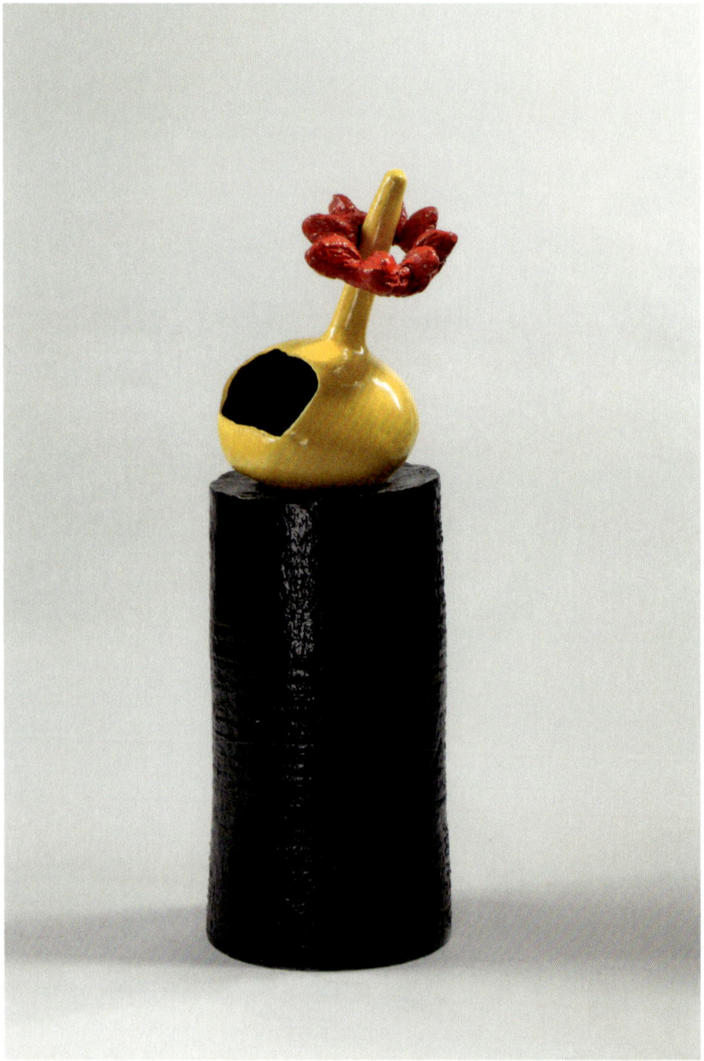

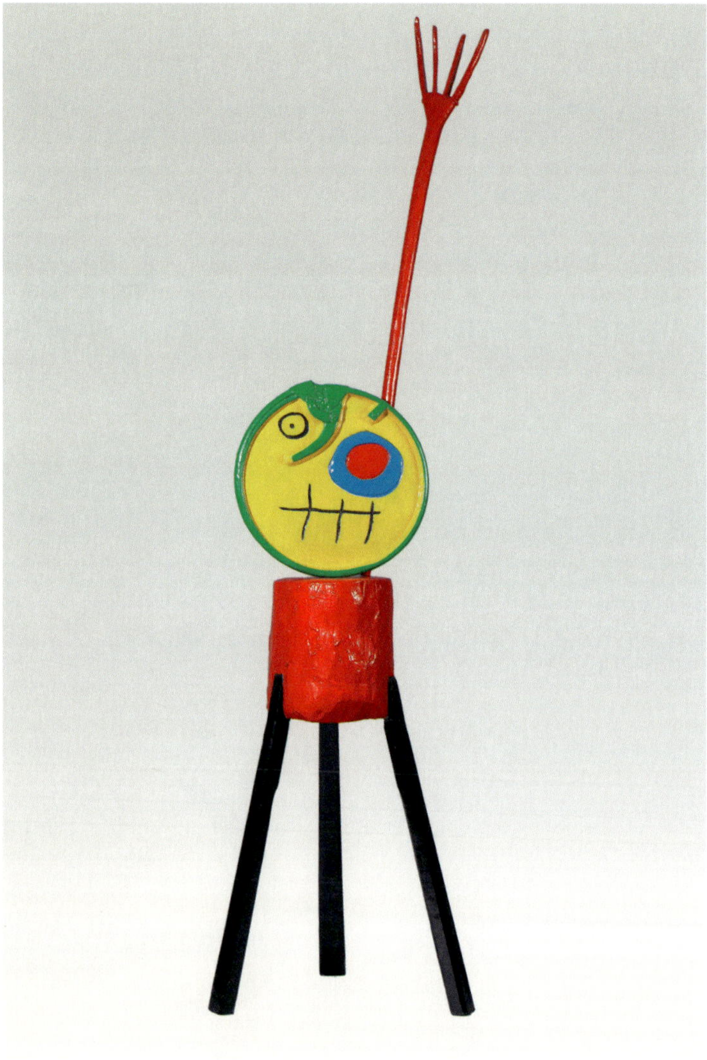

Sa Majesté, 1967
Bronze peint, 120 × 30 × 30 cm
Collection Fondation Maeght

Personnage, 1967
Bronze peint, 215 × 55 × 50 cm
Collection Fondation Maeght

(Page droite)
Jeune fille s'évadant, 1968
Bronze peint, 198 × 34,5 × 65 cm
Collection Fondation Maeght

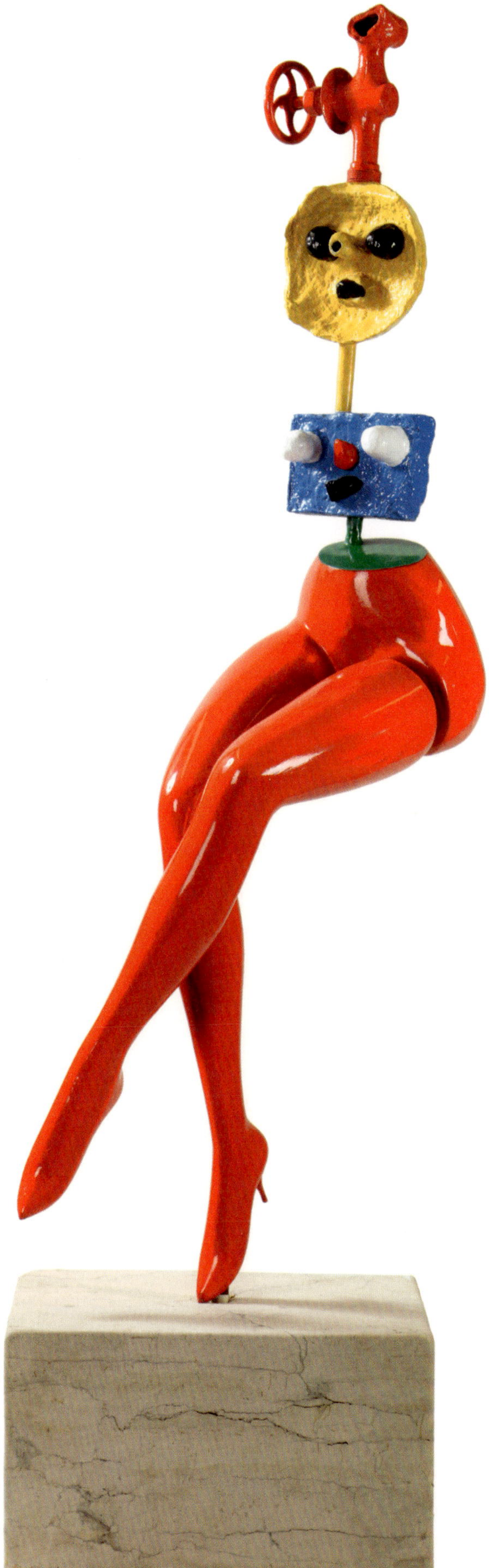

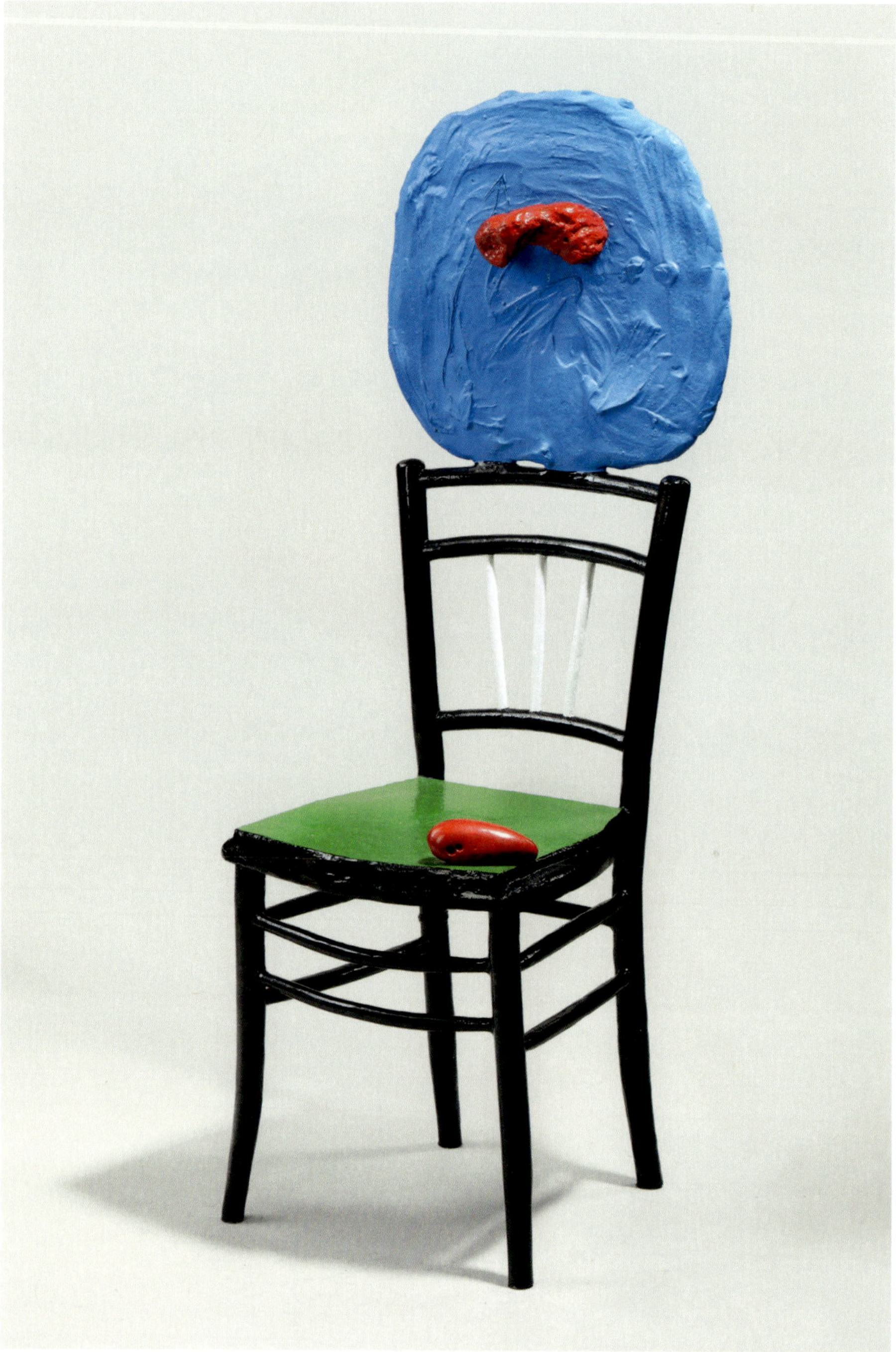

Femme assise et enfant, 1967
Bronze peint, 120 × 145 × 38 cm
Collection Fondation Maeght

(Page droite)
L'Équilibriste, 1970
Bronze, 53 × 30 × 11 cm
Collection Fondation Maeght

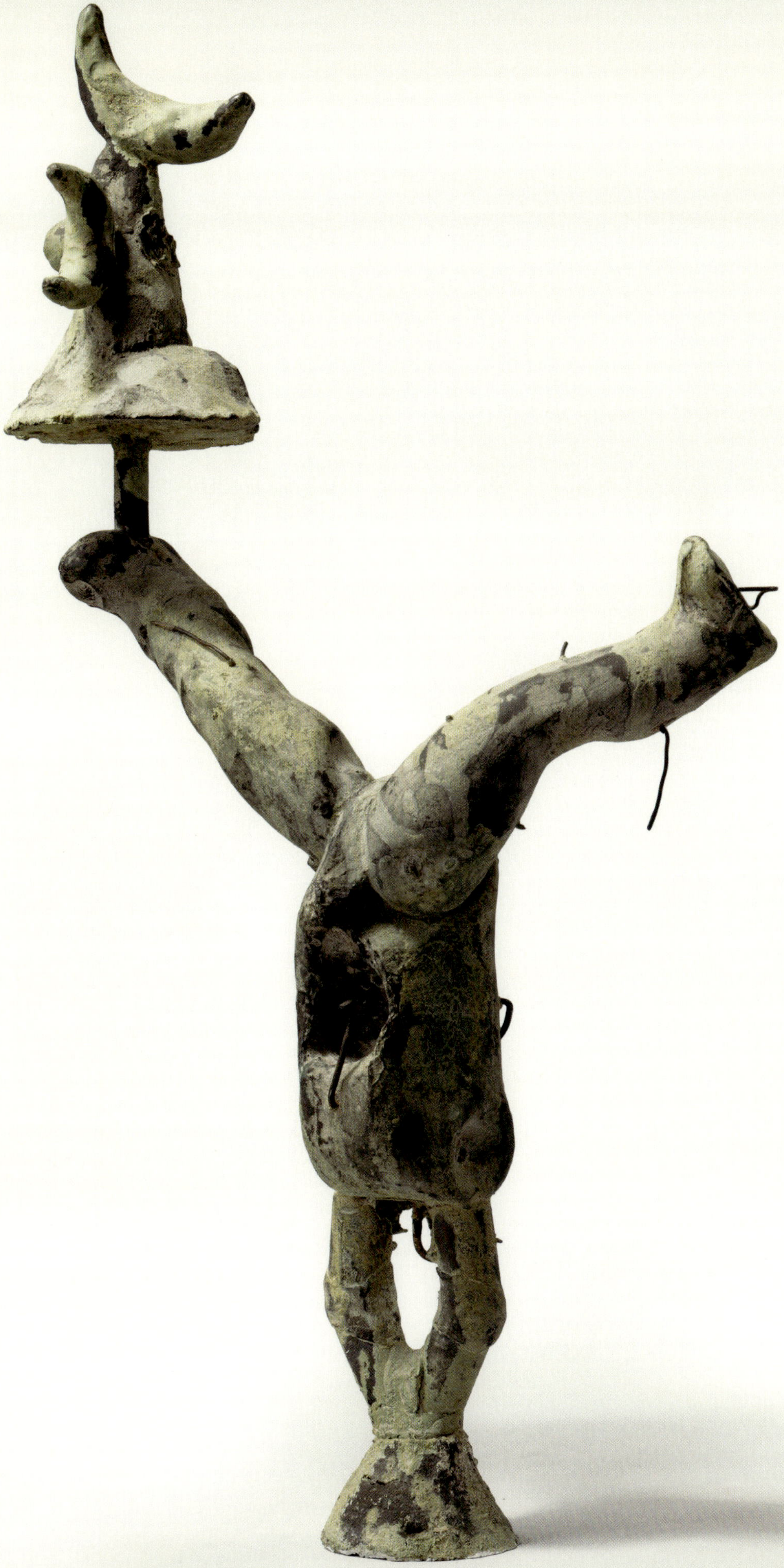

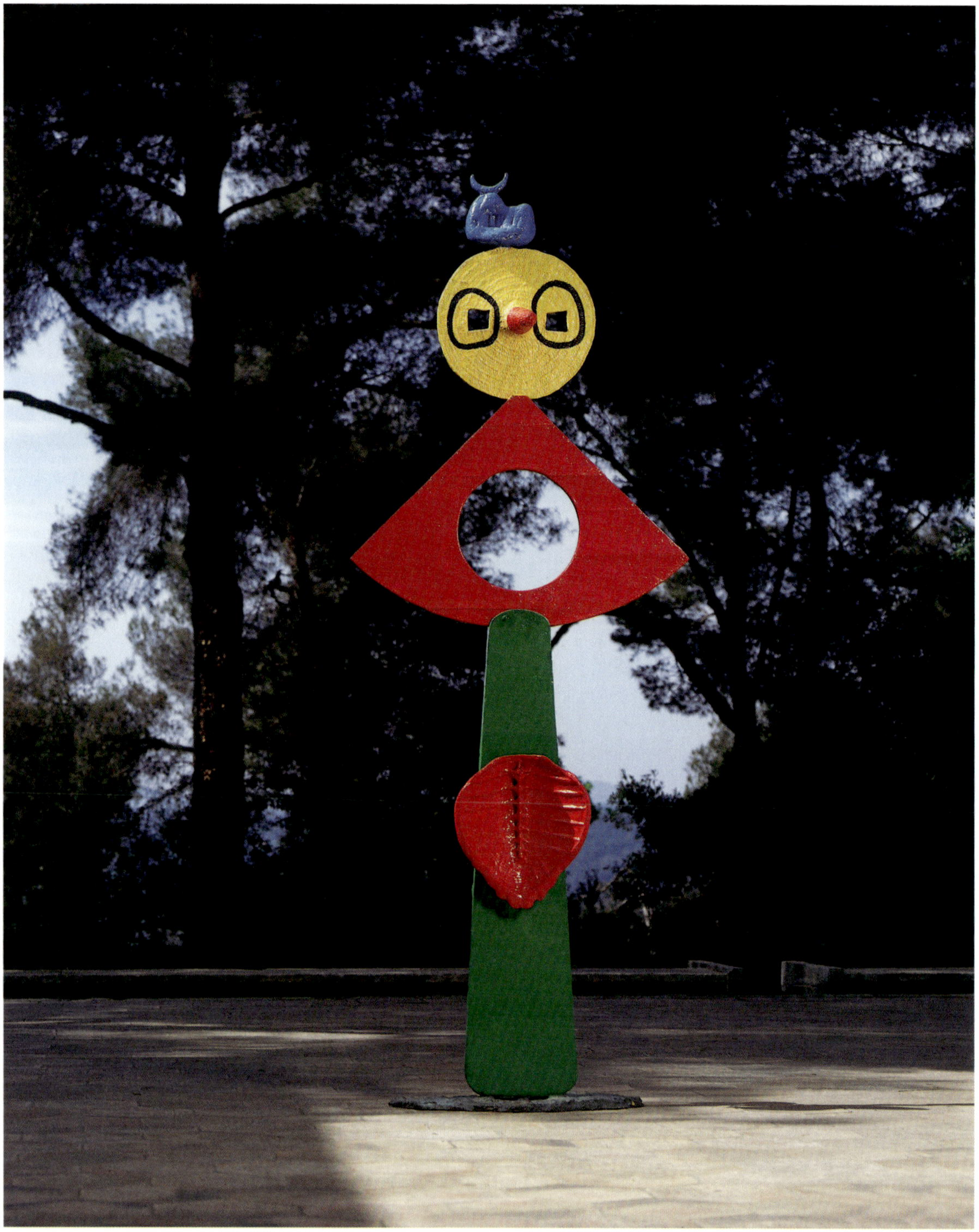

La Caresse d'un oiseau, 1967
Bronze peint, 312 × 112 × 42 cm
Collection Fondation Maeght

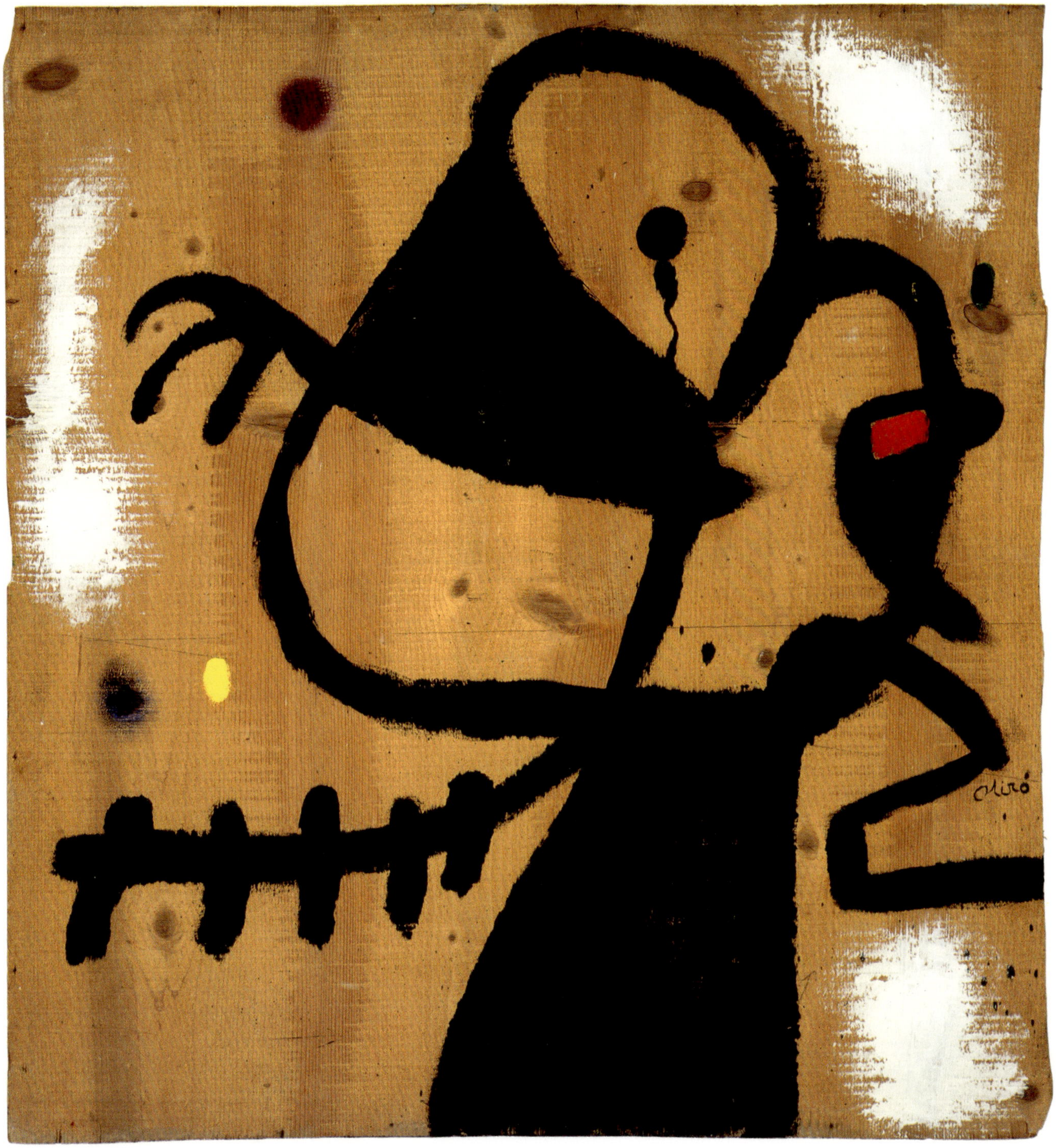

Femme, oiseau, 1973
Huile sur bois, 80 × 73 cm
Collection particulière, Espagne

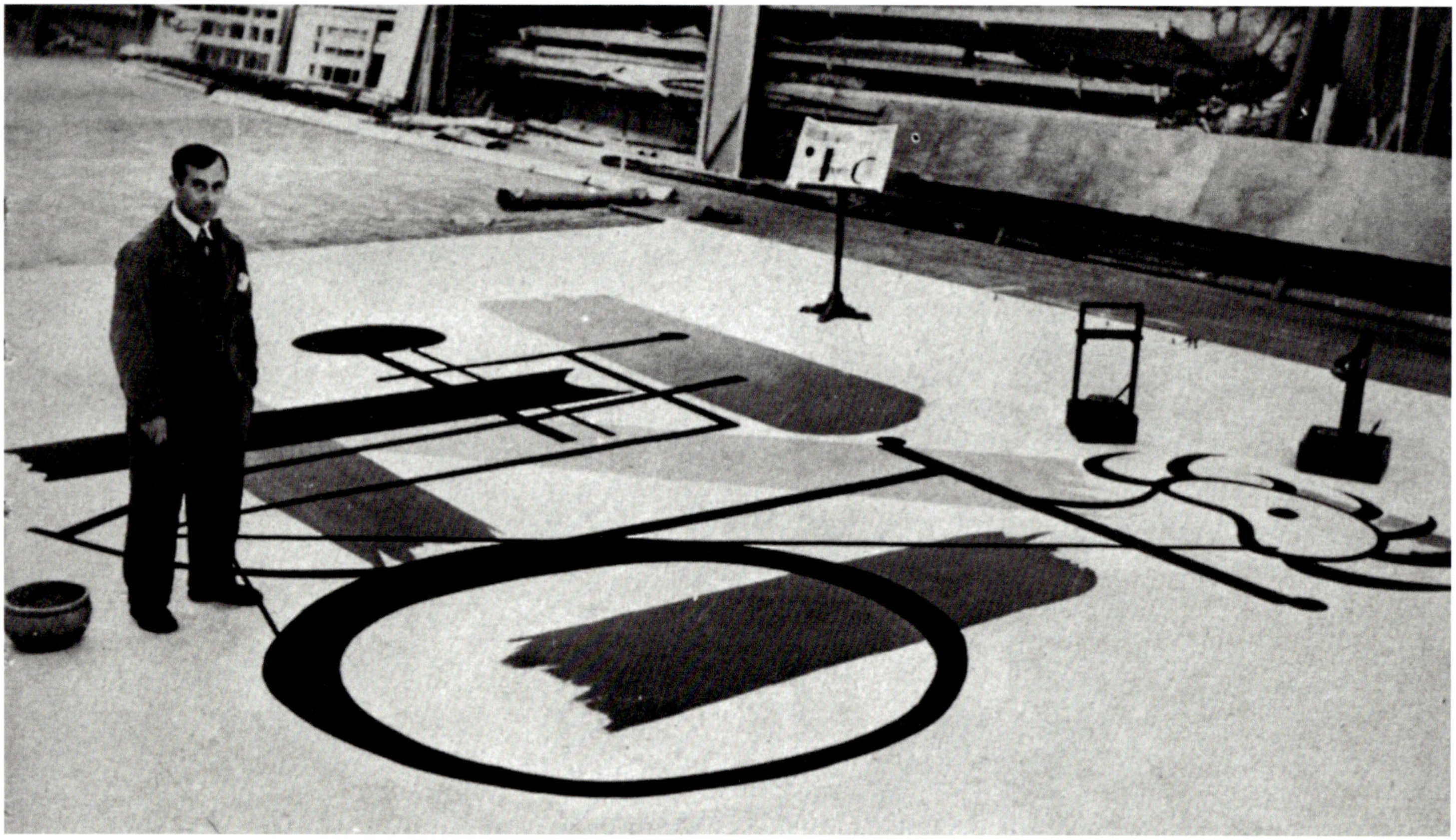

Joan Miró créant le rideau de scène de *Jeux d'enfants*. Collection Myrtille Georges Hugnet.

Miró et la scène

* Un domaine passionna Miró toute sa vie : les arts de la scène, et plus précisément le ballet. Cette inclination longtemps secrète ne généra finalement que peu de créations. Pourtant, le ballet et l'opéra représentent le champ de l'expérience plastique où tout semble possible. Ce qui est là en jeu n'est pas la simple réalisation d'un décor, mais l'idée même qu'il faille structurer une suite d'espaces ou imaginer des costumes. Miró s'interroge pour comprendre comment son art peut répondre aux mouvements mêmes des danseurs. Or, tout ballet est un ensemble de lignes ondoyantes, parfois brisées, qui dans le temps de la représentation tissent une trame narrative. La nature de ces lignes, et il le sait mieux que quiconque, n'est pas de celle qui habite ses toiles. L'écriture spatiale du corps des danseurs est évidemment plus complexe, plus imprévisible, naturellement vivante. Tout débute donc en 1926. Bien qu'enrôlé récemment dans la mouvance surréaliste, Miró accepte, avec son ami Max Ernst, une commande prestigieuse : réaliser les décors d'un *Roméo et Juliette* pour les fameux Ballets russes de Serge Diaghilev. Depuis 1907, l'éblouissante compagnie de danse s'affirme par sa capacité à inviter les compositeurs les plus novateurs comme Debussy (*Jeux*, 1913), Ravel (*Daphnis et Chloé*, 1912), Erik Satie (*Parade*, 1917), Prokofiev (*Le Fils prodigue*, 1929) ou d'engager Derain, Delaunay, Picasso ou Marie Laurencin. Sur une musique de Constant Lambert, les deux artistes imaginent les arrangements scéniques et quelques peintures posées sur l'arrière de scène. L. Grigoriev, le régisseur, se souvient : « Ce ballet n'avait aucun décor, au sens strict du terme. Le rideau s'était levé sur une scène (presque) entièrement nue, ce qui eut pour effet d'embarrasser le public, qui pensait qu'il s'agissait là d'une erreur. » Révélée au public de Monte-Carlo le 4 mai 1926, l'expérience se révèle une leçon pour Miró, qui estime qu'il lui est possible d'aller plus loin, d'autant qu'il est surpris par la réaction véhémente des surréalistes. Conduits par Breton et

Aragon, ceux-ci interrompent la première parisienne au théâtre Sarah-Bernhardt (18 mai 1926) à coups d'invectives et de tracts. Pour eux, Ernst et Miró ont basculé du côté de la bourgeoisie et de l'argent, renonçant du même coup à la volonté subversive du surréalisme.
Ce n'est que six ans plus tard que Miró renouvelle l'expérience, mais cette fois avec une autre amplitude. En 1931, il présente à la galerie Pierre une série d'œuvres inédites, presque burlesques, où interviennent morceaux de fer rouillés, coquillages, vieilles serrures. Léonide Massine, nouveau directeur du ballet de Monte-Carlo, est séduit au point d'écrire à Miró : « Quand on voit la combinaison des formes et des couleurs dans ta peinture, on ressent tout à fait involontairement de la joie et le désir pressant de danser. » L'invitation se concrétise peu après. Ce sera *Jeux d'enfants*, chorégraphie de Léonide Massine sur une musique de Georges Bizet et un livret de Boris Kochno. Pour la première fois, Miró est totalement libre d'imaginer les décors, le rideau, les costumes et les objets. Les scènes, par leurs thématiques évoquant l'univers du rêve et de l'enfance, permettent à Miró de déployer à loisir son imaginaire. Rarement l'artiste s'investira à ce point dans un projet, accumulant idées, notations, croquis et dessins, s'entretenant régulièrement avec Massine. Le résultat respecte scrupuleusement les divers tableaux tout en donnant à l'ensemble une puissance poétique et merveilleuse qui transcende une histoire somme toute plate. Sur scène, ses chevaux de bois, sa toupie, ses boucliers pour amazones répondent dans les matériaux les plus variés au splendide rideau de scène – un immense panneau gris parsemé de taches de couleurs éclatantes. C'est d'ailleurs ce dernier qui fait sensation. On applaudit également les costumes aux formes simples et aux couleurs pures rehaussées

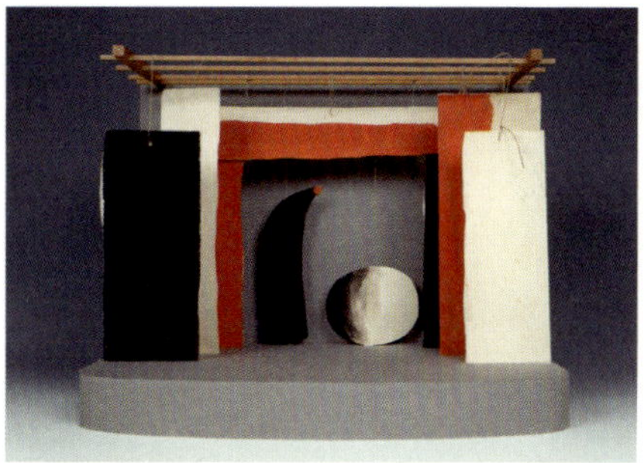

Maquette pour le décor de *Jeux d'enfants*.
Joan Miró réalisa les costumes et le rideau de scène de ce ballet créé en 1932 par le chorégraphe Léonide Massine, sur une musique de Georges Bizet et un livret de Boris Kochno.
Fondation Joan Miró, Barcelone.

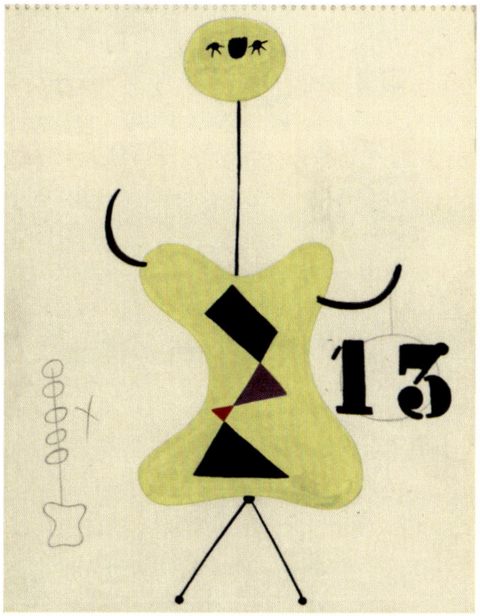

Étude de personnage pour le projet de ballet *Ariel*, vers 1935.
Fondation Joan Miró, Barcelone.

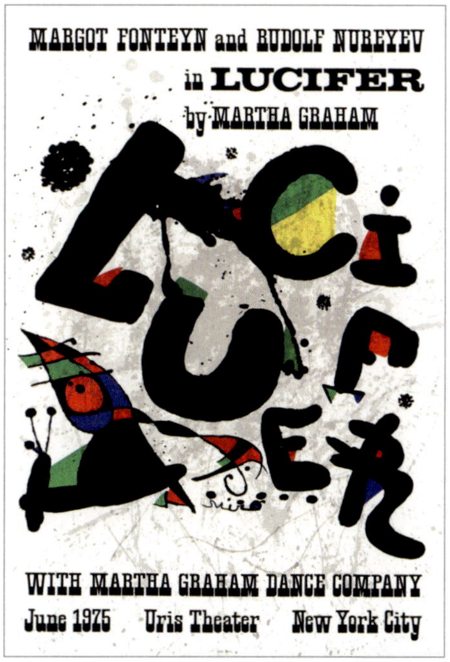

Affiche en lithographie originale pour *Lucifer*, chorégraphie de Martha Graham, Uris Theater de New York, juin 1975.

Affiche en lithographie originale pour les Nuits de la Fondation Maeght. Chaque été, de 1965 à 1974, la Fondation a accueilli musique, danse, théâtre et poésie.

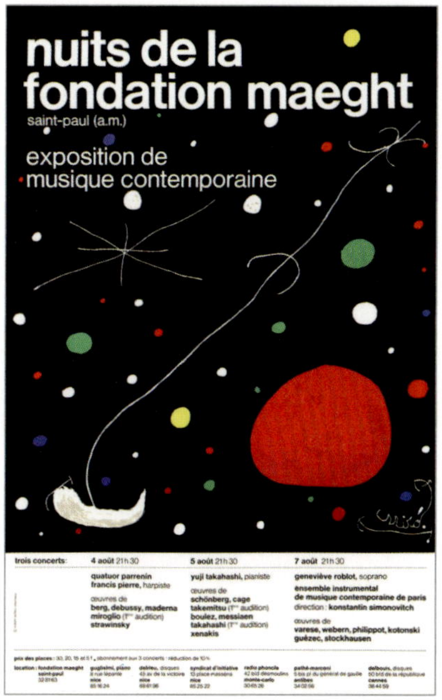

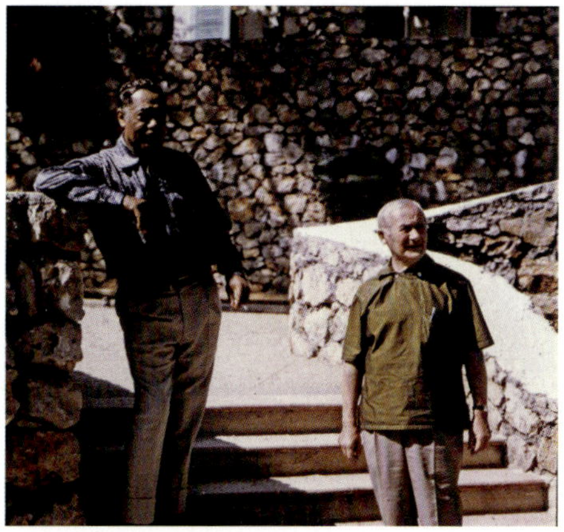

En juillet 1966, l'impresario Norman Ganz organise la venue de Duke Ellington et de son trio à la Fondation Maeght. Duke Ellington y créa, en présence de Joan Miró, son célèbre « Blues for Miró ».

ici et là d'empreintes colorées des mains de l'artiste. Miró est enthousiaste : « Le ballet est bien une façon d'entrer – comme j'y tiens – en contact direct, physique, avec le public. J'aimerais faire l'argument moi-même. Et, pour musicien, j'aurai aimé Béla Bartók ou Arnold Schoenberg. D'ailleurs, le ballet est le type même de l'art collectif. » Enchanté par l'expérience, Miró ira jusqu'à imaginer cinq projets. De nombreuses pages de ses carnets en attestent. Dessins, croquis, le tout enrichi de citations en français et en catalan, de références précises à Jarry, Éluard, Breton, Tzara… Il s'attelle aussi à *Ariel*, ballet esquissé à partir d'un texte du grand poète catalan J.V. Foix. L'arrivée de la guerre civile compromet la participation de ce dernier. Miró gardera jalousement tout le matériel, le réactivant bien des années plus tard à l'occasion de *L'Œil-oiseau*. Initié en 1973, ce projet tente de donner corps à son rêve : concevoir un spectacle total mêlant chorégraphie, poésie, musique et peinture. Le livret est confié à son vieux complice Jacques Dupin, la musique à Patrice Mestral. Prévu initialement à la Fondation Maeght, le projet sera repoussé, modifié, défiguré pour être finalement joué en 1981 à Venise. Heureusement, une troupe de théâtre catalane faussement anarchiste, La Claca, propose entre-temps à Miró une échappatoire imprévue. Partant des dessins d'*Ubu* réalisés par l'artiste, elle imagine en donner une version scénique. Des marionnettes géantes – les *ninots* – sont élaborées puis présentées à Miró en mai 1976. Ce dernier, enthousiaste, décide l'année suivante de rejoindre la troupe une dizaine de jours à Barcelone afin de peindre ces personnages directement sur place. La « farce », intitulée *Mori el Merma*, est jouée le 7 mars 1978 au théâtre de Palma de Majorque puis à Barcelone, à Rome et enfin au centre Georges-Pompidou à Paris et à la Fondation Maeght à Saint-Paul de Vence. Jardin secret de l'artiste, les arts de la scène ont trouvé là une dernière incarnation d'une violence colorée sans équivalent, renouant avec l'esprit carnavalesque que Miró cherchait à mettre en scène depuis si longtemps. Tout autre fut le rapport de l'artiste avec la musique. Contrairement aux ballets qui réclament un investissement plastique et placent chaque artiste entre un désir d'illustration ou une volonté de s'affranchir du livret, la musique offre l'exemple d'un art pur car dégagé de toute plasticité. Comparable à la puissance des mots et du poème, elle fut pour Miró une contrée inconnue mais magnifique, à laquelle il ne cessa de se référer toute sa vie. Autant ses contemporains aiment à témoigner de son amour de la lecture, autant ils oublient de mentionner combien Miró aimait s'oublier dans l'écoute de la musique, essentiellement classique. En 1939, à l'heure de tous les périls, alors que l'imminence d'une catastrophe mondialisée se rapproche, Miró déclare à J.J. Sweeney : « Je ressentais un profond désir d'évasion. Je m'enfermais en moi-même délibérément. La nuit, la musique et les étoiles commencèrent à jouer un rôle majeur dans la suggestion de mes tableaux. La musique m'avait toujours attiré et maintenant, à cette période, la musique commençait à jouer le rôle que la poésie avait tenu dans les années 1920. » Ce basculement de la poésie vers la musique marque un tournant qui lui permet d'échapper aux tourments de l'époque et par là même de chercher les conditions d'un art véritable. À l'idée de la poésie entendue comme espace, non pas espace des mots, mais de leurs rapports et de leurs puissances plastiques dans le champ coloré du tableau, il va substituer celle de rythme et

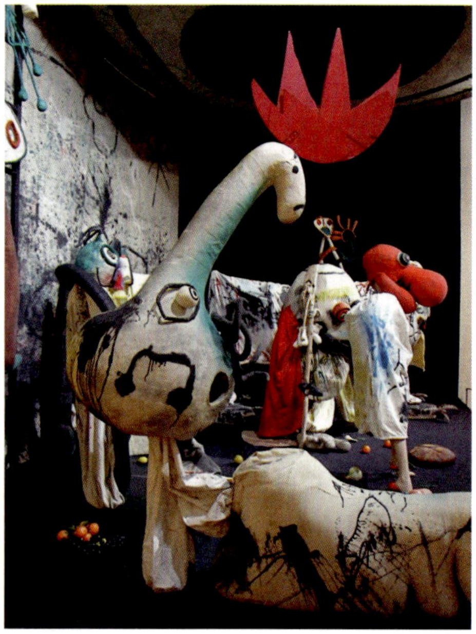

Les personnages de *Mori el Merma* créés pour la compagnie La Claca à partir de *Ubu roi* d'Alfred Jarry, Barcelone, 1978.

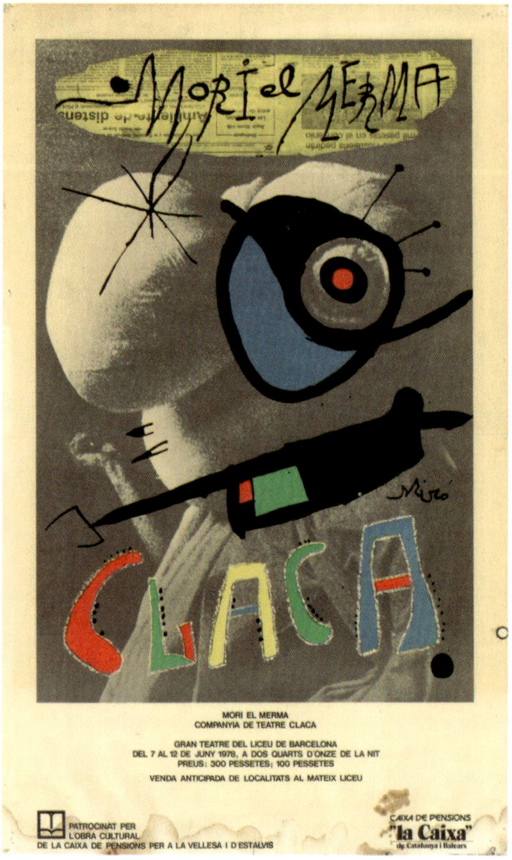

Affiche de Joan Miró pour le spectacle *Mori el Merma* monté au Gran Teatre del Liceu de Barcelone par la compagnie de la Claca. Joan Miró peignit les marionnettes géantes, les masques et le décor.

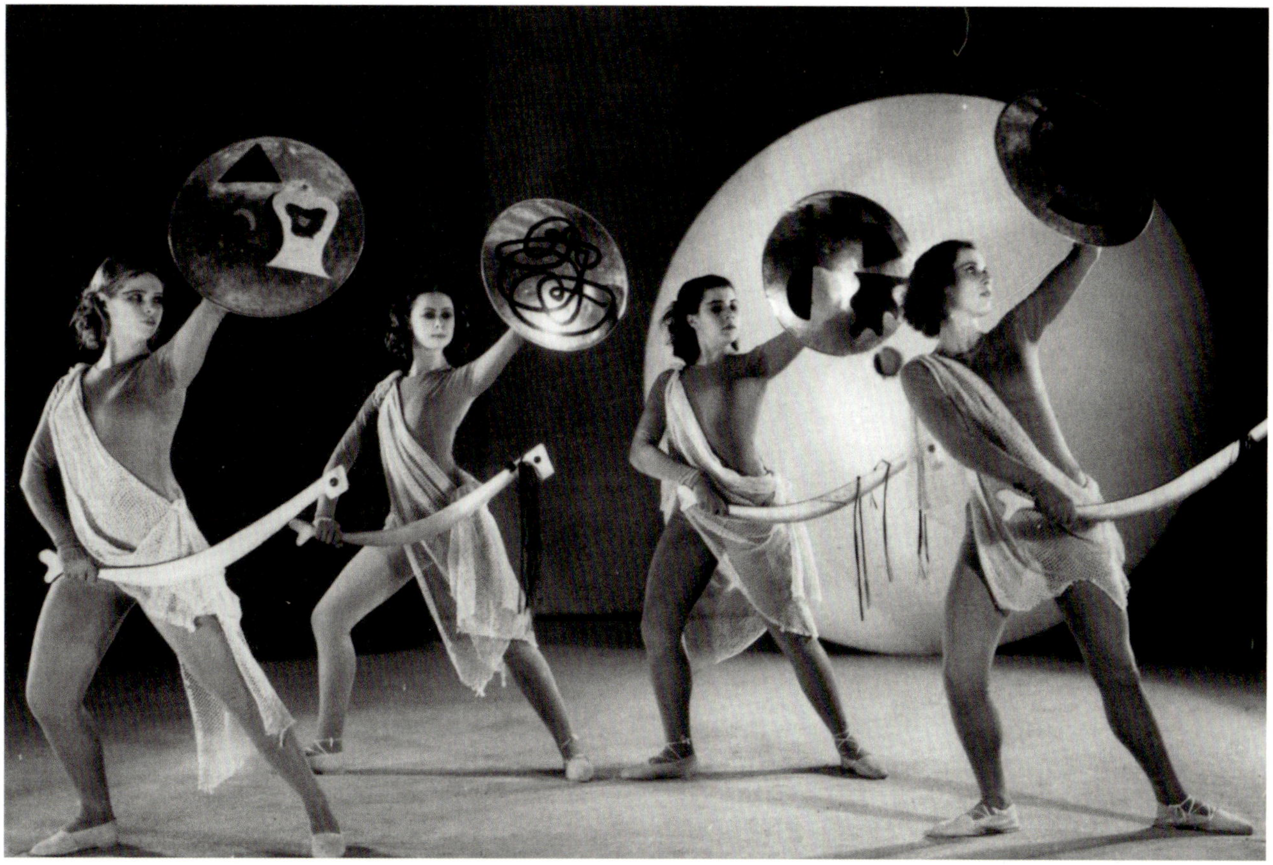

Scène du ballet *Jeux d'enfants*. Collection Myrtille Georges Hugnet.

de mélodie. La couleur devient une sorte de contre-chant soutenant les lignes sinueuses qu'il se plaît à rendre plus expressives. *Femmes et cerf-volant parmi les constellations* de 1939 (huile sur toile, 81 × 60 cm, collection particulière), en est l'illustration parfaite. Mais tout cela relève en partie de l'interprétation. Miró sur ce sujet restera très énigmatique. Il ne faut pas chercher dans ses œuvres une transposition stricte d'un principe musical, comparable par exemple à ce qu'avaient pu faire dans les années 1910 Kandinsky ou Kupka dans leur élaboration de l'abstraction.

Tout juste Miró précise-t-il ici et là qu'il aimerait poursuivre ses expériences avec le ballet. La musique fut donc un moyen d'activer son imaginaire et son inspiration. En 1940, hésitant sur l'évolution de son art, il se retire en Espagne : « Après le déjeuner [à Palma] chaque jour, j'allais à la cathédrale écouter les répétitions d'orgue. (...) La musique de l'orgue et la lumière filtrant par les vitraux me suggéraient des formes. » Ce retour aux sources s'accompagne de méditations rythmées par Bach et Mozart, compositeurs qu'il vénère.

Tout autre sera sa relation au jazz dans l'après-guerre. À la fin des années 1950, Miró comprend immédiatement combien chaque musicien d'une formation est une individualité qui improvise de manière paradoxale avec et hors de la progression harmonique du morceau. Les jazzmen jouent par analogie, par une substitution d'accords acoustiquement semblables mais dont la note change.

Or, cette démarche lui est étrangement familière. L'inconnu et la surprise sont basés sur le connu. Pour Miró, le jazz vient prouver que tout acte créateur peut ordonner la dichotomie entre le projet et la surprise. Les oppositions entre conscient/inconscient, intentionnel/instinctif, nécessité/liberté permettent de réaliser la fusion entre la forme et le contenu, la matière et l'esprit, le réel et l'idéal. Miró trouve là l'incarnation parfaite de son travail d'artiste, mais avec d'autres moyens. L'œuvre chez lui est bien la mise en présence de sa singularité dans une grammaire définie mais dont il convient d'explorer toutes les limites afin d'exclure toute possibilité d'épuisement.

On comprend mieux cette fameuse photographie de lui avec Duke Ellington, prise lors du concert exceptionnel donné à la Fondation Maeght en 1966. Miró, plutôt sensible à la musique classique contemporaine, pose avec complaisance à côté d'un maître dont il se sent étonnamment proche.

MIRÓ CONSTRUCTEUR D'OBJETS MENTAUX

À regarder les sculptures de Miró, il est facile de repérer de manière récurrente un grand nombre d'objets usuels dont nous nous servons dans l'existence quotidienne : outils, tissus, ustensiles divers.

Il est aussi évident que Miró est l'héritier, pour une part, de la technique et de l'esthétique du collage, permettant de créer du sens par une méthode de mise en relation. Mais si dans la vie professionnelle, le constructeur ou le technicien, par exemple, assemblent des éléments à l'efficience utilitaire, Miró ne s'attache nullement aux fonctions des objets dont il use, ni à leur aspect pratique. Si sens il y a, celui-ci est purement esthétique ou symbolique. Il renvoie aux dimensions psychiques ou sociales de l'individu. Ces volumes sont les acteurs bien réels de notre imaginaire et sont, avant tout, des productions et des objets mentaux. Miró, par sa manière de sculpter, se défie et ironise sur les illusions de la technique. Il emploie, très clairement, le détournement, tout particulièrement pour mettre en jeu la relation psychanalytique aux objets que lui ont révélée les textes de Freud. Beaucoup de ses sculptures mettent en jeu des identités sexuées : « Femme » ou « Personnage », dans lesquelles telle ou telle disposition d'objets autorise des interprétations induites par le masculin ou le féminin et les relations qu'ils entretiennent.

Il faut donc, devant les sculptures de Miró, oublier le lexique, ce qu'il nous permet de dire sur un ustensile ou un autre, et se laisser porter par une attention flottante à tout ce qui s'assemble dans notre esprit, notre mémoire, grâce à la présence ambivalente des formes. Ce sont cette liberté, ce « laissez-passer », ce « lâcher tout » qui vont donner aux sculptures de Miró le pouvoir d'habiter notre esprit comme de violentes ou séductrices « formes-monstres » ravivant l'héritage légendaire des chimères. Un chou s'accorde avec le moulage d'une forme de chaussure ou avec une chaise d'enfant ou encore un chiffon « solidifié » révélant en son sein la sensualité des plis pour générer le corps d'une *Femme avec un oiseau* ou l'hybride *Homme et Femme dans la nuit*.

Le plus étonnant est que la grande majorité de ses sculptures, souvent en bronze, matériau riche et académique, garde une étonnante légèreté, semblable à celle de nos pensées lorsqu'elles circulent à travers les libres associations et les dérégulations du rêve.

Miró réussit à atteindre cet état paradoxal, bien sûr, par son habilité formelle, secondée par celle de ses amis artisans, mais surtout par la recherche de la qualité spirituelle et imaginaire qu'il désire pour ses créatures conduisant son projet et sa main.

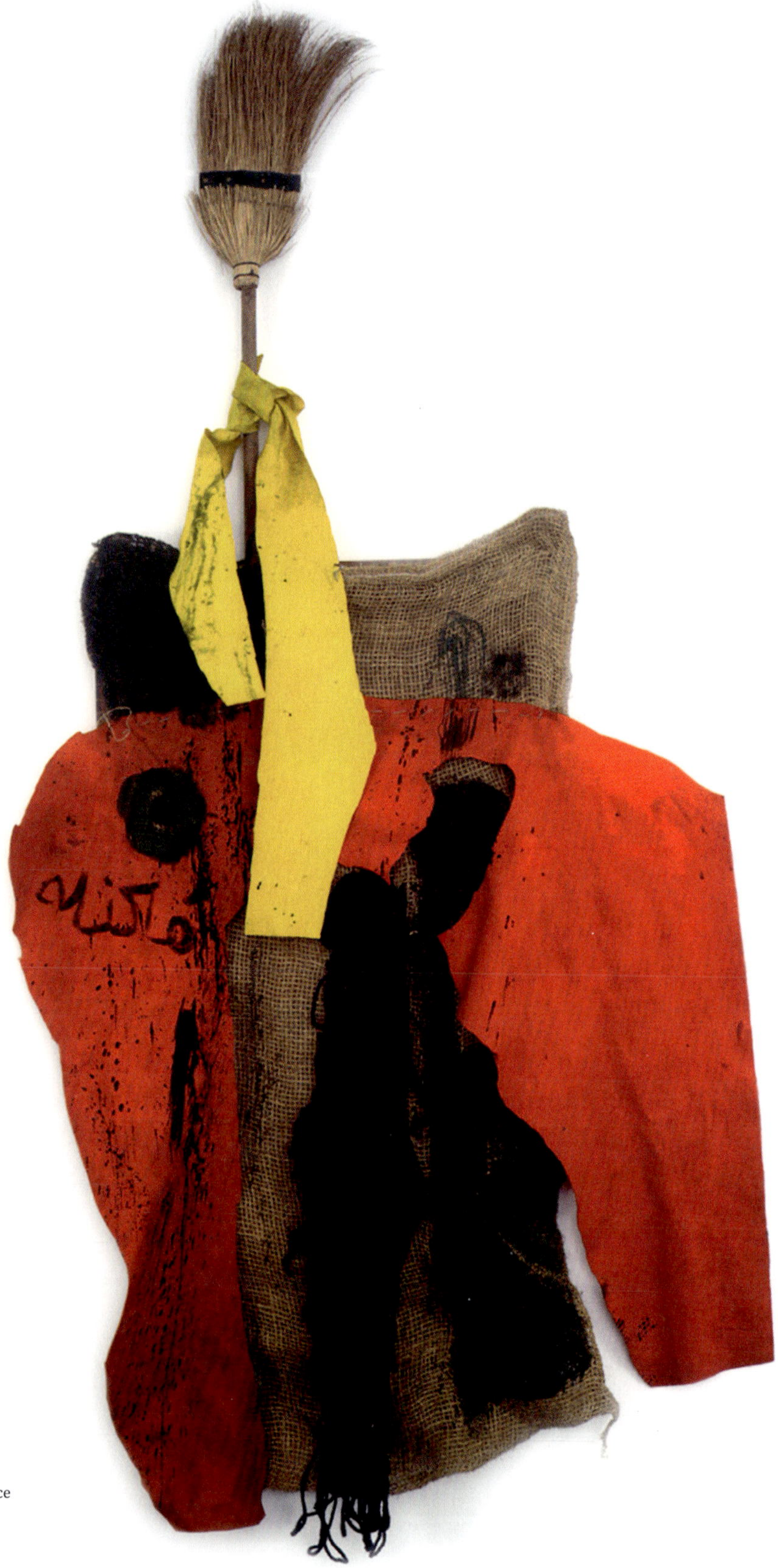

Sobreteixims sac XI, 1973
Technique mixte, 240 × 83 cm
Collection Adrien Maeght, Saint-Paul de Vence

(Page droite)
Sobreteixims II, 1972
Technique mixte, 254 × 195 cm
Collection Sylvie Baltazart-Eon, Paris

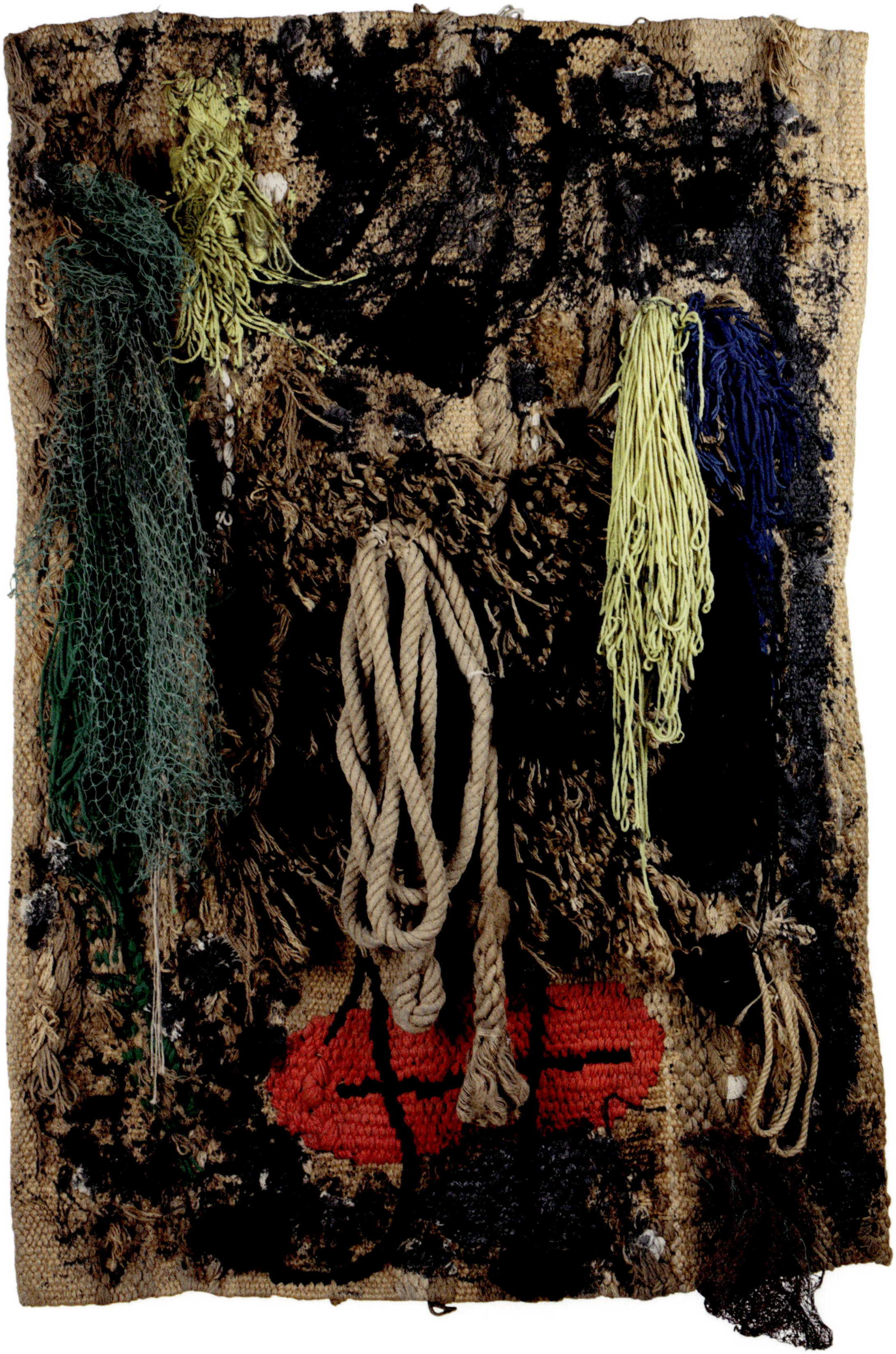

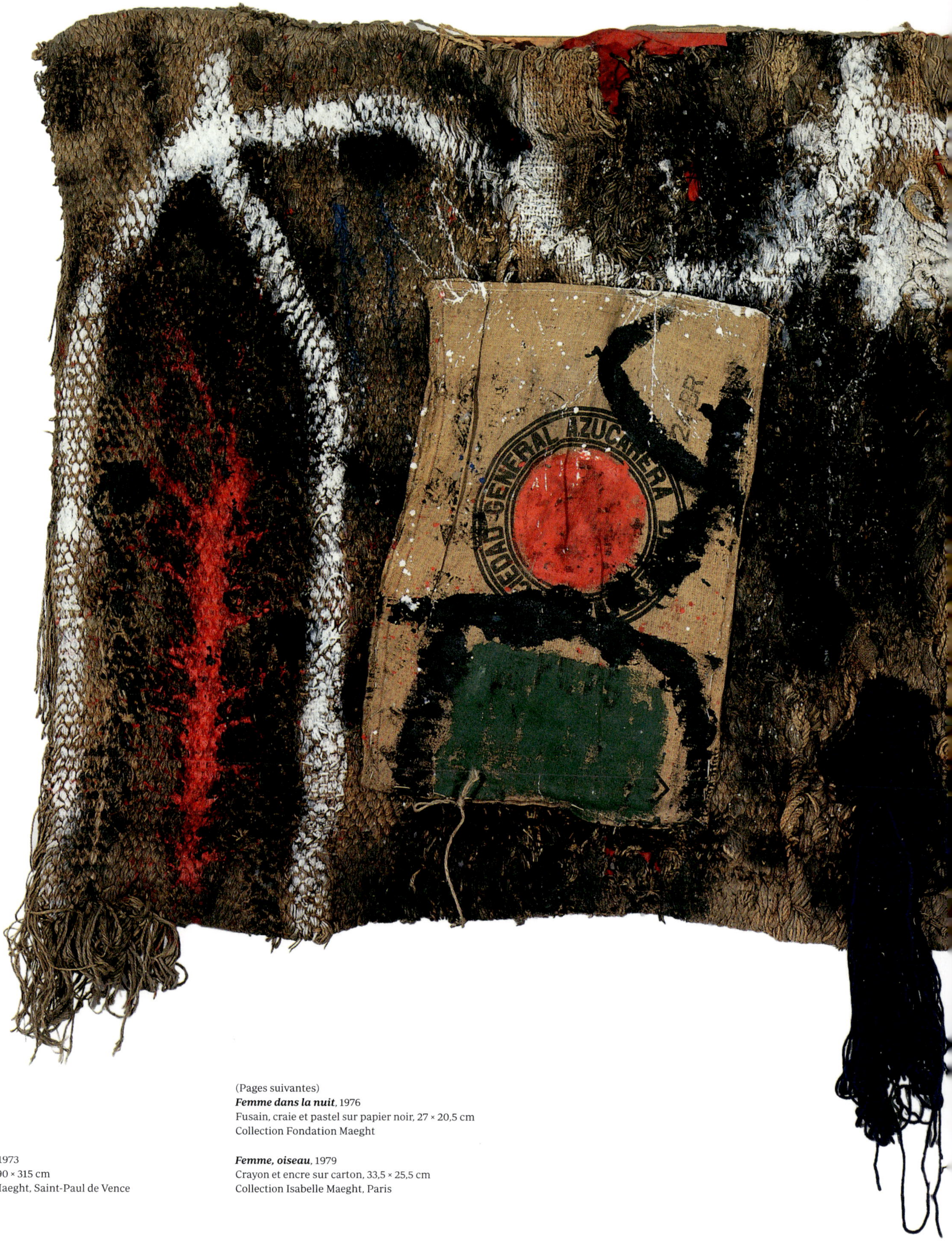

Sobreteixims XVI, 1973
Technique mixte, 190 × 315 cm
Collection Adrien Maeght, Saint-Paul de Vence

(Pages suivantes)
Femme dans la nuit, 1976
Fusain, craie et pastel sur papier noir, 27 × 20,5 cm
Collection Fondation Maeght

Femme, oiseau, 1979
Crayon et encre sur carton, 33,5 × 25,5 cm
Collection Isabelle Maeght, Paris

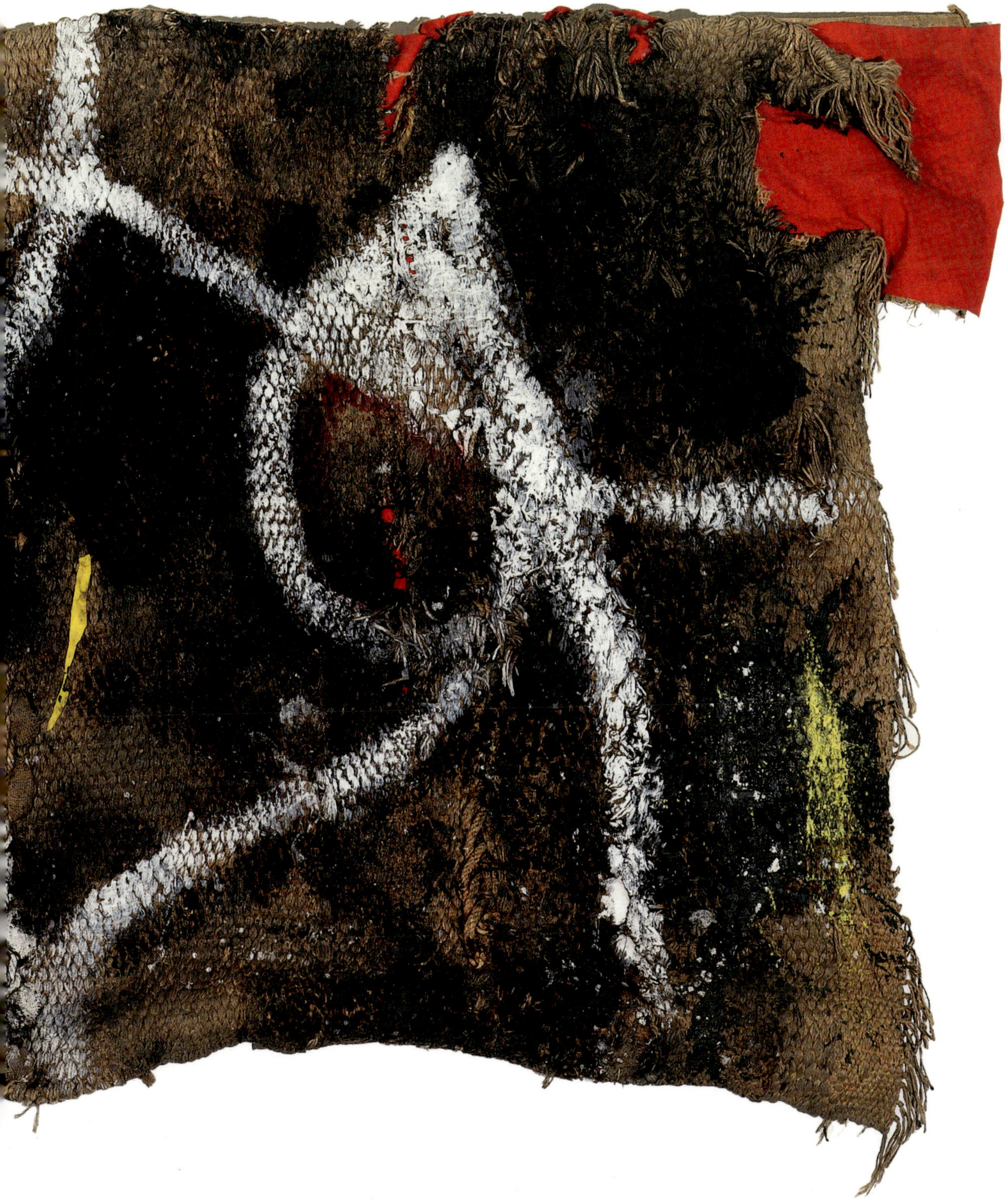

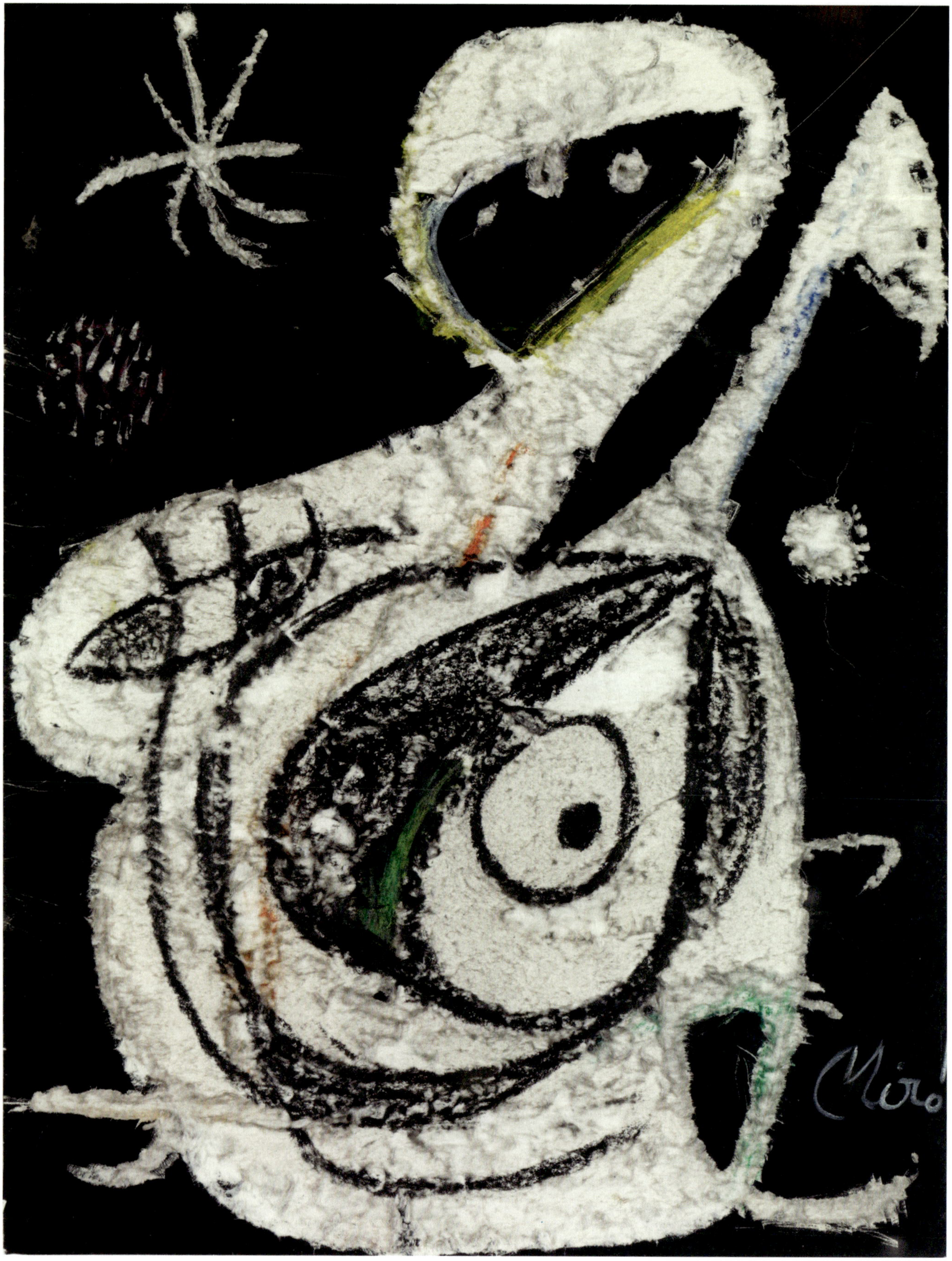
Miró

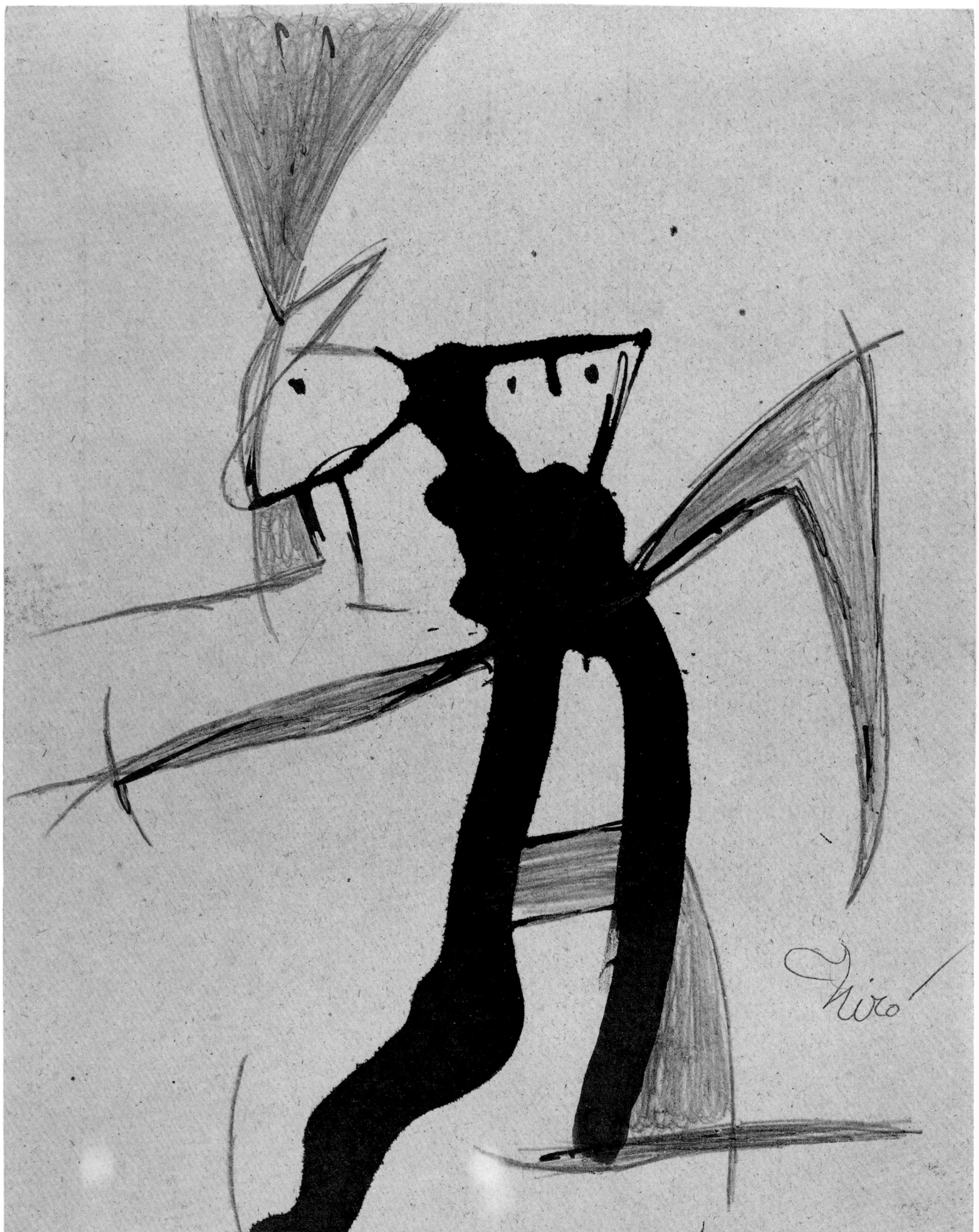
Miró

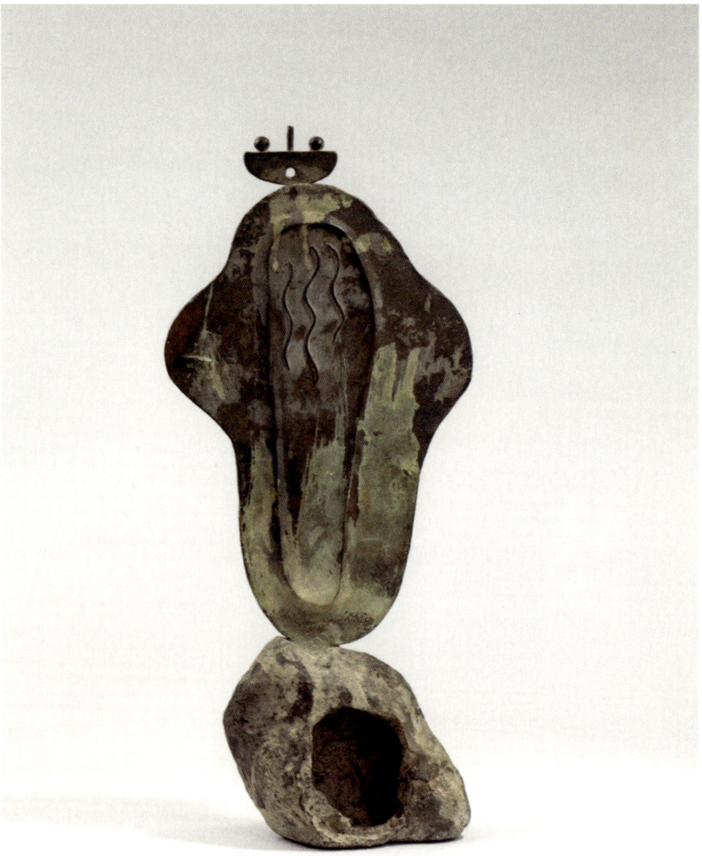

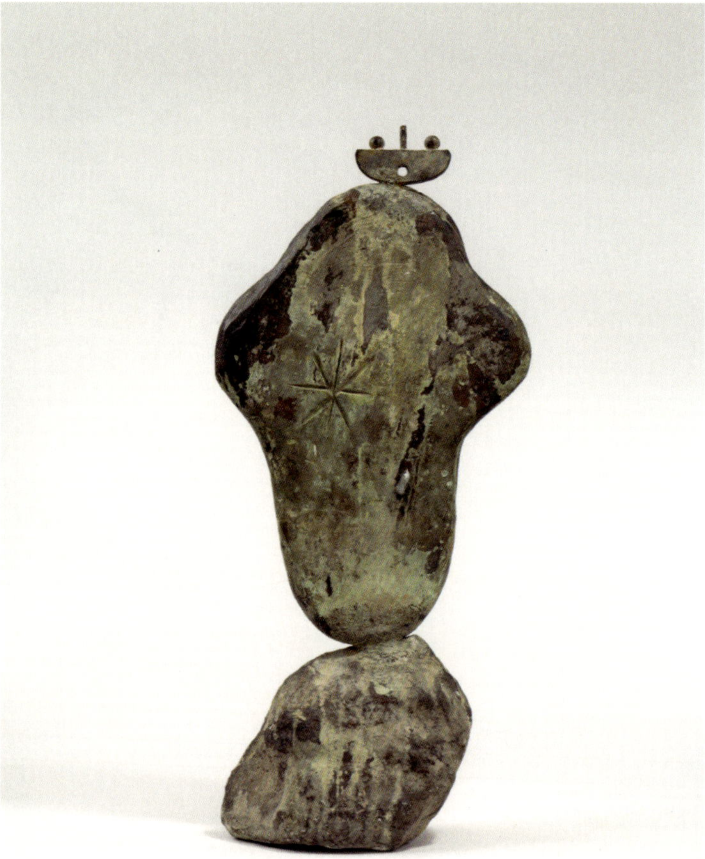

Femme dans la nuit, 1967
Bronze, 64 × 28 × 13 cm
Collection Fondation Maeght

(Page droite)
Personnage et oiseau, 1967
Bronze, 48 × 25 × 22 cm
Collection Fondation Maeght

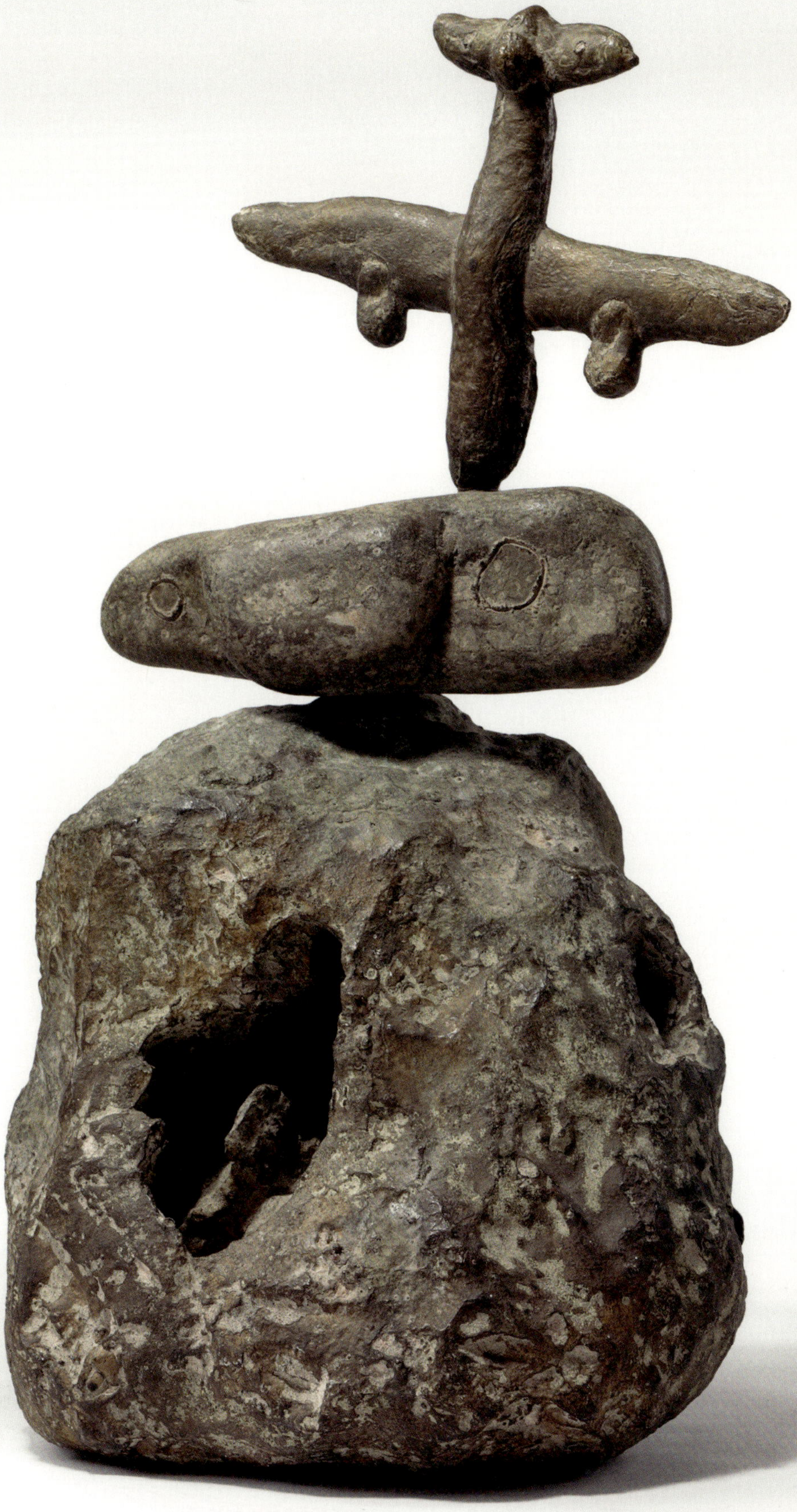

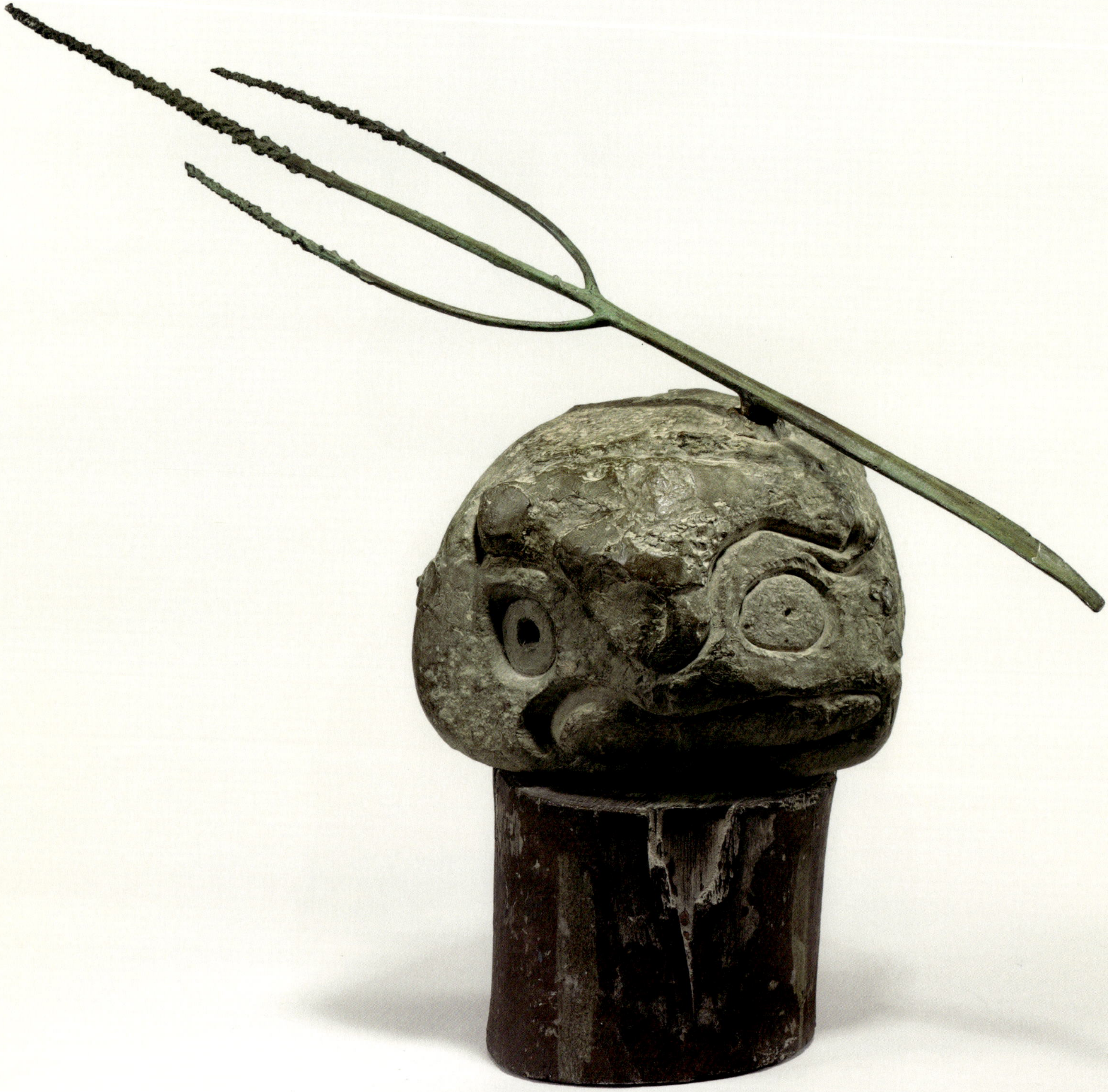

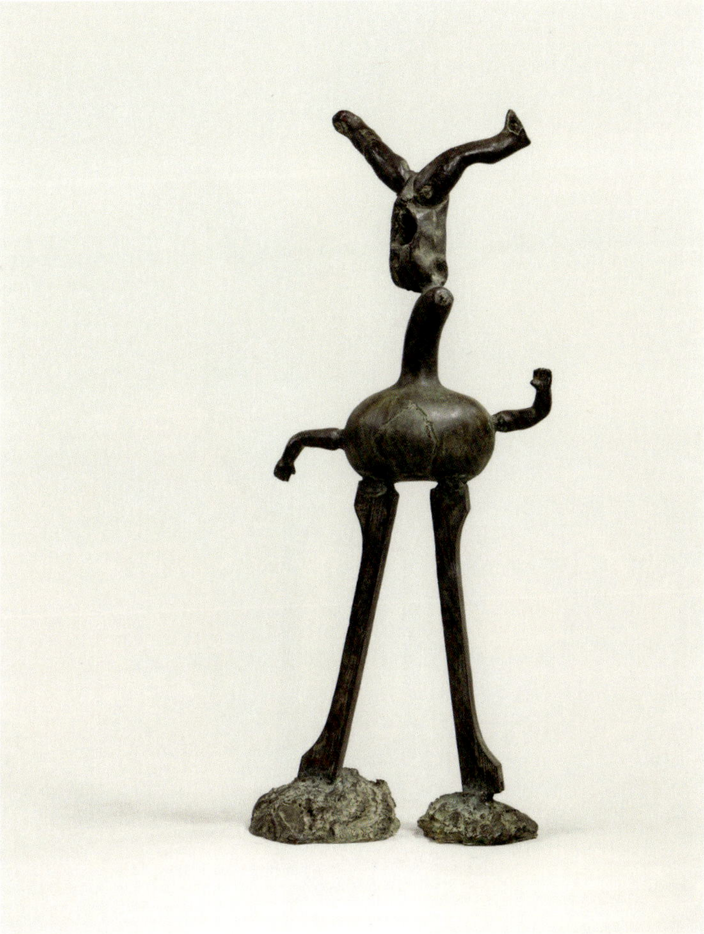

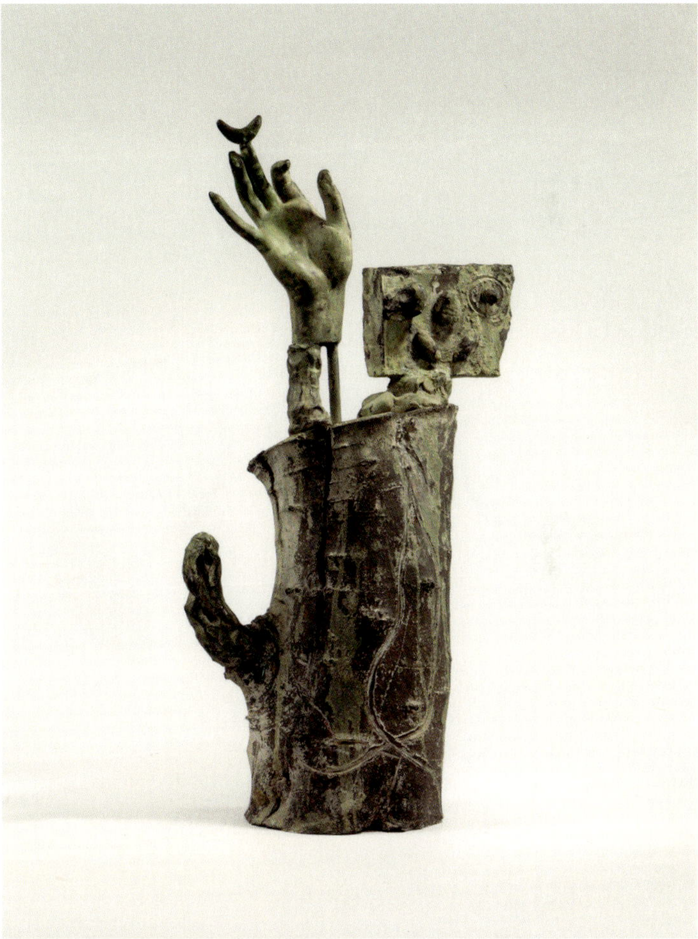

L'Équilibriste, 1969
Bronze, 91 × 39 × 18 cm
Collection Fondation Maeght

L'Oiseau se niche sur ses doigts en fleurs, 1969
Bronze, 81 × 46 × 25 cm
Collection Fondation Maeght

(Page gauche)
Tête et oiseau, 1967
Bronze, 62 × 81 × 21,5 cm
Collection Fondation Maeght

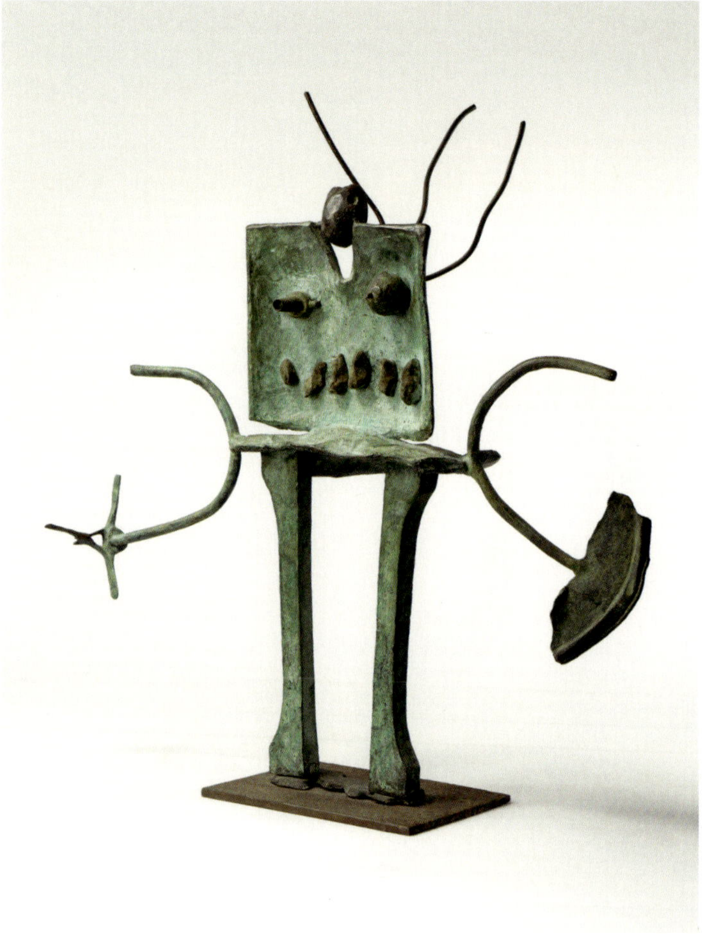

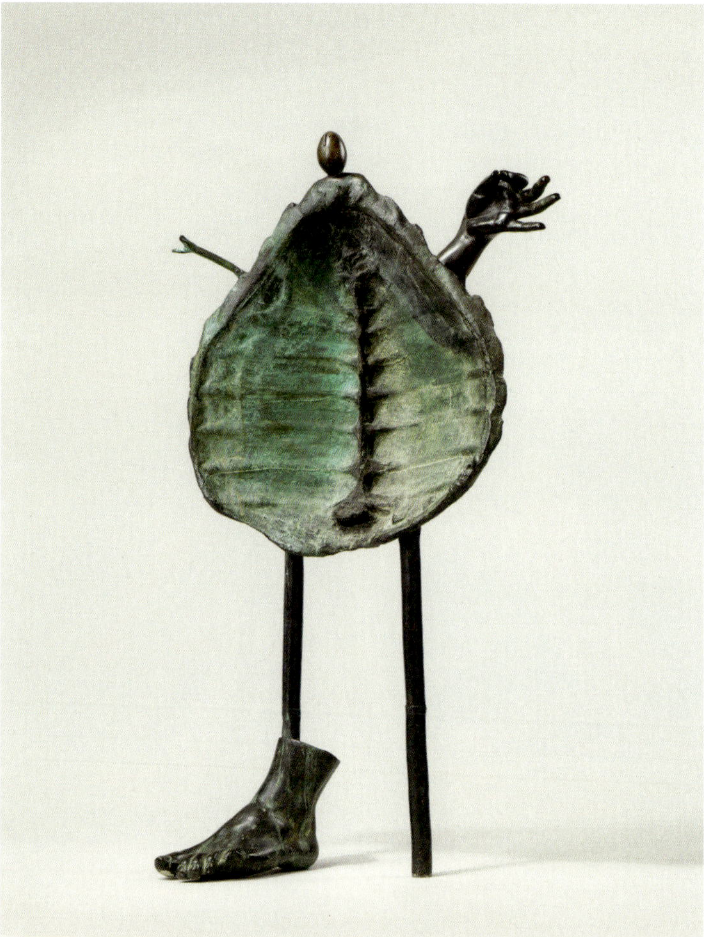

Femme échevelée, 1970
Bronze, 70 × 72 × 41 cm
Collection Fondation Maeght

Femme, 1969
Bronze, 110 × 60 × 30 cm
Collection Fondation Maeght

(Page droite)
Personnage, 1968
Bronze, 55 × 50 × 5 cm
Collection Fondation Maeght

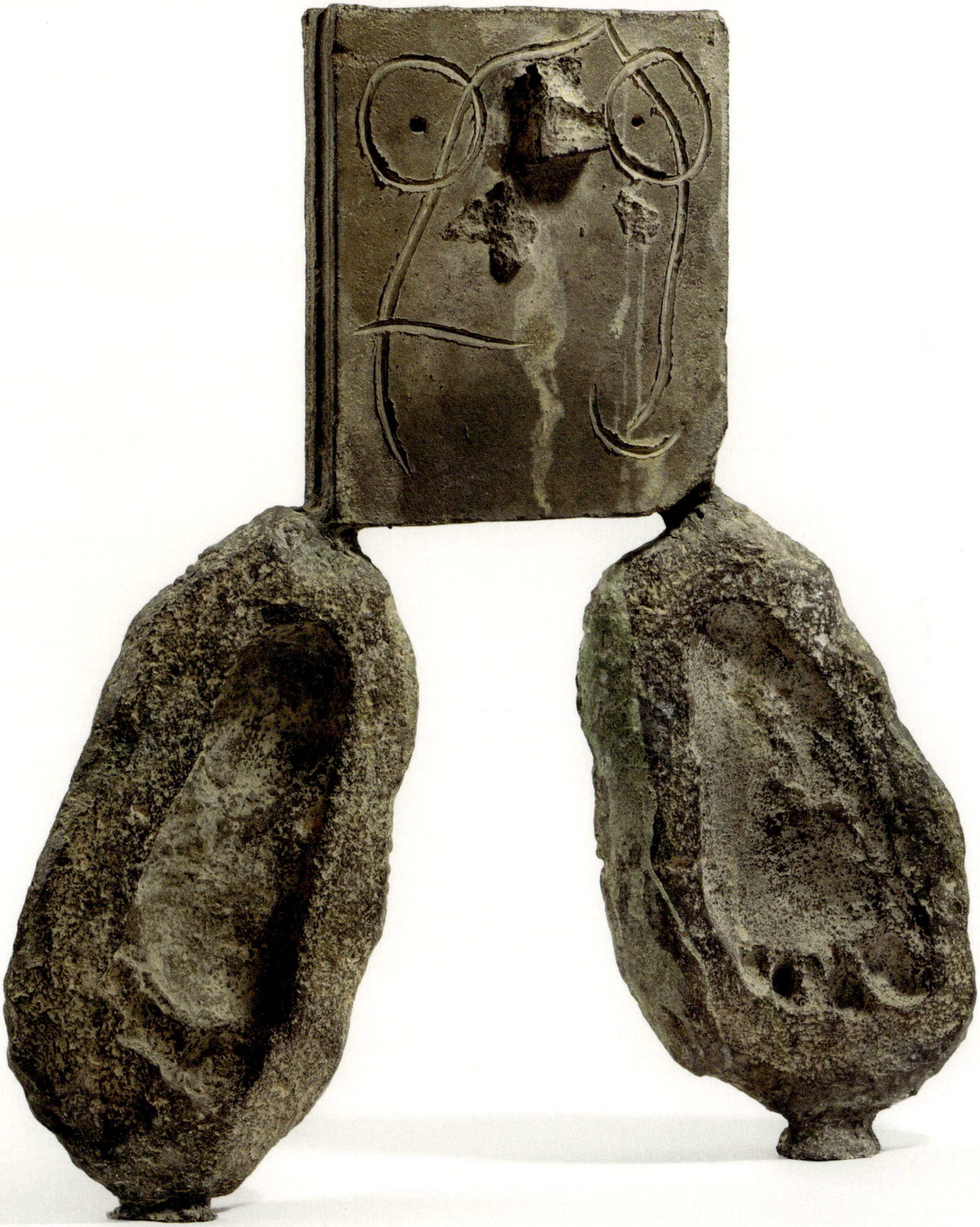

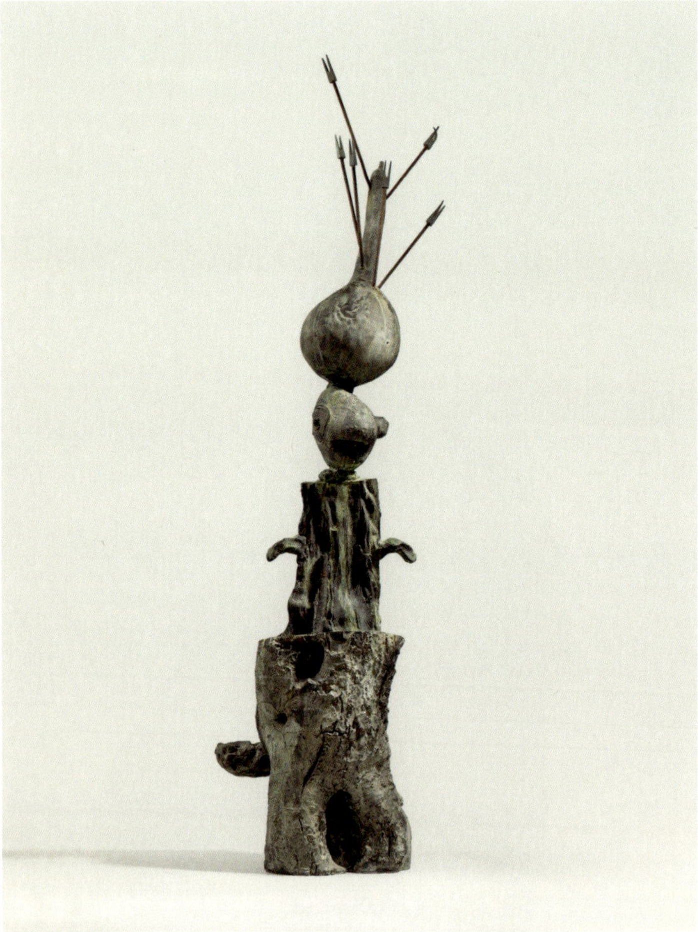

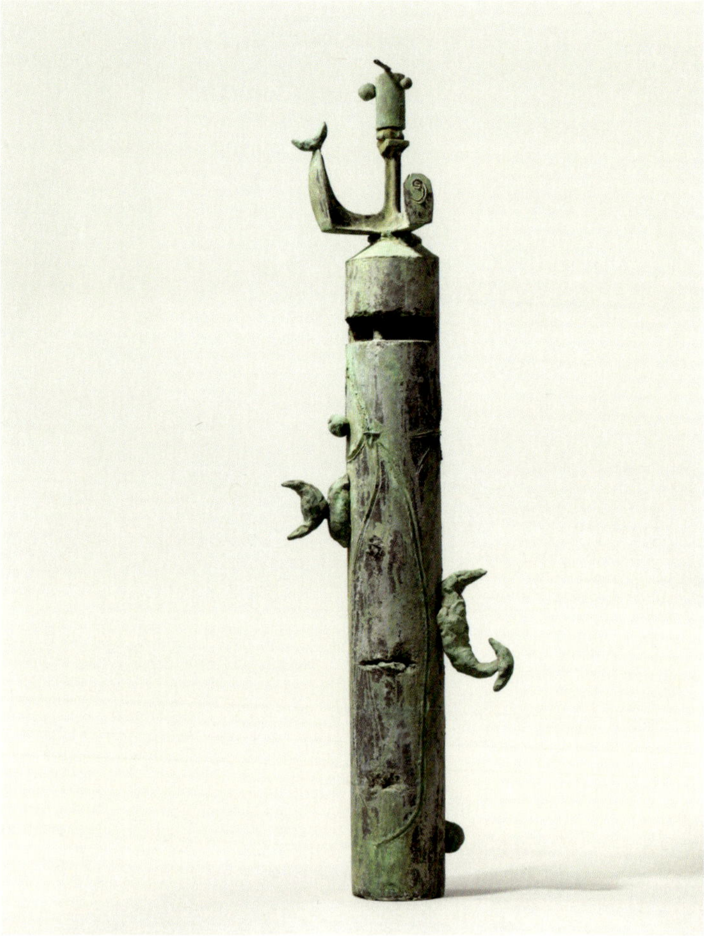

Personnage, 1969
Bronze, 148 × 43 × 35 cm
Collection Fondation Maeght

Femme, 1971
Bronze, 141 × 39 × 20 cm
Collection Fondation Maeght

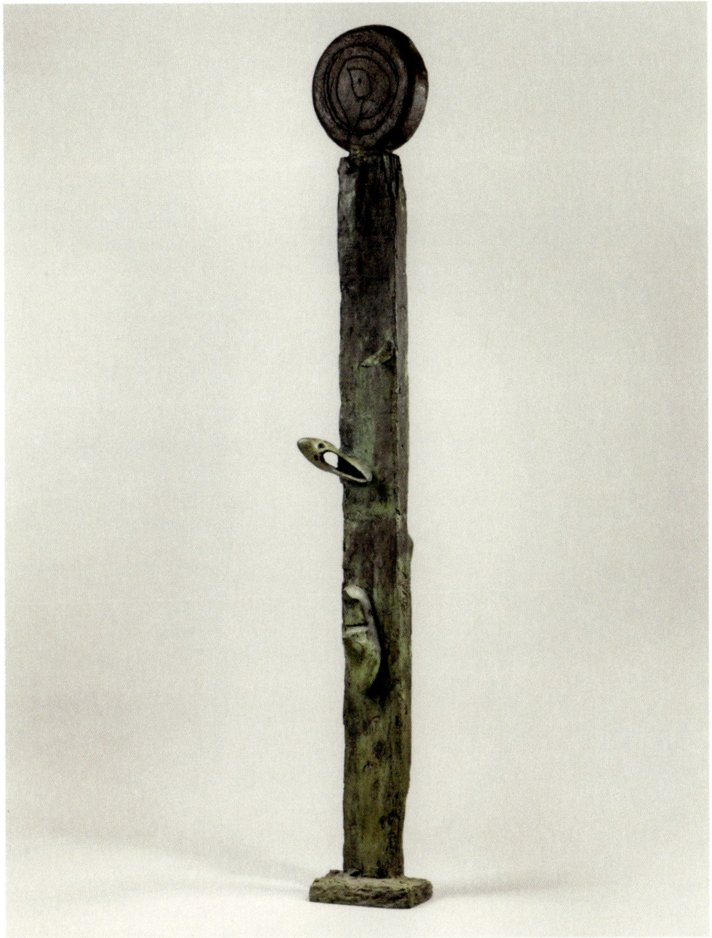

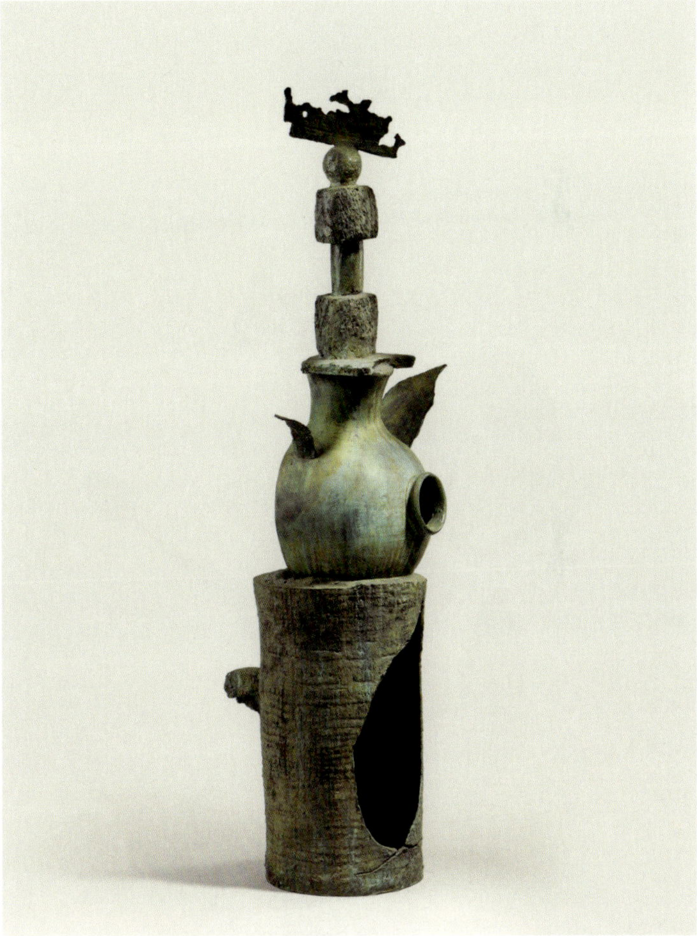

Totem, 1974
Bronze, 210 × 31 × 20 cm
Collection Fondation Maeght

Femme et oiseau, 1972
Bronze, 170 × 59 × 48 cm
Collection Fondation Maeght

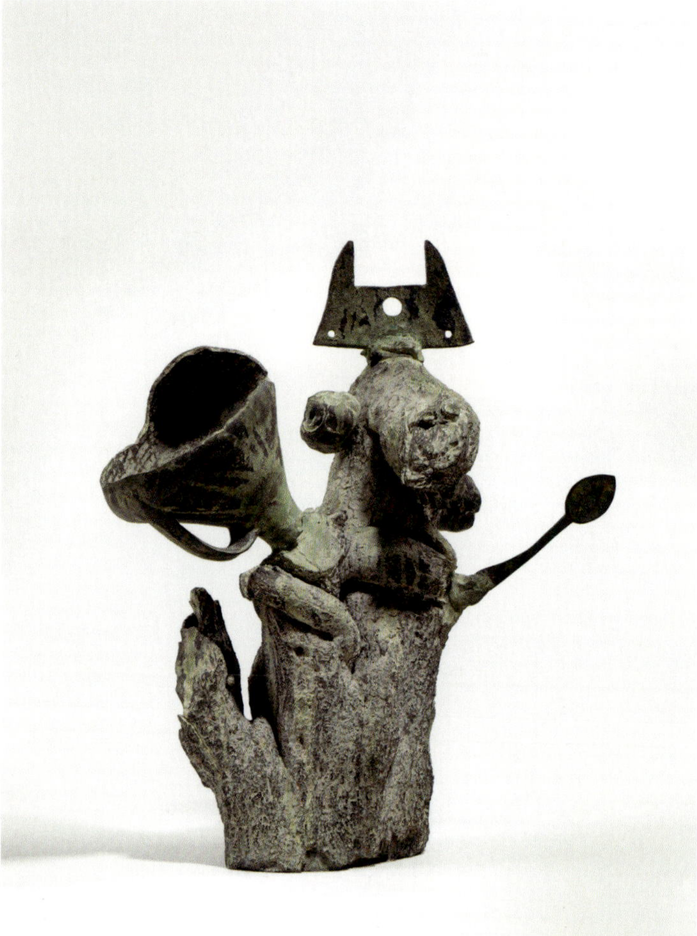

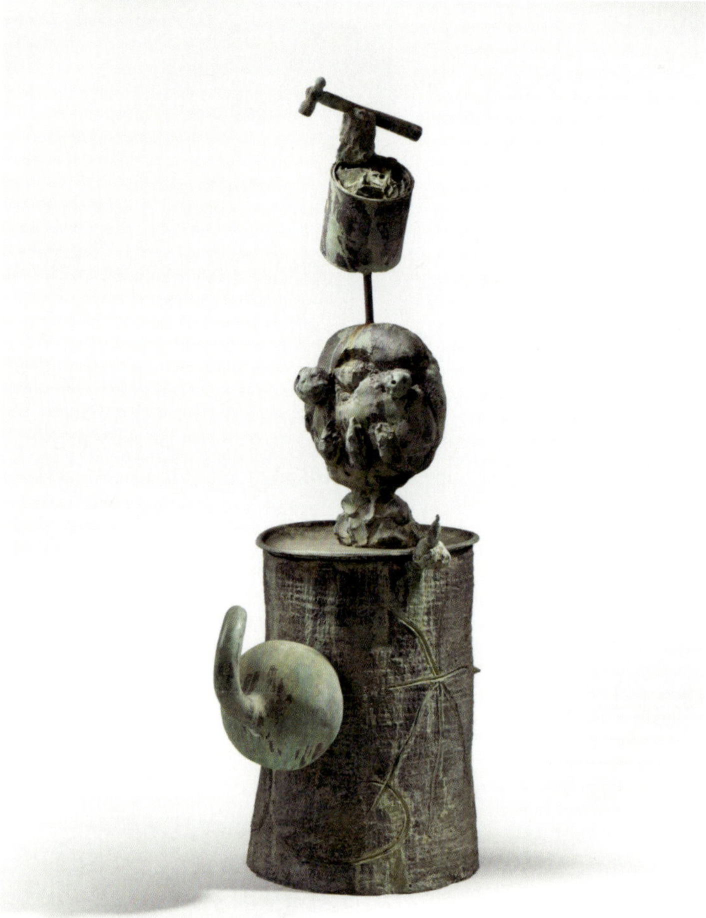

Femme à la cruche, 1970
Bronze, 86 × 75 × 36 cm
Collection Fondation Maeght

Personnage, 1970-1981
Bronze, 146 × 42 × 66 cm
Collection Fondation Maeght

(Page droite)
Tête couronnée, 1970
Bronze, 56 × 45 × 35 cm
Collection Fondation Maeght

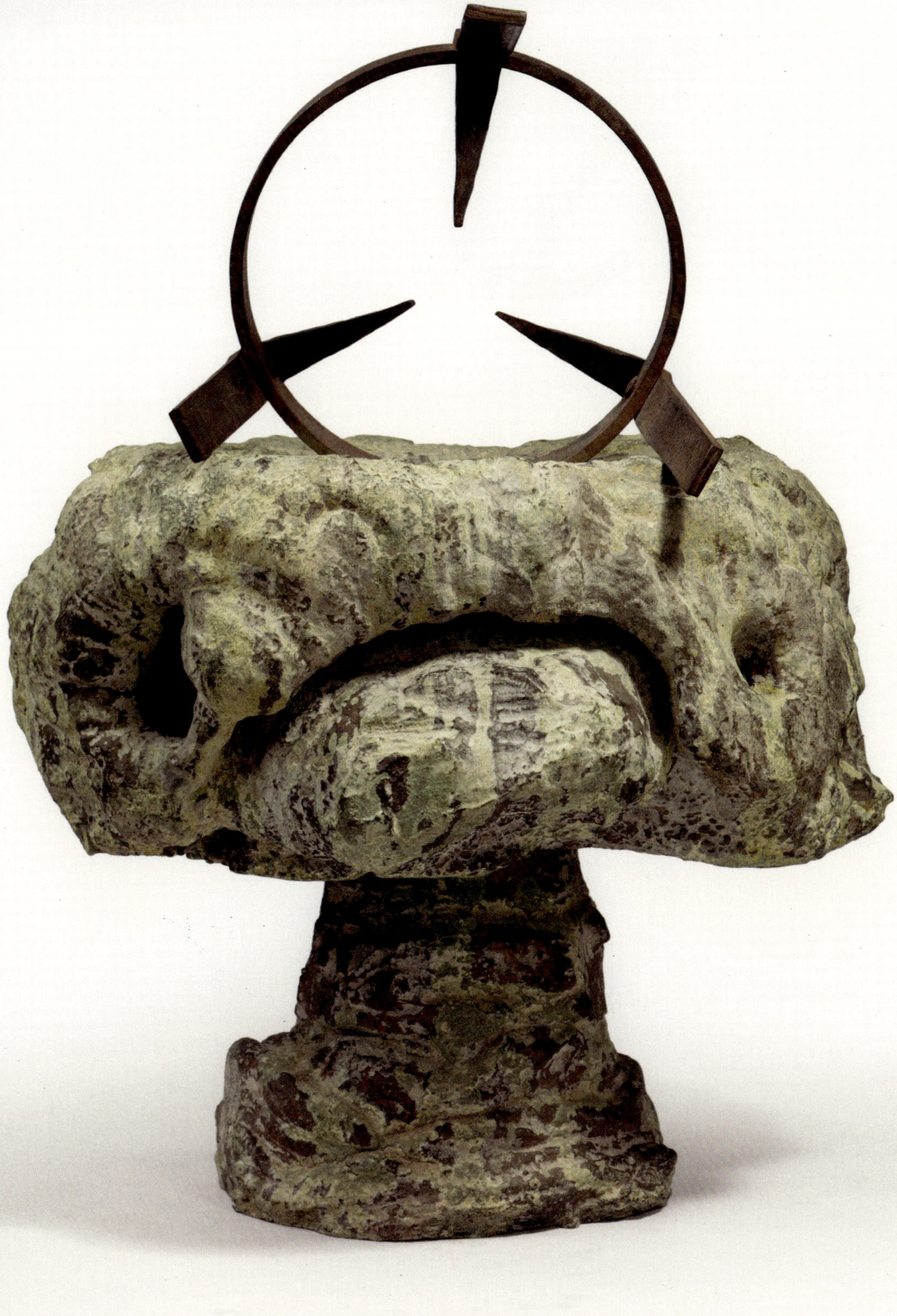

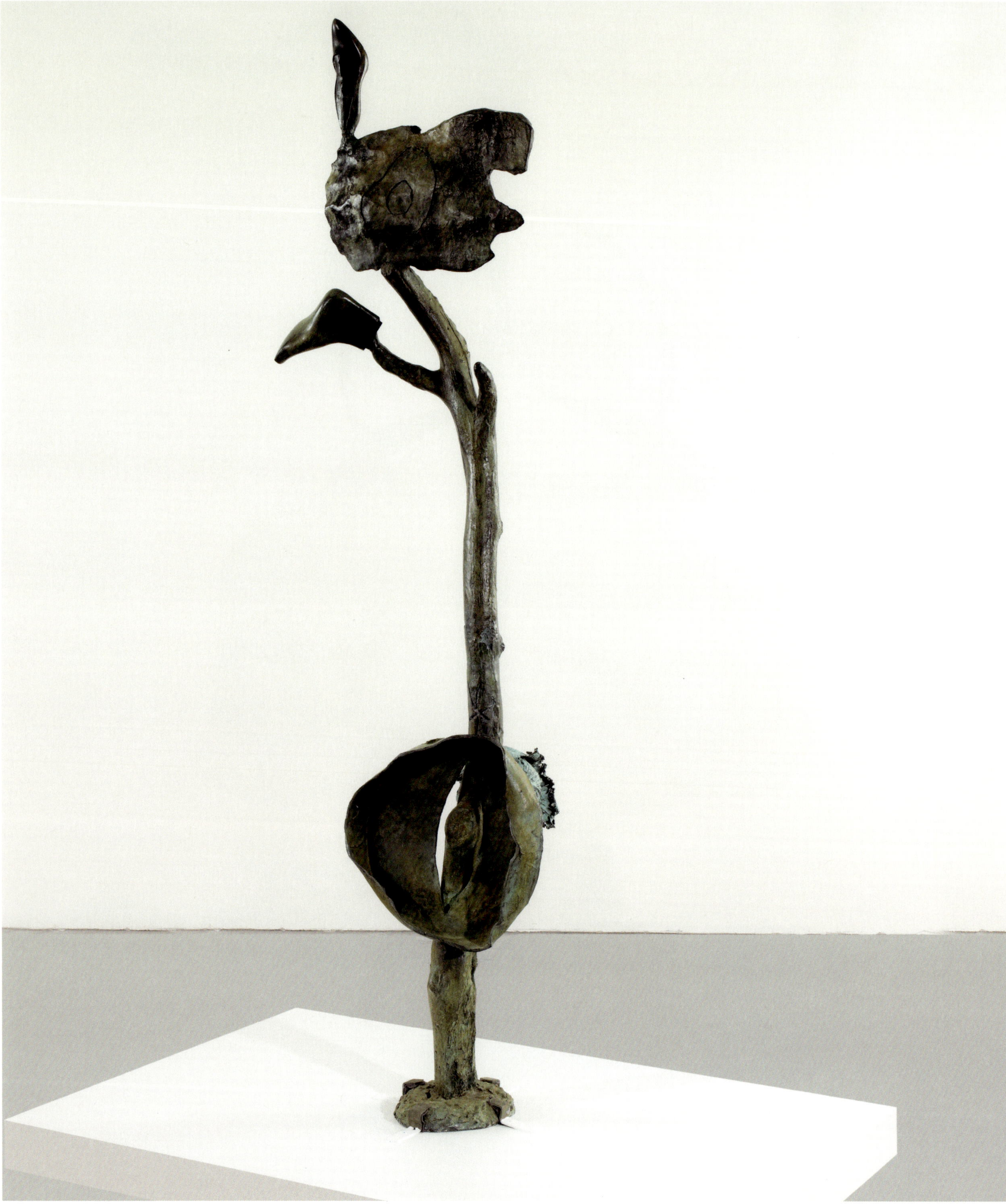

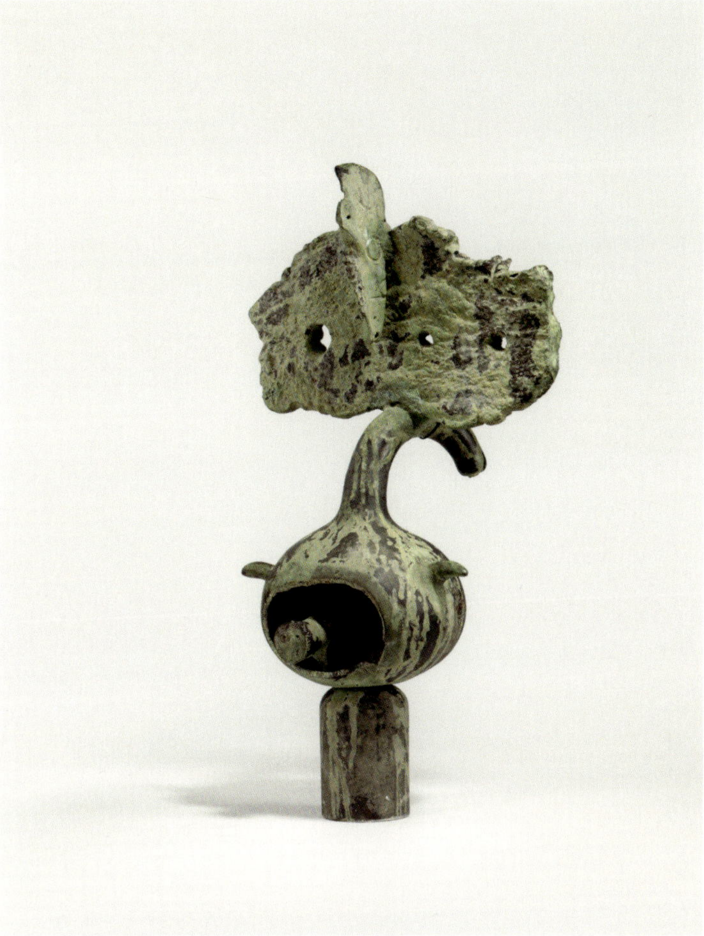

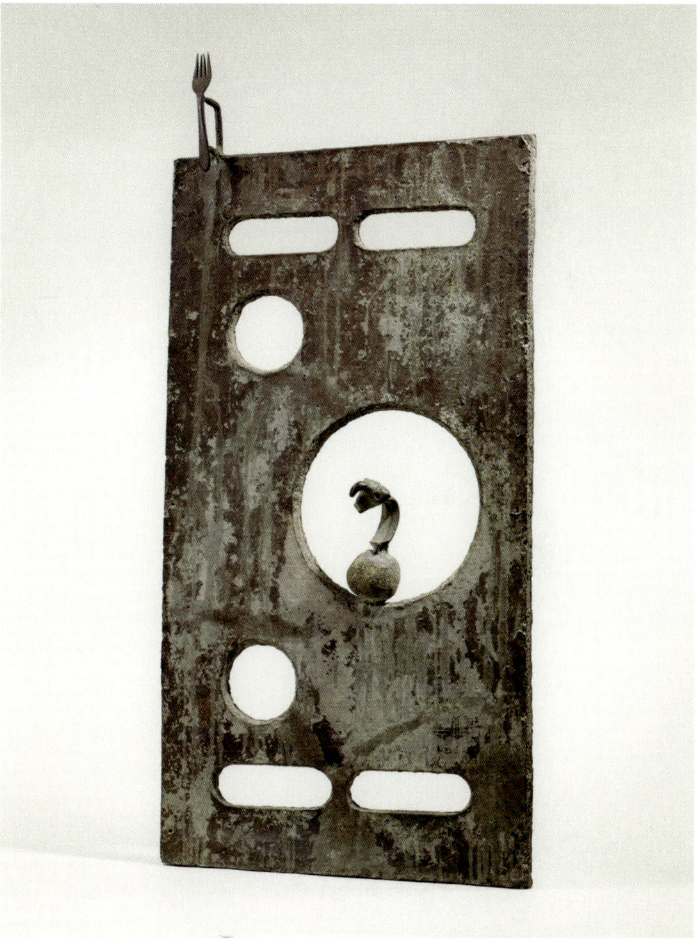

Maternité, 1969
Bronze, 83 × 45 × 27 cm
Collection Fondation Maeght

Monument dressé en plein océan à la gloire du vent, 1969
Bronze, 134 × 62 × 13 cm
Collection Fondation Maeght

(Page gauche)
L'Oiseau au plumage rougeâtre annonce l'apparition de la femme éblouissante de beauté, 1972
Bronze, 222 × 62 × 35 cm
Collection Fondation Maeght

Femme, 1972
Bronze, 94 × 36 × 28 cm
Collection Fondation Maeght

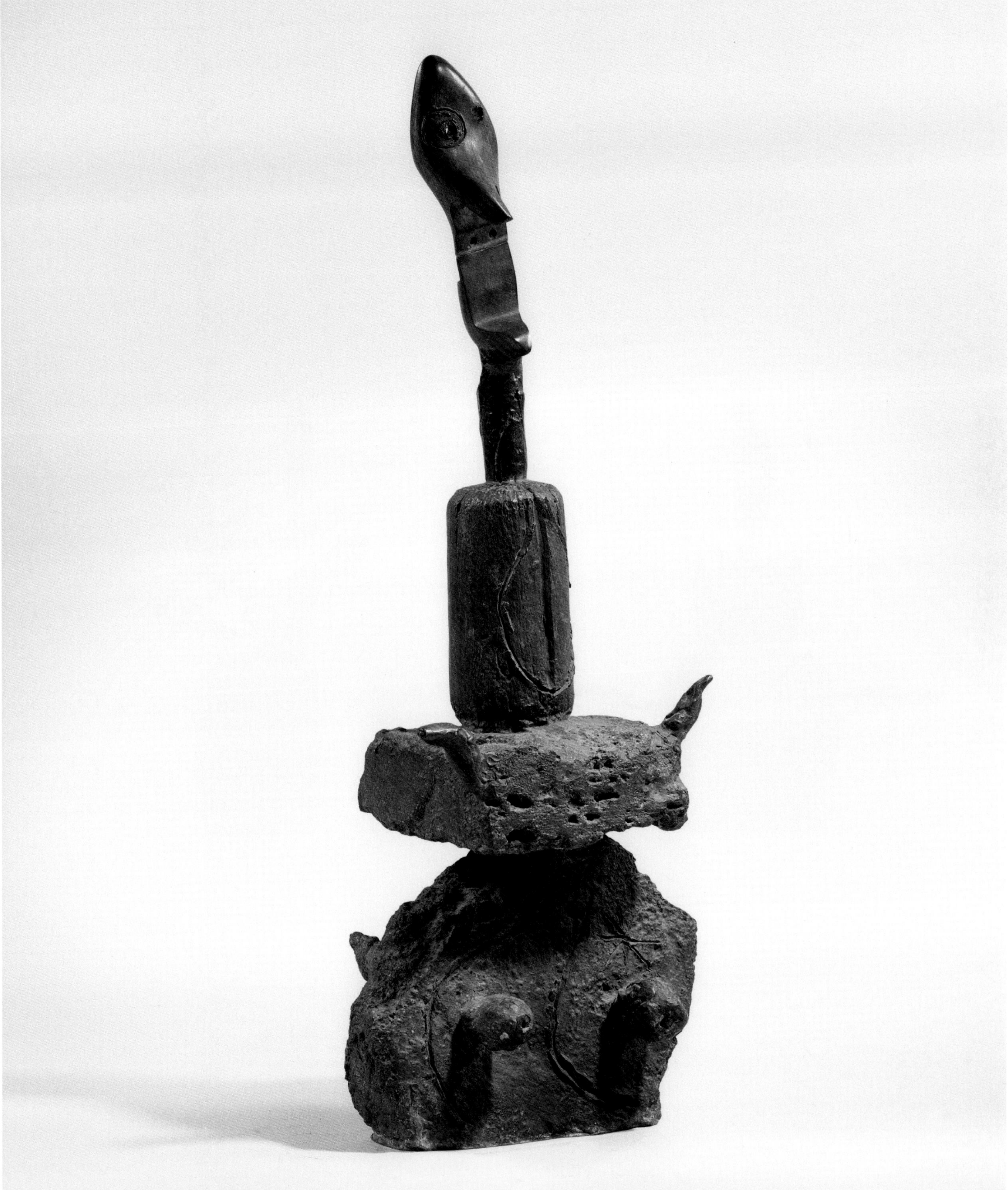

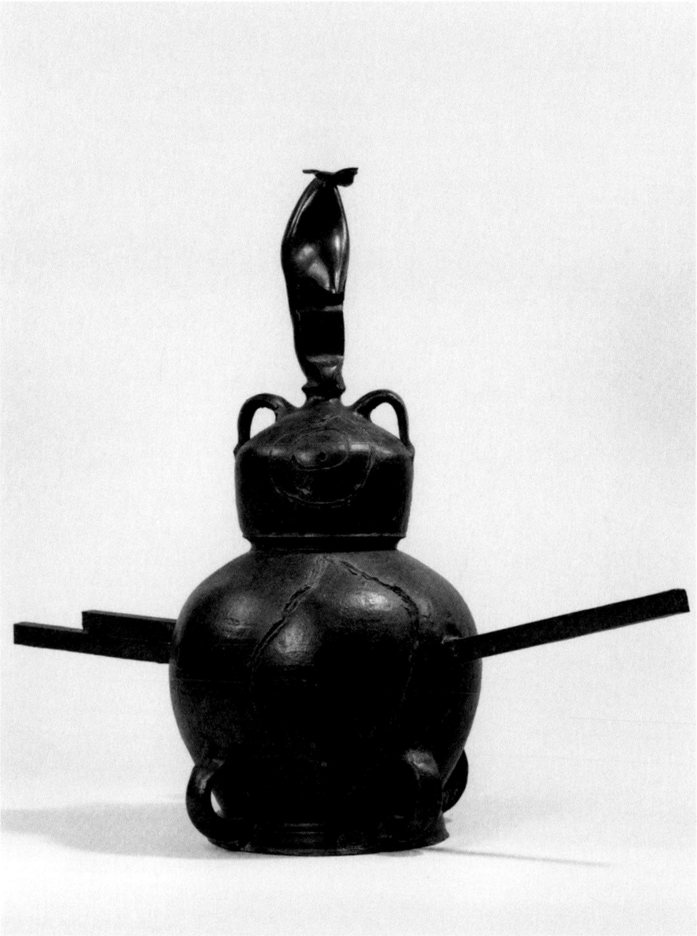

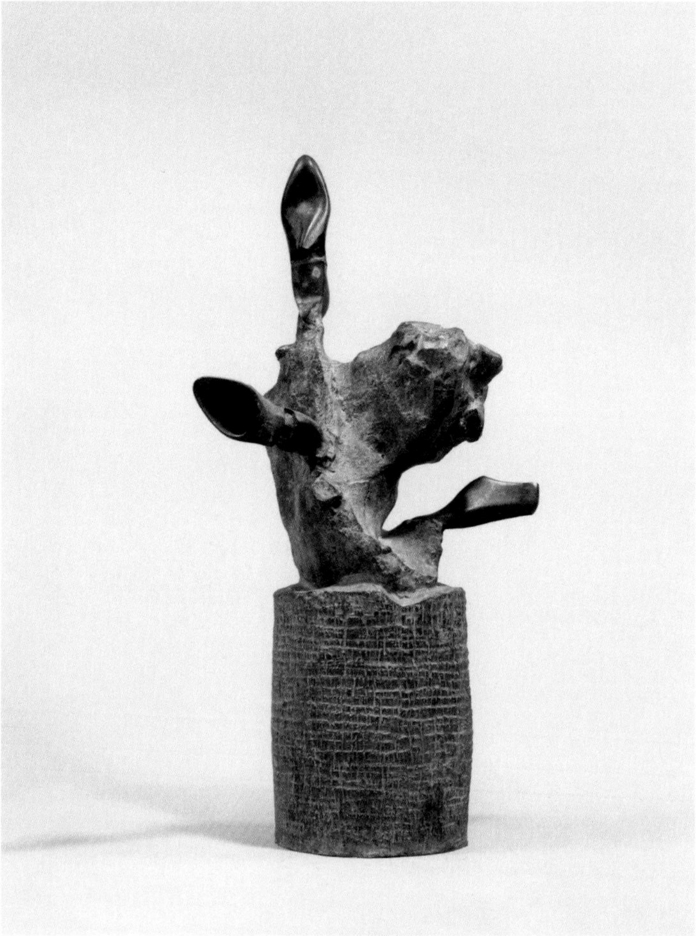

Femme et oiseau, 1972
Bronze, 85 × 98 × 41 cm
Collection Fondation Maeght

Tête et oiseau, 1972
Bronze, 109 × 62 × 44 cm
Collection Fondation Maeght

(Page droite)
L'Échelle de l'évasion, 1973
Bronze, 81 × 29 × 23 cm
Collection Fondation Maeght

(Pages suivantes)
Tête de femme et oiseau, 1972
Bronze, 102 × 70 × 44 cm
Collection Fondation Maeght

Tête de taureau, 1970
Bronze, 100 × 42 × 28 cm
Collection Fondation Maeght

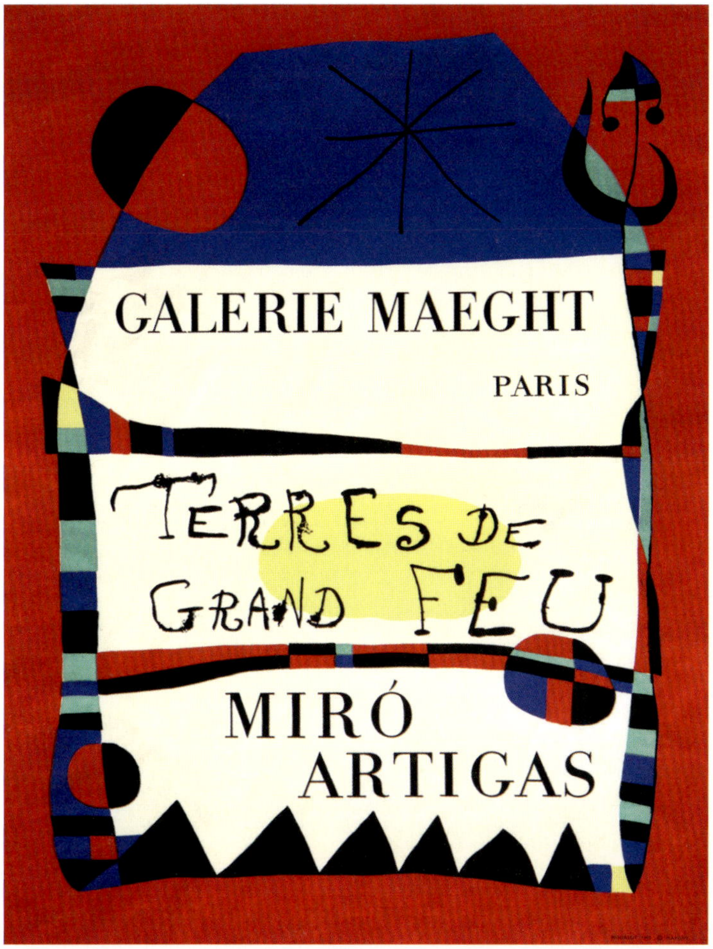

Affiche en lithographie originale pour l'exposition « Terres de grand feu, Miró – Artigas » présentée à la galerie Maeght en 1956.

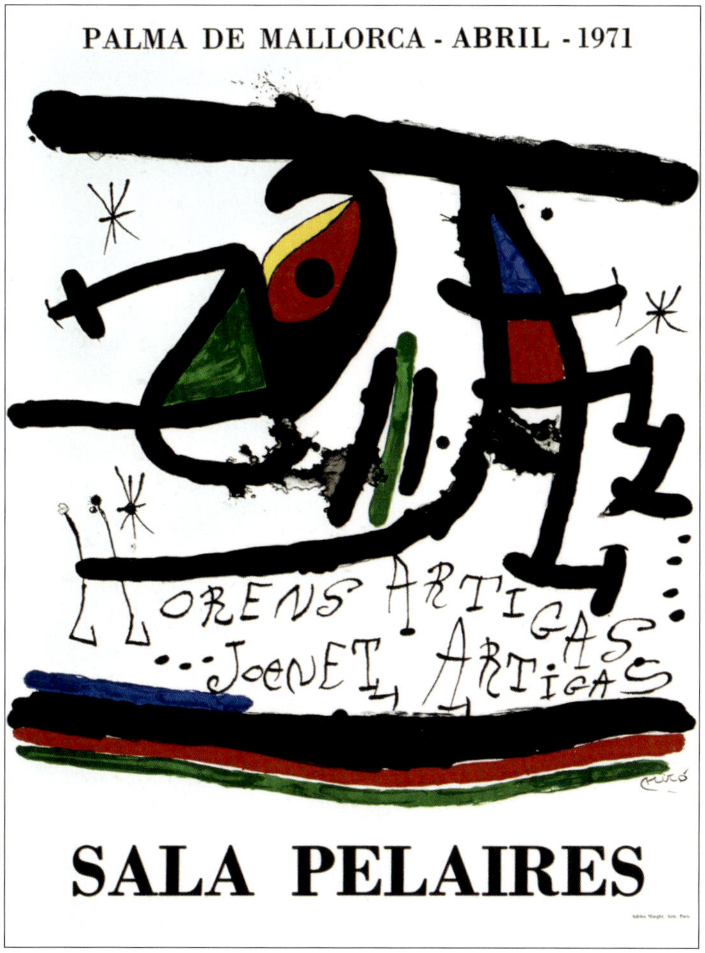

Affiche en lithographie originale pour l'exposition « Llorens Artigas – Joanet Artigas » présentée à la Sala Pelaires de Palma de Majorque en avril 1971.

Miró et Artigas : la céramique

*De ce jeu où la terre s'unit au feu, laissant croire qu'elle répond aux injonctions des hommes, il convenait qu'un artiste explore les limites. Miró fut justement cet homme. Pour cette aventure, il lui fallait un compagnon avisé : Josep Llorens Artigas (1892-1980), céramiste hors norme rencontré dès 1917 à l'académie de dessin du Cercle Sant Lluc à Barcelone. C'est cet ami fidèle qui entraîne Miró lors de sa première visite à Paris en 1920, lui présentant aussi ces poètes et ces artistes qui allaient tant compter pour le jeune peintre. Mais il faudra attendre 1944 pour que les deux hommes collaborent ensemble. L'un est un céramiste reconnu, ayant travaillé avec Dufy, Marquet, Braque (ses œuvres trônent déjà dans les collections du Metropolitan Museum de New York). Le second traverse une nouvelle crise qui le pousse à tout mettre à plat. Ici, la légende prend le pas sur la réalité. Miró aurait insisté, cherchant une collaboration qu'Artigas refusait, alors occupé par l'installation de son nouvel atelier à Barcelone. Par dépit, devant la ténacité de son ami, le céramiste cède, lui fournit quelques pots, des émaux et l'abandonne dans l'atelier. Dans un premier temps, Miró en néophyte adopte une vieille technique apprise durant l'adolescence : regarder, tourner autour,

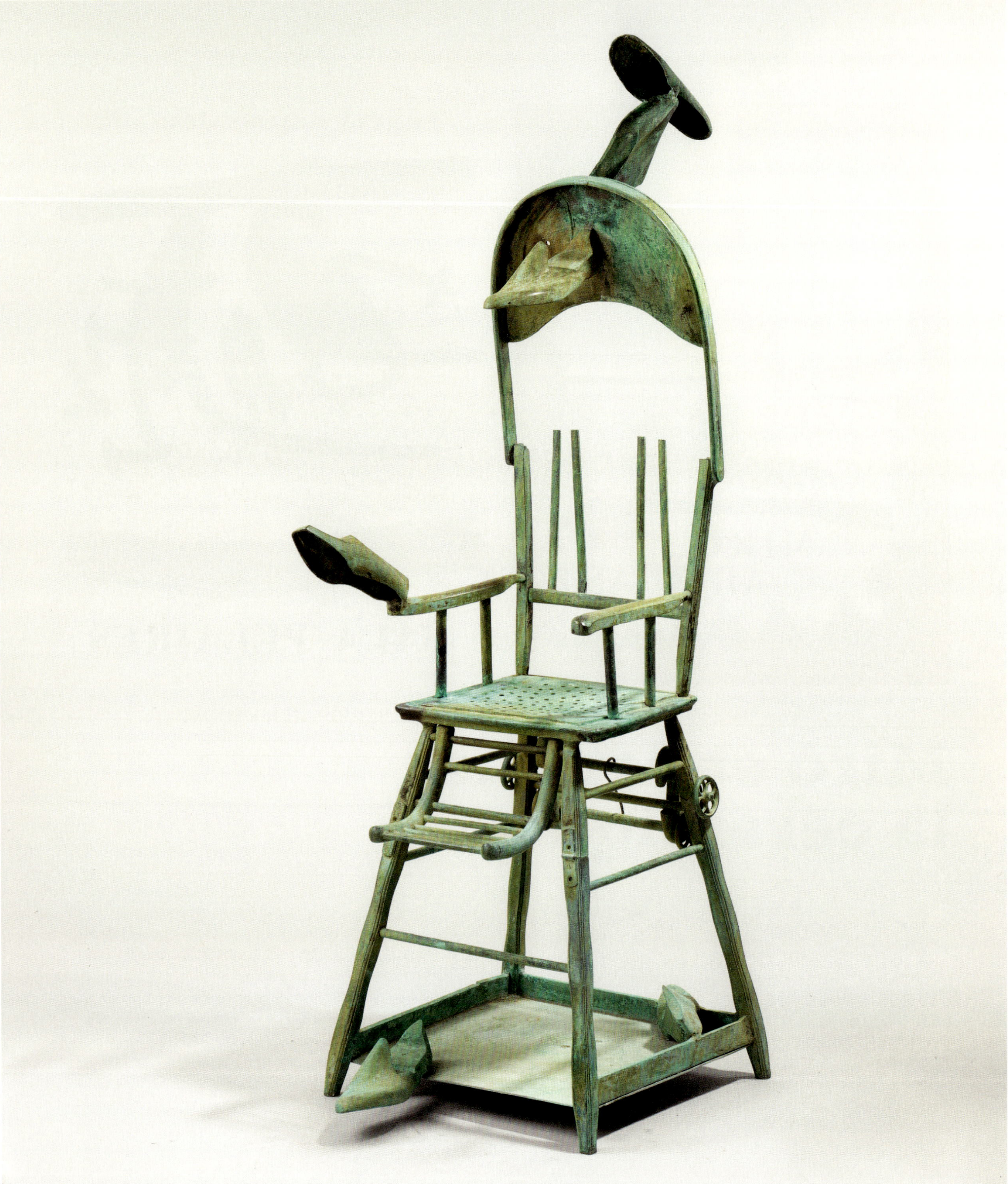

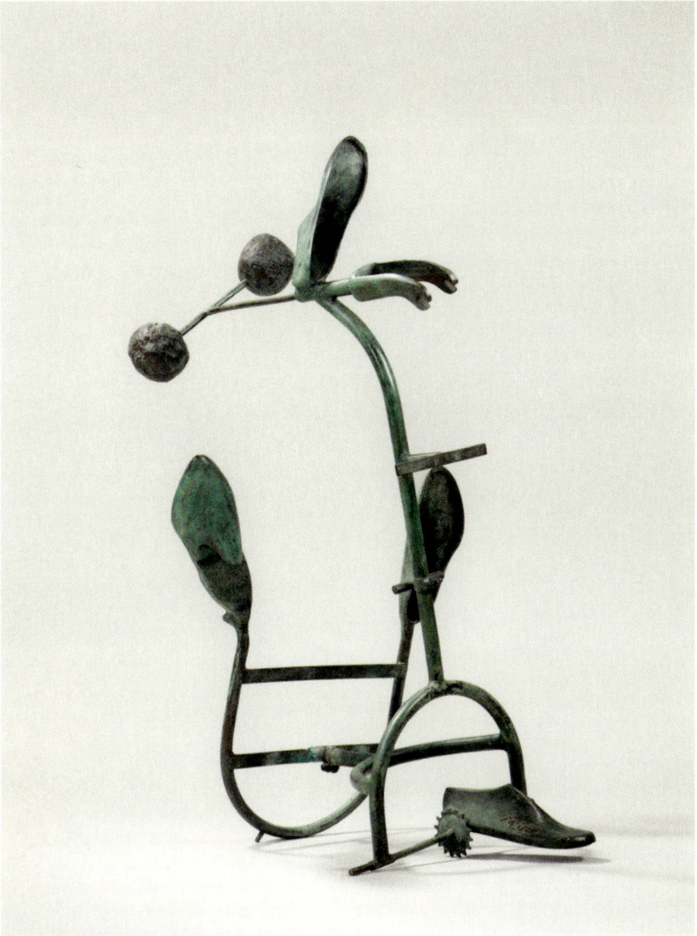

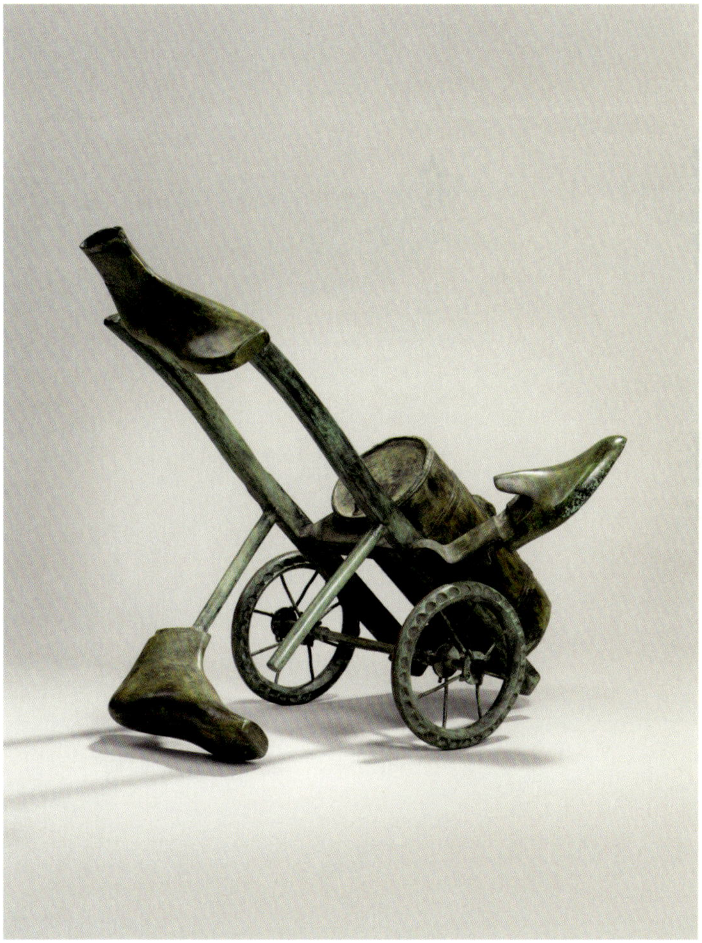

Femme, 1974
Bronze, 95 × 47 × 50 cm
Collection Fondation Maeght

Personnage et oiseau, 1974
Bronze, 78 × 41 × 56 cm
Collection Fondation Maeght

(Page droite)
Femme et oiseau, 1974
Bronze, 154 × 88 × 50 cm
Collection Fondation Maeght

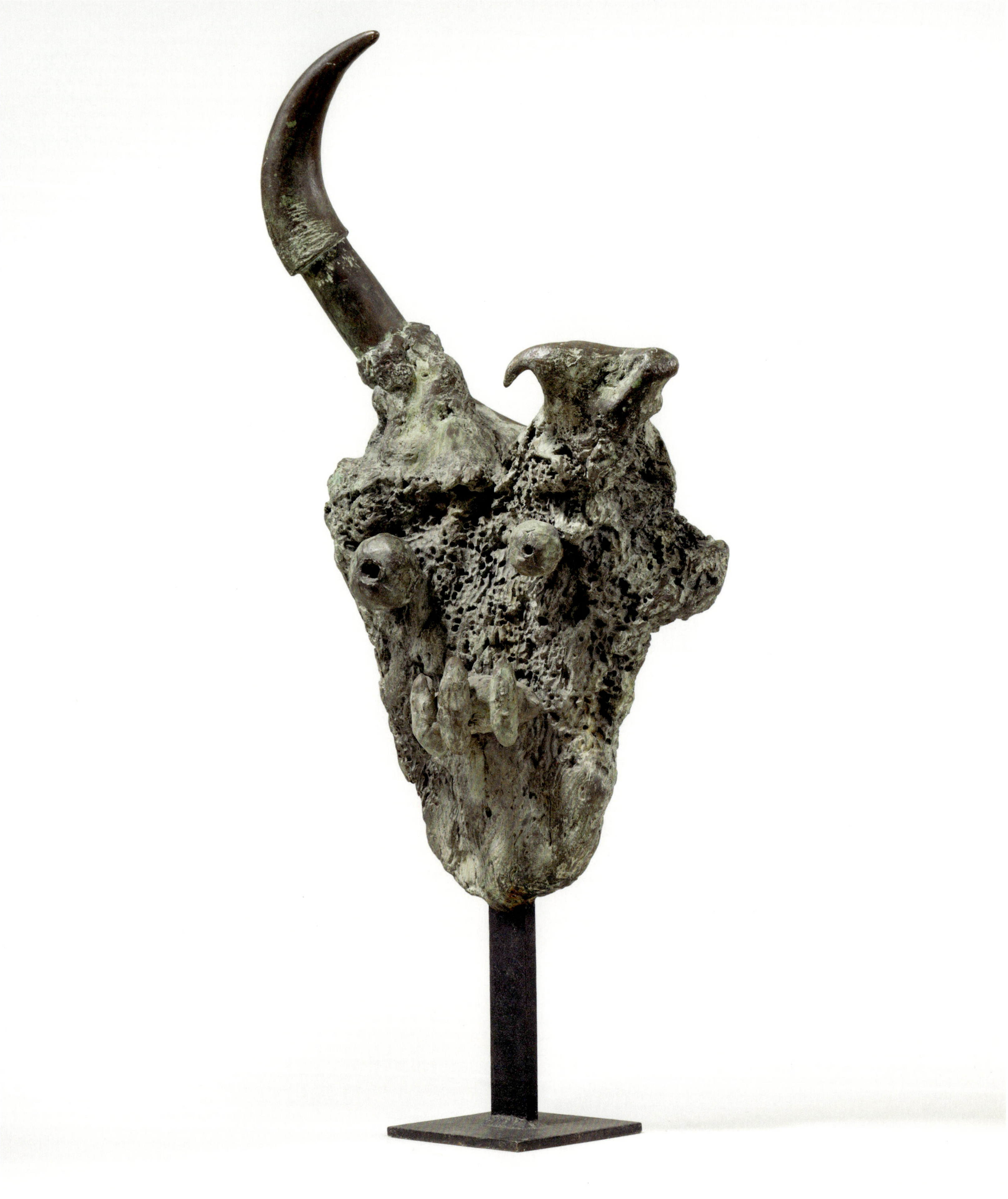

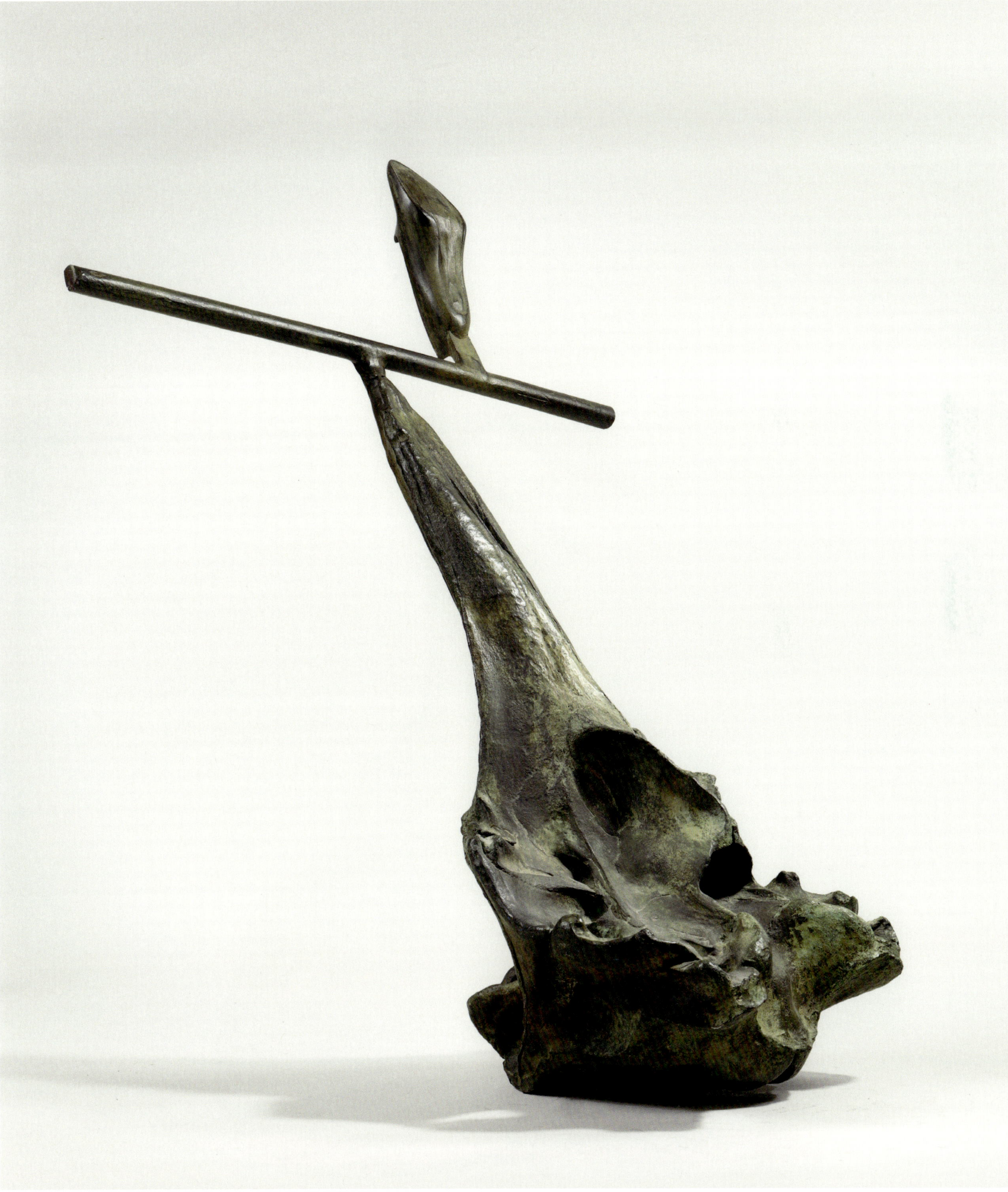

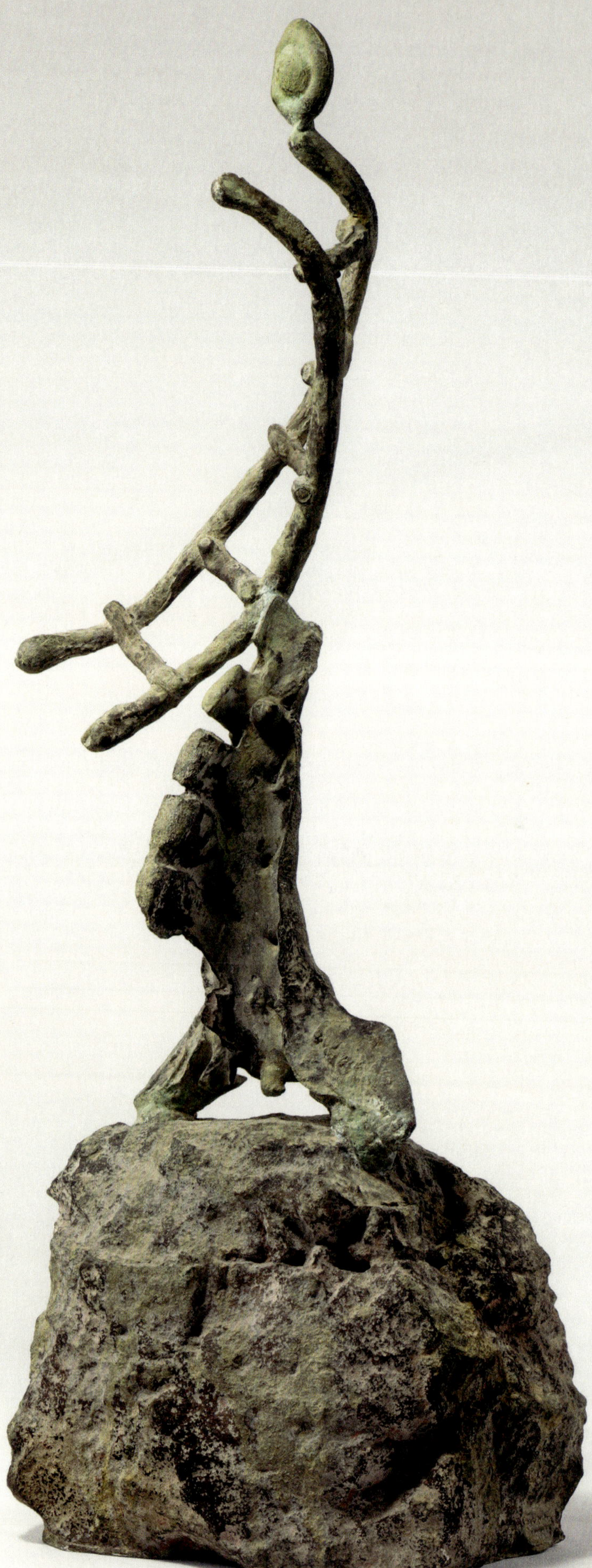

sentir de ses mains les terres, les émaux, le grain des grès. Cette méthode, il la maîtrise parfaitement : l'un de ses professeurs de dessin, Francesc Galí, lui avait imposé l'exercice laborieux de dessiner, jour après jour, en aveugle, se fiant uniquement au toucher. « Encore aujourd'hui, raconte-t-il en 1948, trente ans après son initiation, les effets de cette expérience de dessins d'après le toucher se retrouve dans mon intérêt pour la sculpture : le besoin de pétrir avec les mains, de ramasser une boule d'argile humide comme un enfant et de la serrer. Depuis, j'éprouve une sensation physique que ne me procure pas le dessin ou la peinture. (...) En céramique, c'est l'aventure qui m'intéresse toujours par-dessus tout : avec la céramique, nous avons le feu qui est une aventure énorme, inattendue. (...) Ce sont les matières qui me dictent ce qu'il faut que je fasse. » Avec ses premières réalisations, respectueuses des formes, il se passionne pour les possibilités offertes par les émaux, les couleurs, le jeu des textures. Comment faire une ligne, un fond uni ou vibrant, comment jouer avec les creux, les pleins, les aspérités. Puis dans un second temps vient la révélation. Sur le sol, gisant épars, les débris d'un vieux four le séduisent par leurs formes tourmentées et la brutalité de leur matière. Miró s'y attaque, les rehausse de dessins et d'émaux dans un style proche des peintures de la série des *Constellations*. Devant le succès critique de ces œuvres présentées au sortir de la guerre à New York puis à Paris, Miró imagine déjà des formes autrement plus complexes et évidemment rehaussées de teintes saturées. En 1953, les deux hommes se retrouvent à Gallifa (près de Barcelone), nouvel atelier d'Artigas. Ensemble, ils décident de dynamiter l'idée même de sculpture en terre cuite. Miró se dépasse, imaginant des œuvres torturées où la forme chaotique affirme un souci de la

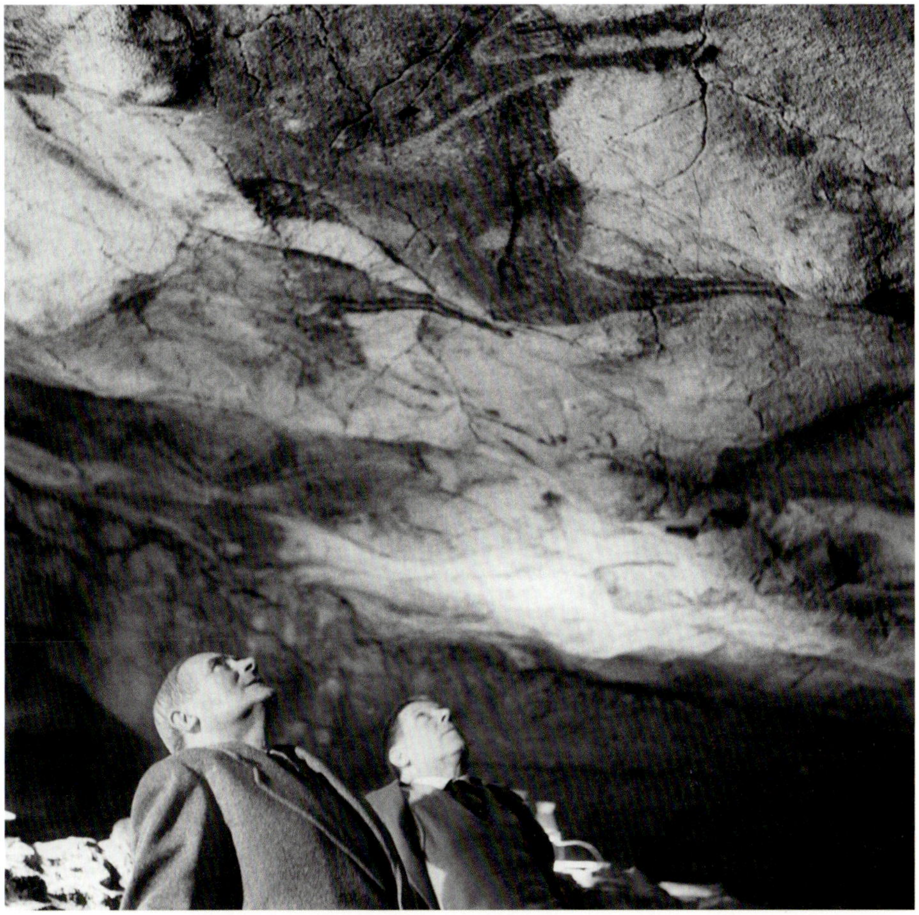

Joan Miró et Josep Llorens Artigas visitant la grotte espagnole d'Altamira près de Santillana del Mar.

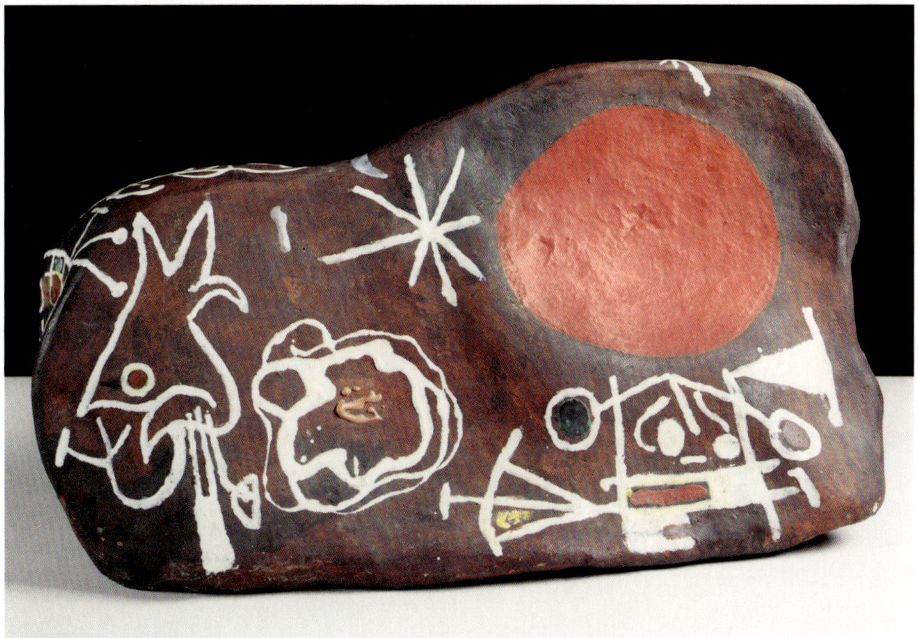

Le Rocher, 1956. Céramique, 46 × 76 × 25 cm. Collection Adrien Maeght, Saint-Paul de Vence

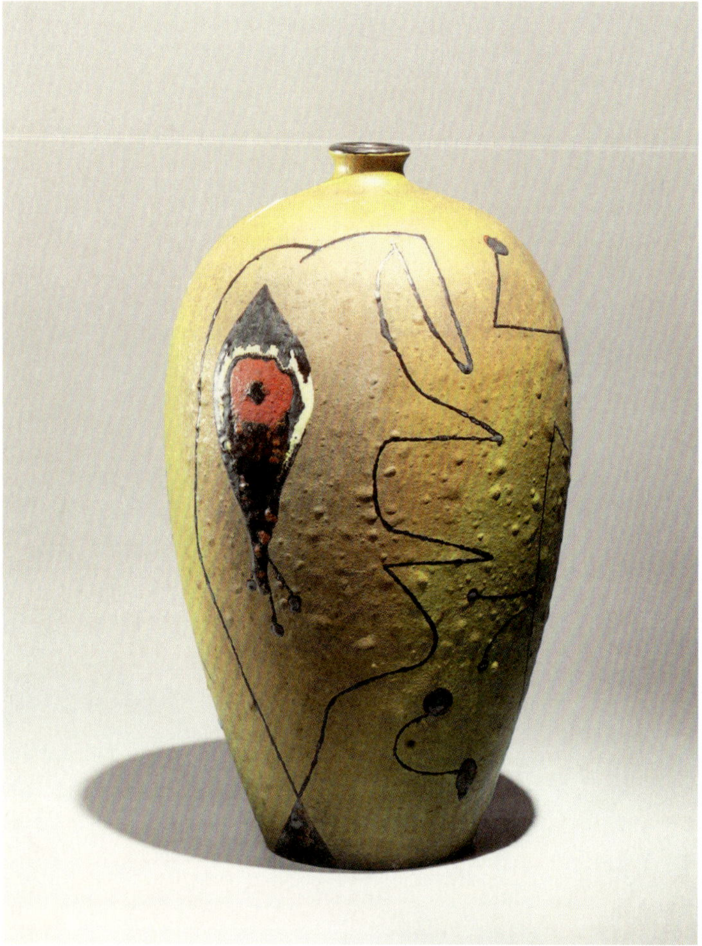

Vase, 1941-1945. Céramique, 40 × 22 (D.) cm
Collection Adrien Maeght, Saint-Paul de Vence

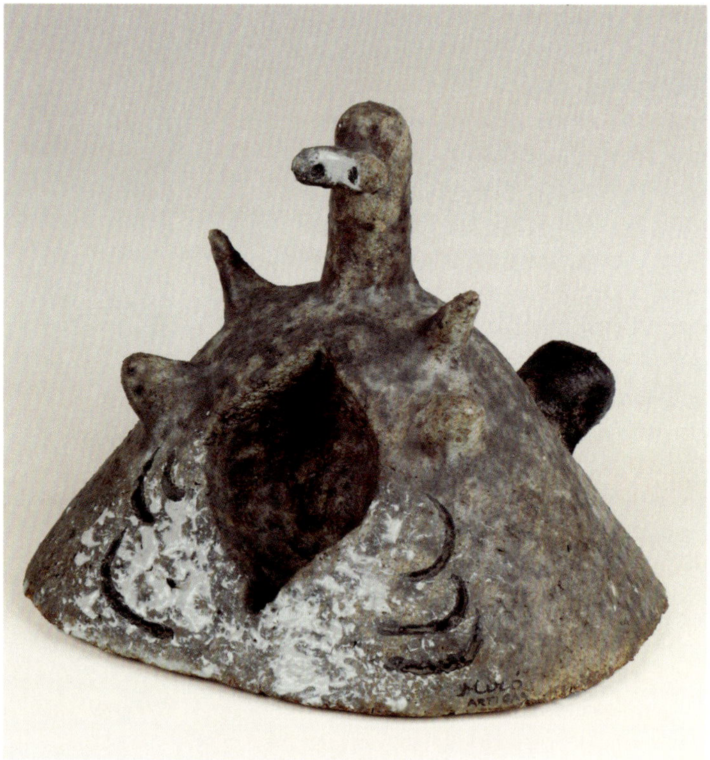

Femme, 1956. Céramique, 26 × 31 × 34 cm
Collection Adrien Maeght, Saint-Paul de Vence

couleur, du dessin et de la texture. Surtout, il liquide toute la tradition. Seule compte l'exploration des matières, de leurs possibilités insoupçonnées. Fasciné, Artigas y répond par l'innovation et l'expérimentation : effets obtenus en mélangeant le grès et des terres réfractaires, jeux inédits avec des engobes et des émaux cuits et recuits, surprises devant les couleurs irisées de certains oxydes, notamment de cuivre, tentative de cuire avec différents bois. 234 pièces surgissent, 234 œuvres exceptionnelles sans équivalents dans l'histoire de la céramique. Lorsque le 10 mai 1956 ils achèvent la dernière fournée, les deux hommes sont épuisés mais comblés devant ces créatures et ces personnages, ces formes abstraites et ces constellations bariolées, ces faux vases aux lignes brisées ou ces œufs de terre gravés d'idéogrammes. Une série surtout retient leur attention : les « terres de grand feu ». Par leur monumentalité – certaines mesurant même près de 3,60 m de hauteur (*Portique*, Guggenheim Museum) –, elles ouvrent la voie à d'autres réalisations encore plus folles et surtout capables de répondre à toutes les architectures, tous les types d'espace. La terre peut enfin quitter le socle des galeries pour investir les places publiques, les atriums et évidemment les jardins, autant de lieux ouverts à tous.

L'accomplissement ne tarde pas et prendra la forme d'un chef-d'œuvre imaginé spécifiquement pour les amis de Miró, Marguerite et Aimé Maeght : le *Labyrinthe* (réalisé en 1963, inauguré en 1964), pièce emblématique de la Fondation à Saint-Paul de Vence avec son *Lézard*, ses plaques en céramique, sa *Déesse*, son *Grand Arc* et surtout un grand mur de carreaux en faïence de 12 m sur 3. Le *Labyrinthe* sert en quelque sorte de matrice et conduit Miró à multiplier les projets, et surtout à répondre à diverses commandes, notamment pour des céramiques murales réalisées dans les années 1970 (palais de l'Unesco à Paris, université de Harvard, pavillon de

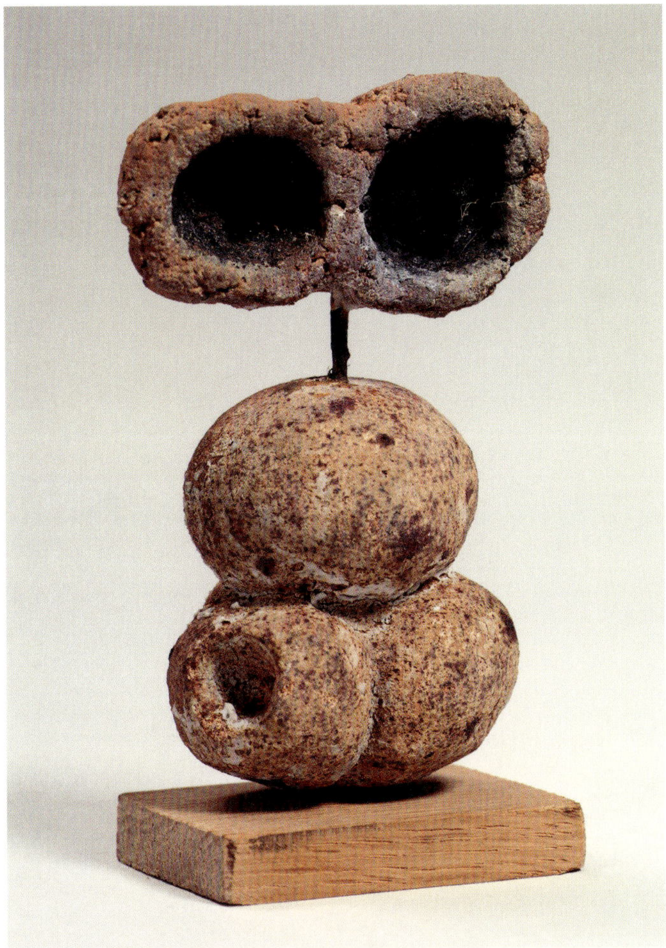

Figurine, 1956. Céramique, 10 × 5 × 3,5 cm
Collection Adrien Maeght, Saint-Paul de Vence

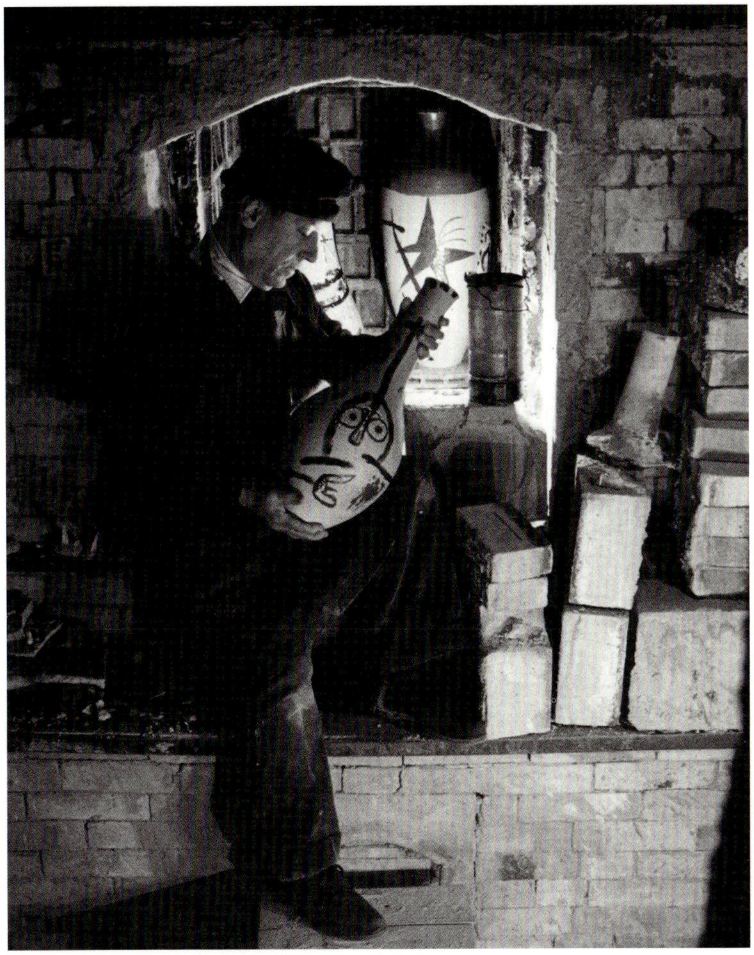

Josep Llorens Artigas sortant une céramique du four.

l'Exposition universelle à Osaka). L'insoumission de Miró envers les solutions toutes faites trouve là un nouveau terrain d'élection. Alors que retenir de ce Miró céramiste ? S'il convient de parler d'insurrection de la matière à propos de ses œuvres, il faut immédiatement ajouter que l'effet d'étrangeté qui s'en dégage se double d'une sorte d'évidence devant l'éclatant rayonnement des personnages, animaux et étoiles qui éclairent la terre de mille couleurs, et par la même occasion notre imaginaire.

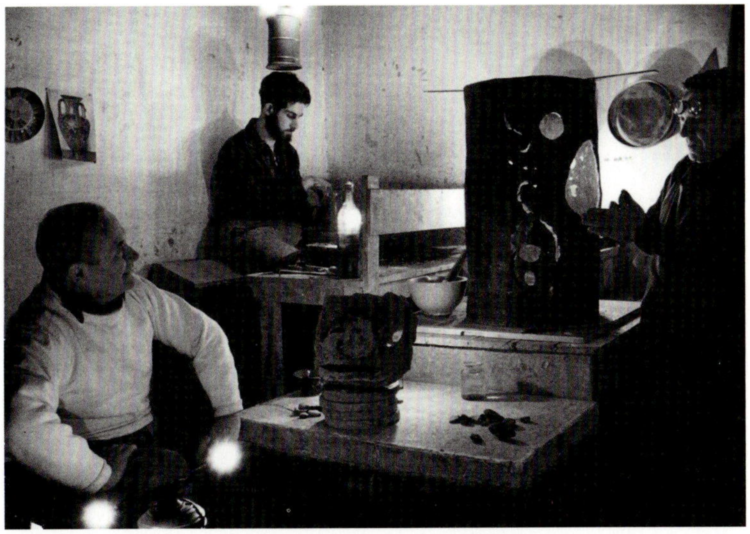

Joan Miró, Joan Gardy Artigas et Josep Llorens Artigas.

MIRÓ PENSEUR, PHILOSOPHE ET POÈTE

* La modestie de Miró, sa volonté d'être avant tout un artiste ne l'ont pas empêché d'être un homme d'idées, un poète et un citoyen aux positions politiques très affirmées.
Pour ce qui est de ses références en philosophie, Miró évoque, à plusieurs reprises, ses lectures de Nietzsche. Mais s'il le fait avec précaution et humilité, il n'hésite pas à citer l'auteur d'*Ainsi parlait Zarathoustra* ainsi que Sigmund Freud, découvert pendant l'aventure surréaliste. Sans qu'il faille établir une causalité illustrative, remarquons que si certaines gravures sont les portraits de philosophes sans précision de noms, il n'a pas hésité à collaborer activement à l'*Anti-Platon* d'Yves Bonnefoy. Ce travail pour l'*Anti-Platon* exprime le refus de Miró d'un idéalisme censurant les philosophies du sensible, de la sensualité, un monde désincarné et diminué alors que le dessein de Miró est, au contraire, de l'augmenter et de le déployer.

Miró prend le parti des « forces actives » contre celui des « forces réactives ». Il prend le parti d'une philosophie de la connaissance permettant de considérer l'homme en son entier, porteur de naissances, de joies, dans sa tentative de compréhension du monde. Un monde où, chaque jour, l'individu et, particulièrement, le créateur, cherchent, grâce à leur entendement et leur instinct, à accompagner le mouvement

d'expansion de l'univers. Il ambitionne non pas une vie limitée et contrainte mais une vie « ascendante », où l'homme refuse de se mutiler, de se nier, pour pouvoir être au monde non pour y survivre mais y vivre pleinement, prêt à toutes les expériences.
Cette position portée par son œuvre instinctive et énergique l'amène au plus près de l'acte poétique. Il intitule clairement une de ses œuvres *Peinture = Poésie*.
Lui-même est poète, dans une verve surréaliste exprimant la violence contenue de certains de ces tableaux. « ... La queue du paon, arbre flamboyant qui mord le museau des chauves-souris, souriant devant le cadavre calciné de mon aïeule enterrée par une ronde de rossignols qui dansent la sardane autour de sa carcasse phosphorescente... »
Il élabore et écrit des livres, entre autres avec René Char, métaphysicien, notamment *Le Marteau sans maître*, mais aussi avec Raymond Queneau, linguiste ironique et joueur, ou encore avec Jacques Prévert, si soucieux de l'existence et de « l'aventure humaine », comme Joan Miró aimait appeler la vie.

Cette aventure humaine le conduit sans cesse à se soucier de « l'autre », son proche, son voisin, son public, mais plus généralement de tout habitant de la planète. Il est citoyen du monde et plus particulièrement citoyen de l'Espagne, précisément de la Catalogne.
Tout au long de son existence, cette préoccupation l'amène à prendre des positions éthiques et politiques radicales. Derrière un aspect convivial et toujours respectueux d'autrui, le refus de Miró du régime franquiste est total, la violence qu'il exprime dans ses œuvres est extrême. Il la signifie par des écrits et par des actes provocateurs comme peindre avec ses excréments pour dire son mépris, tout en conservant l'ambition du tableau, à un régime qui exécute un jeune opposant.
Il affirmait vouloir mourir en disant « merde, merde, merde à toute la société, merde à ce qui n'a pas d'importance ». Bien loin de l'image du gentil peintre, naïf et enfantin que certains nous proposent, Miró se veut un homme lucide, un homme créateur au milieu de ceux qu'il accompagne. Il peindra beaucoup de ses semblables, paysans, guetteurs, guerriers, ouvriers non pas de manière naturaliste mais comme des acteurs à côté de ces autres acteurs de la planète que sont les animaux, les éléments, les végétaux, les mythes ou les créatures imaginaires.
À travers ses moments de fureur et de combat politique, Miró dresse une étonnante fresque épique et picaresque de ses semblables.

L'Anneau, 1961
Lithographie originale sur BFK Rives, 94 × 66,5 cm
Collection Fondation Maeght

(Pages suivantes)
L'Éloge de la main, 1974
Gravure originale à l'aquatinte et à l'eau-forte sur Vélin d'Arches, 65,5 × 51,5 cm
Collection Fondation Maeght

Le Croc à phynances II, 1971
Lithographie originale sur Vélin d'Arches, 124,5 × 92 cm
Collection Fondation Maeght

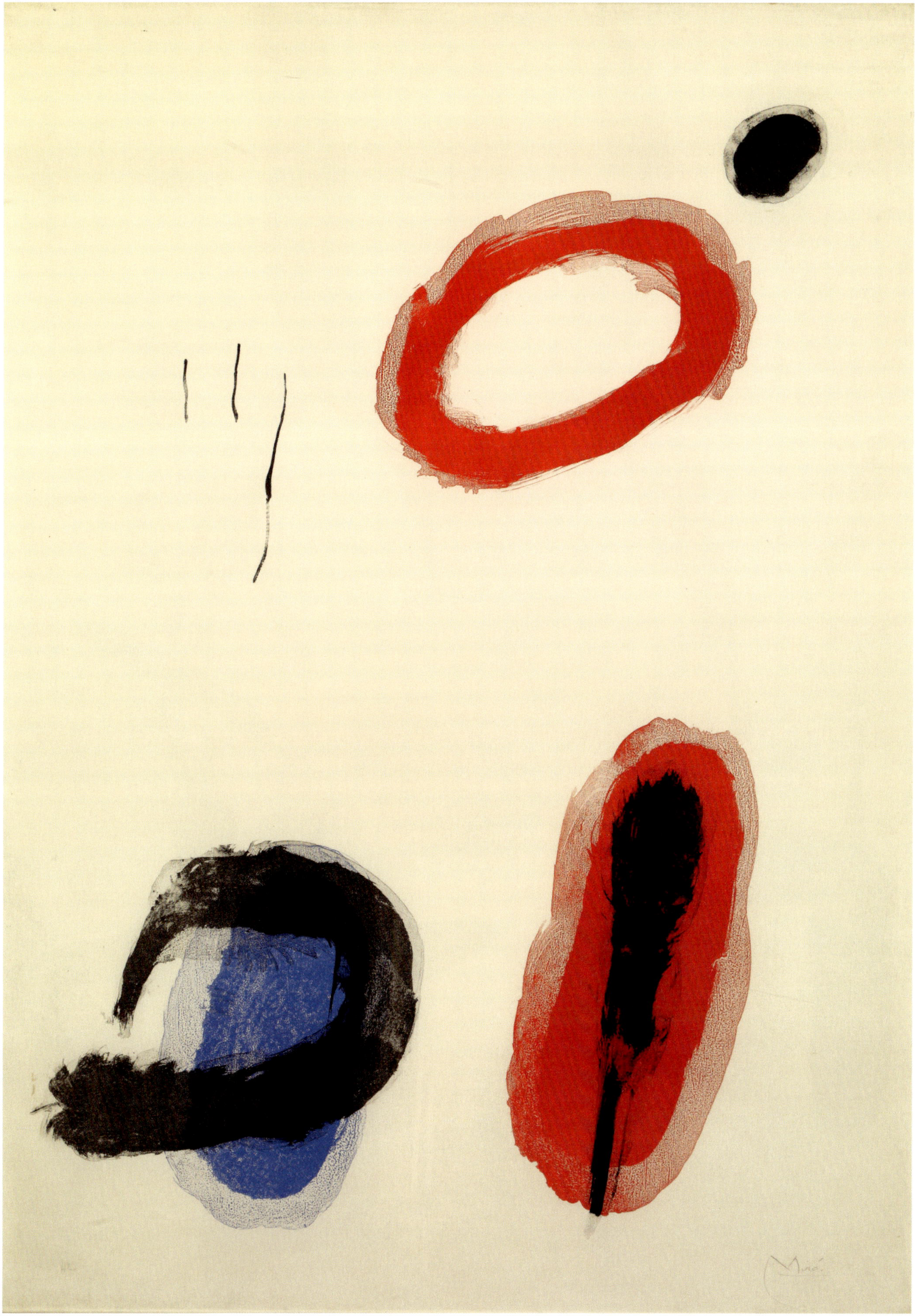

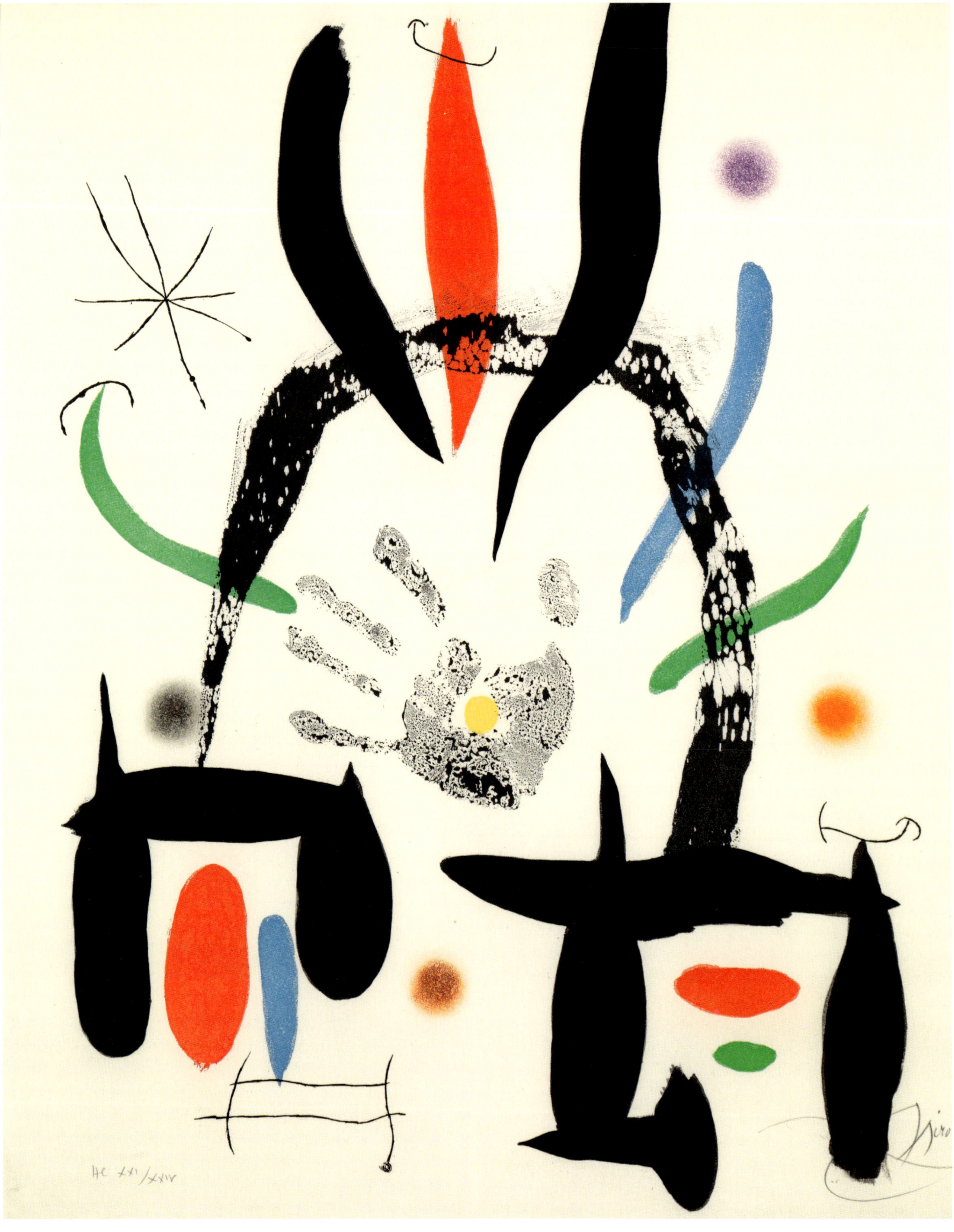
HC XXI/XXIV

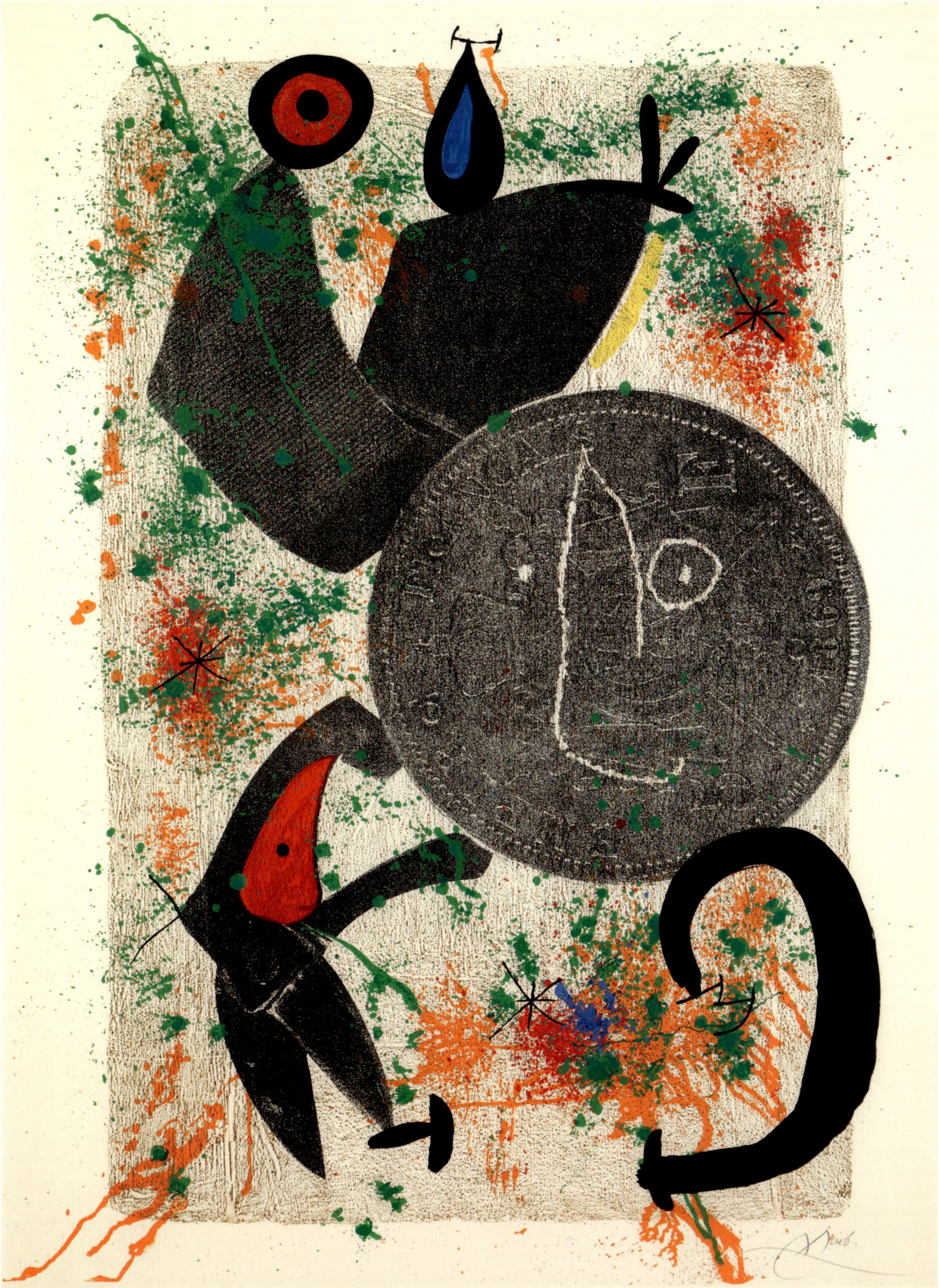

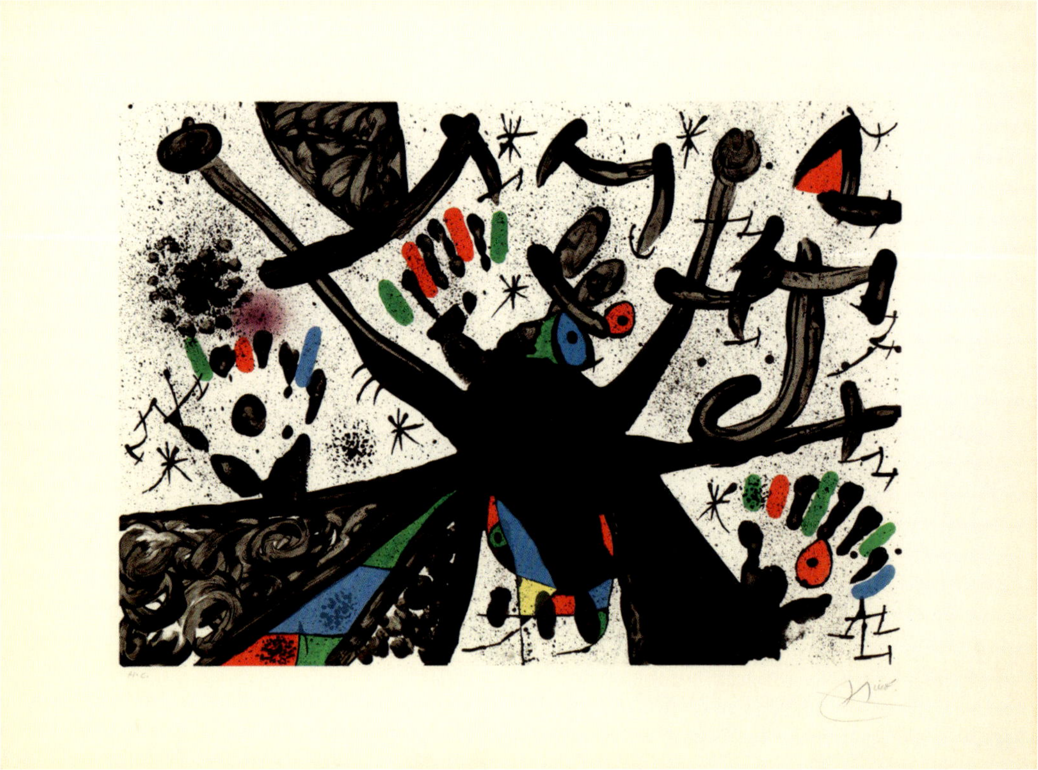

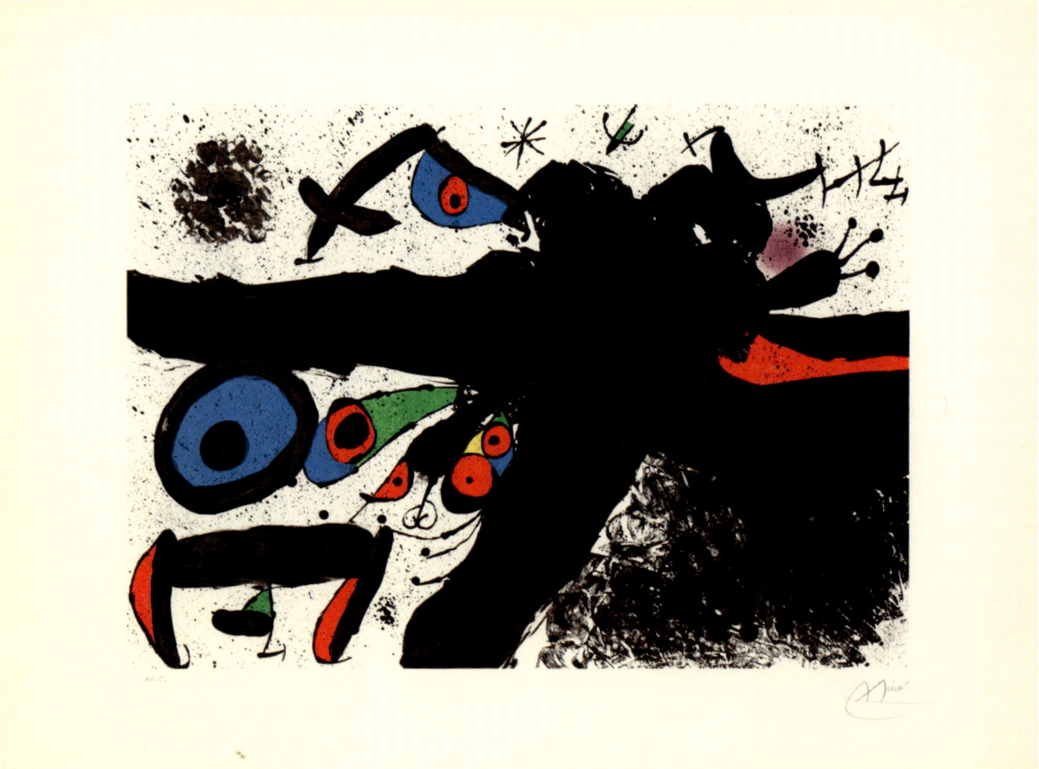

***Homenatge a Joan Prats*, 1971**
Lithographie originale sur Guarro, 75 × 100 cm
Collection Fondation Maeght

***Homenatge a Joan Prats*, 1971**
Lithographie originale sur Guarro, 75 × 100 cm
Collection Fondation Maeght

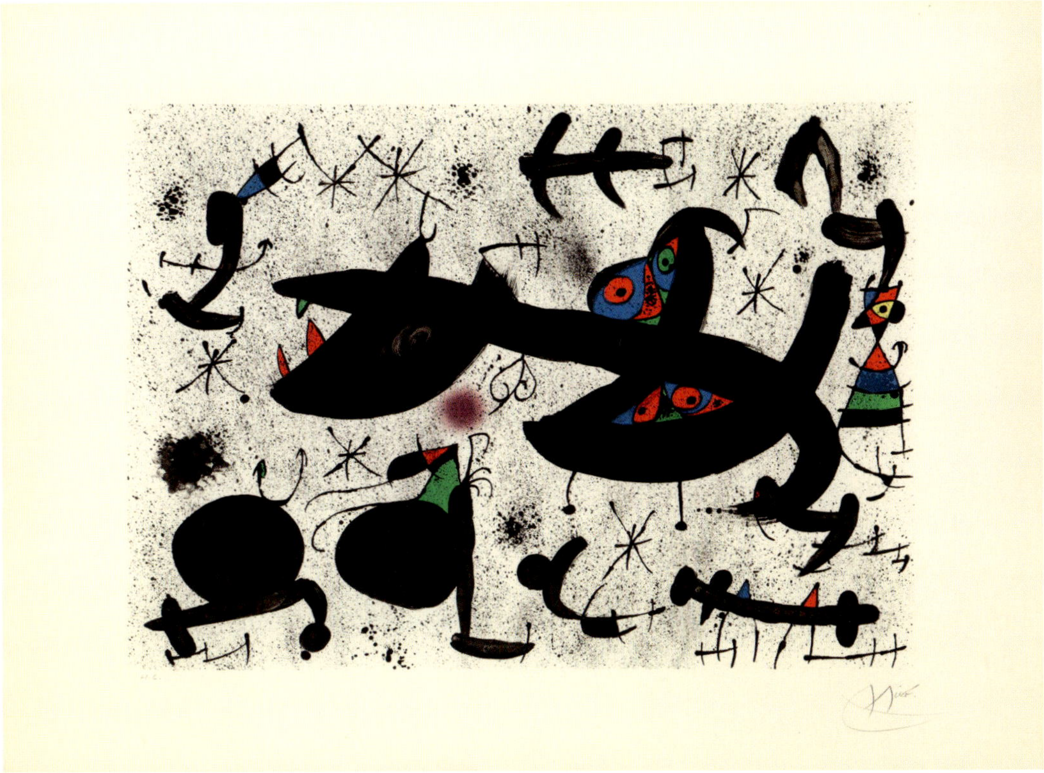

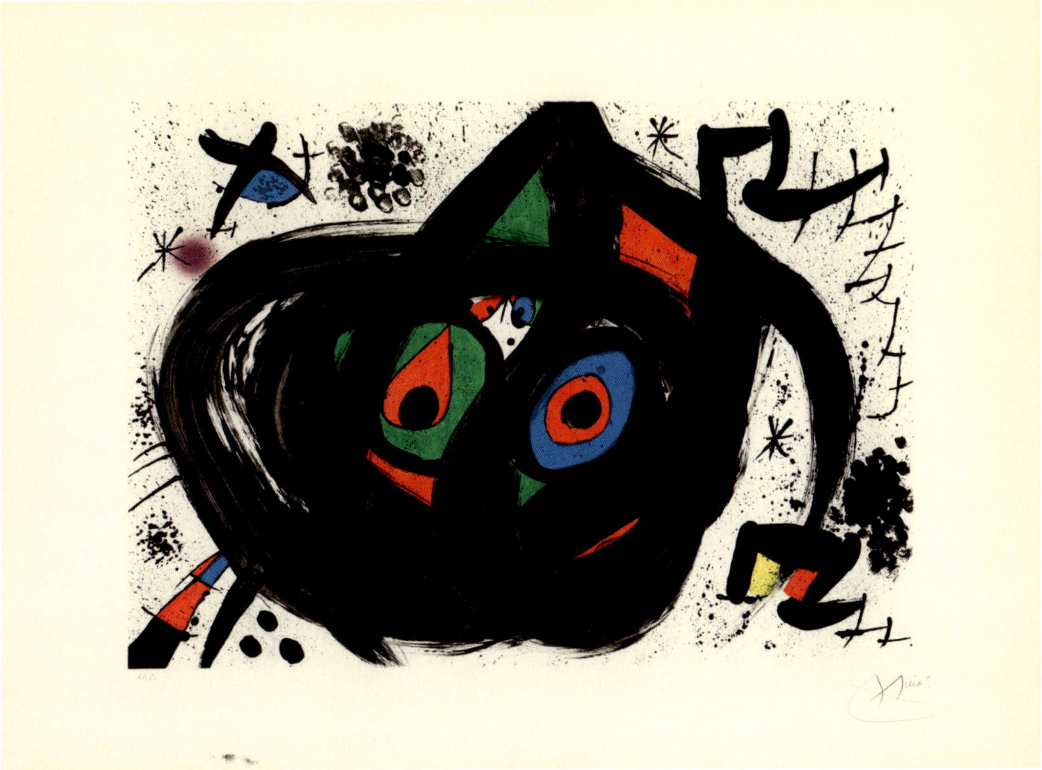

Homenatge a Joan Prats, 1971
Lithographie originale sur Guarro, 75 × 100 cm
Collection Fondation Maeght

Homenatge a Joan Prats, 1971
Lithographie originale sur Guarro, 75 × 100 cm
Collection Fondation Maeght

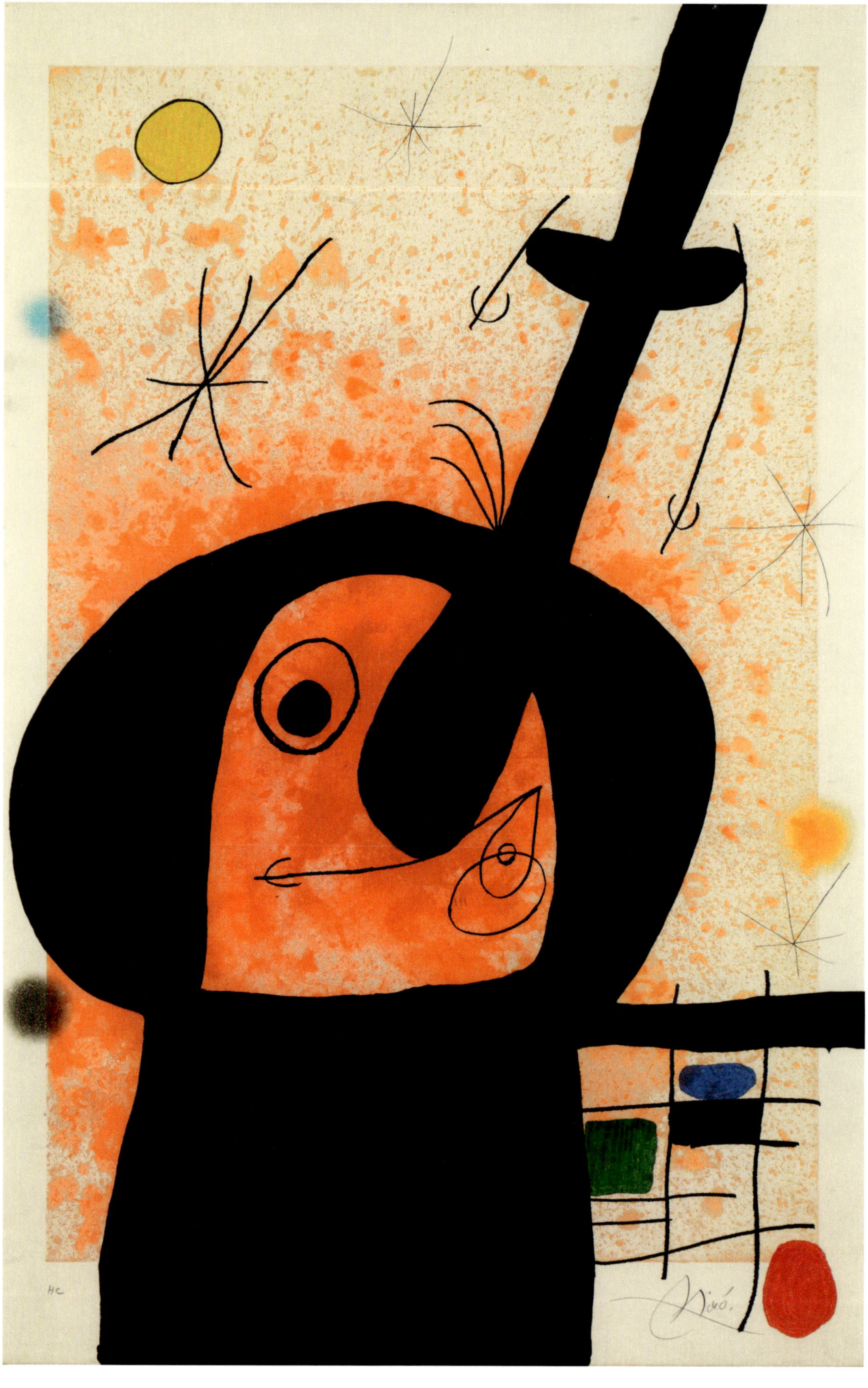

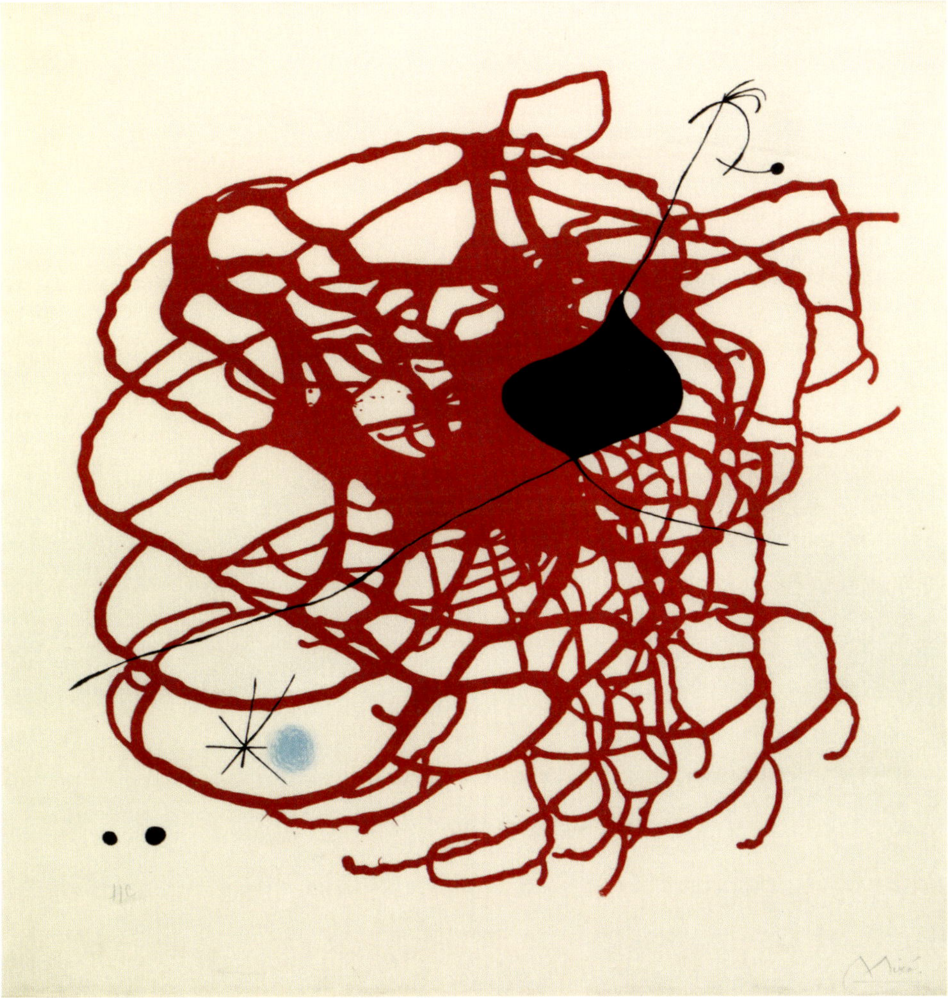

Mois du cœur – Battement I, 1968
Lithographie originale sur BFK Rives, 65,5 × 63,5 cm
Collection Fondation Maeght

(Page gauche)
Le Penseur puissant, 1969
Gravure originale en aquatinte, carborundum, eau-forte et pointe-sèche sur Vélin d'Arches, 106 × 68 cm
Collection Fondation Maeght

(Pages suivantes)
Placard Miró - Char, maquette, 1976
Collage, gouache et encre de Chine sur papier, 76,5 × 57 cm
Collection Fondation Maeght

Placard Miró - Char, maquette, 1976
Collage, gouache et encre de Chine sur papier, 76 × 56,5 cm
Collection Fondation Maeght

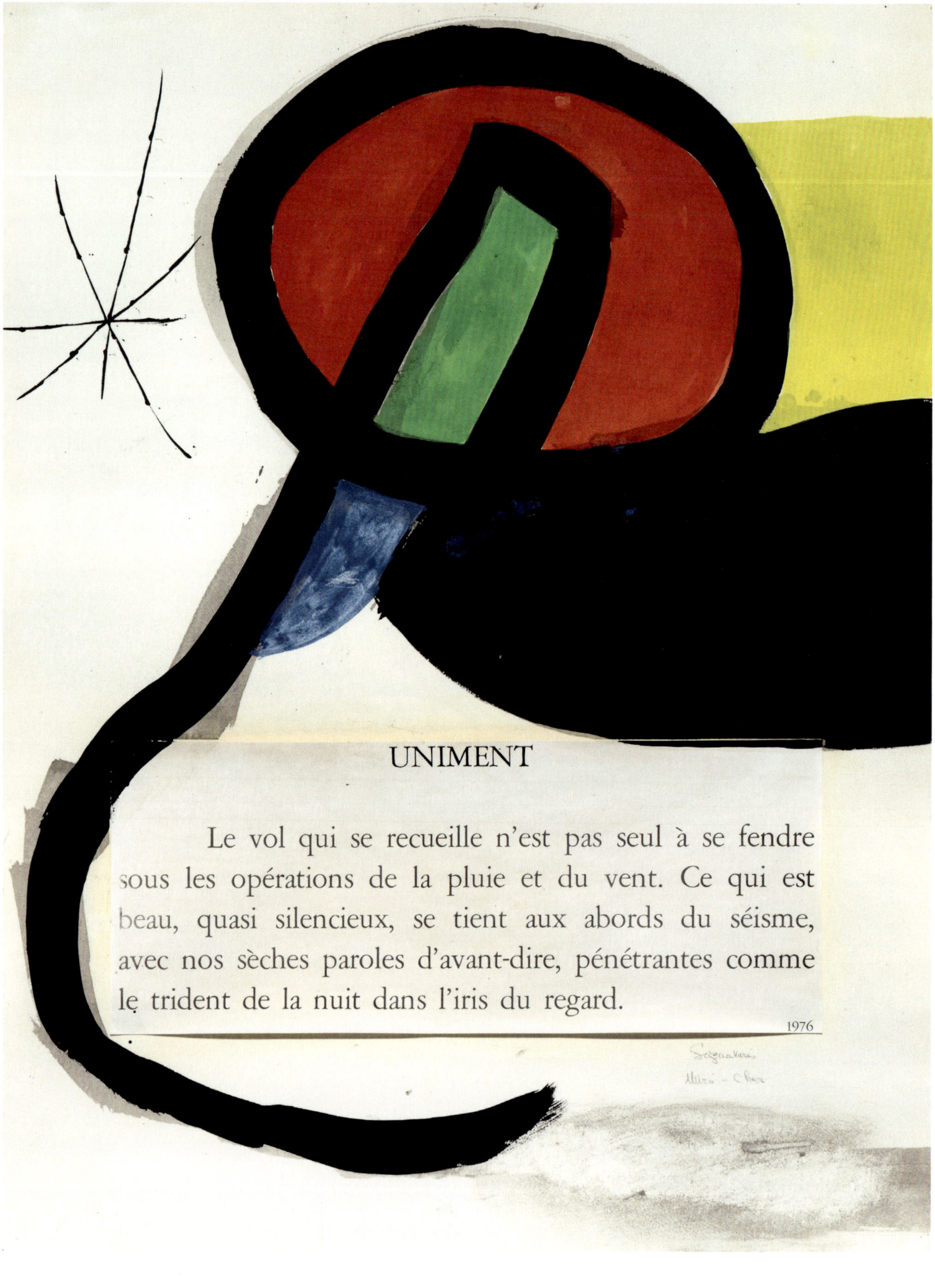

UNIMENT

Le vol qui se recueille n'est pas seul à se fendre sous les opérations de la pluie et du vent. Ce qui est beau, quasi silencieux, se tient aux abords du séisme, avec nos sèches paroles d'avant-dire, pénétrantes comme le trident de la nuit dans l'iris du regard.

1976

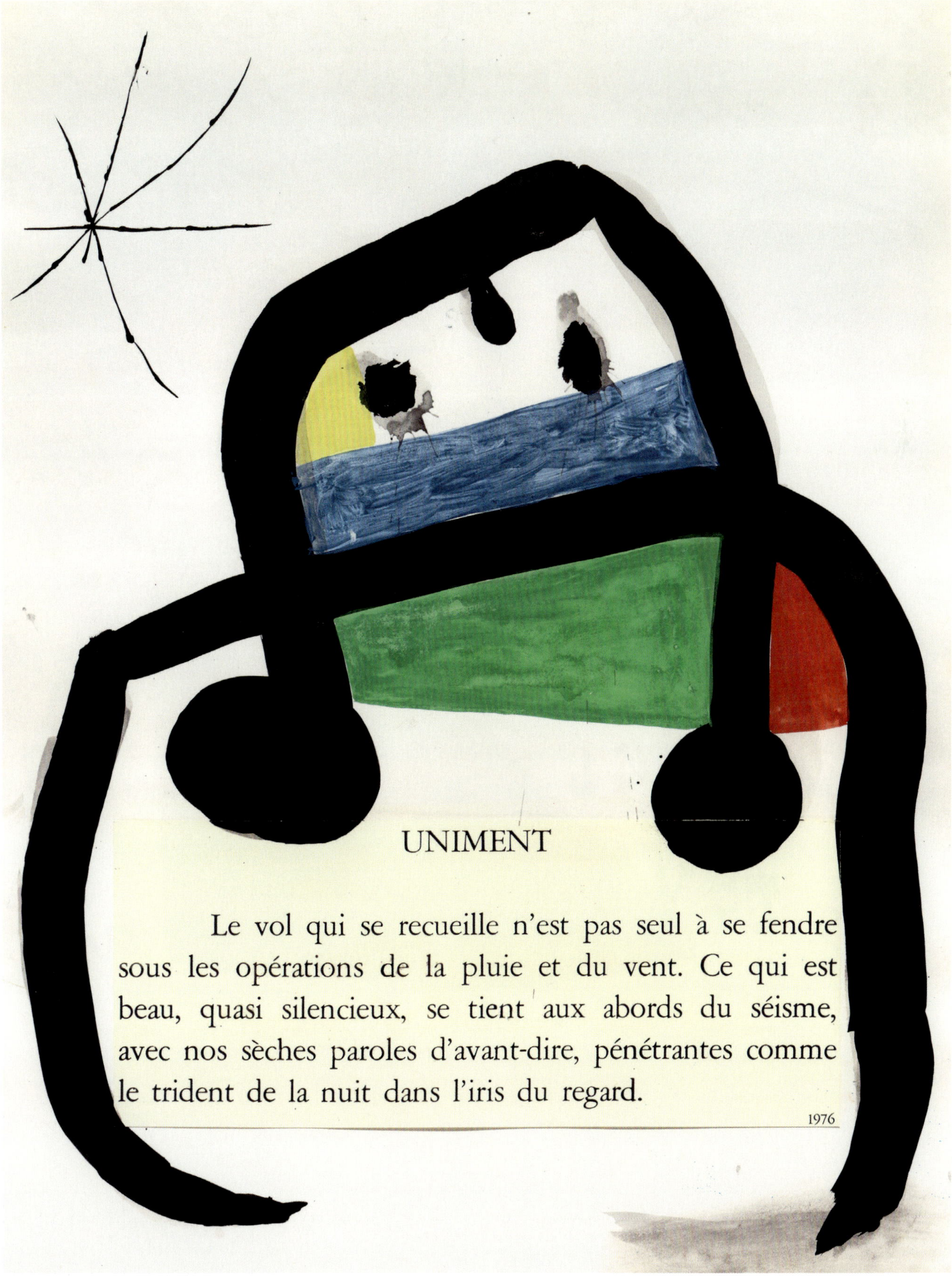

UNIMENT

Le vol qui se recueille n'est pas seul à se fendre sous les opérations de la pluie et du vent. Ce qui est beau, quasi silencieux, se tient aux abords du séisme, avec nos sèches paroles d'avant-dire, pénétrantes comme le trident de la nuit dans l'iris du regard.

1976

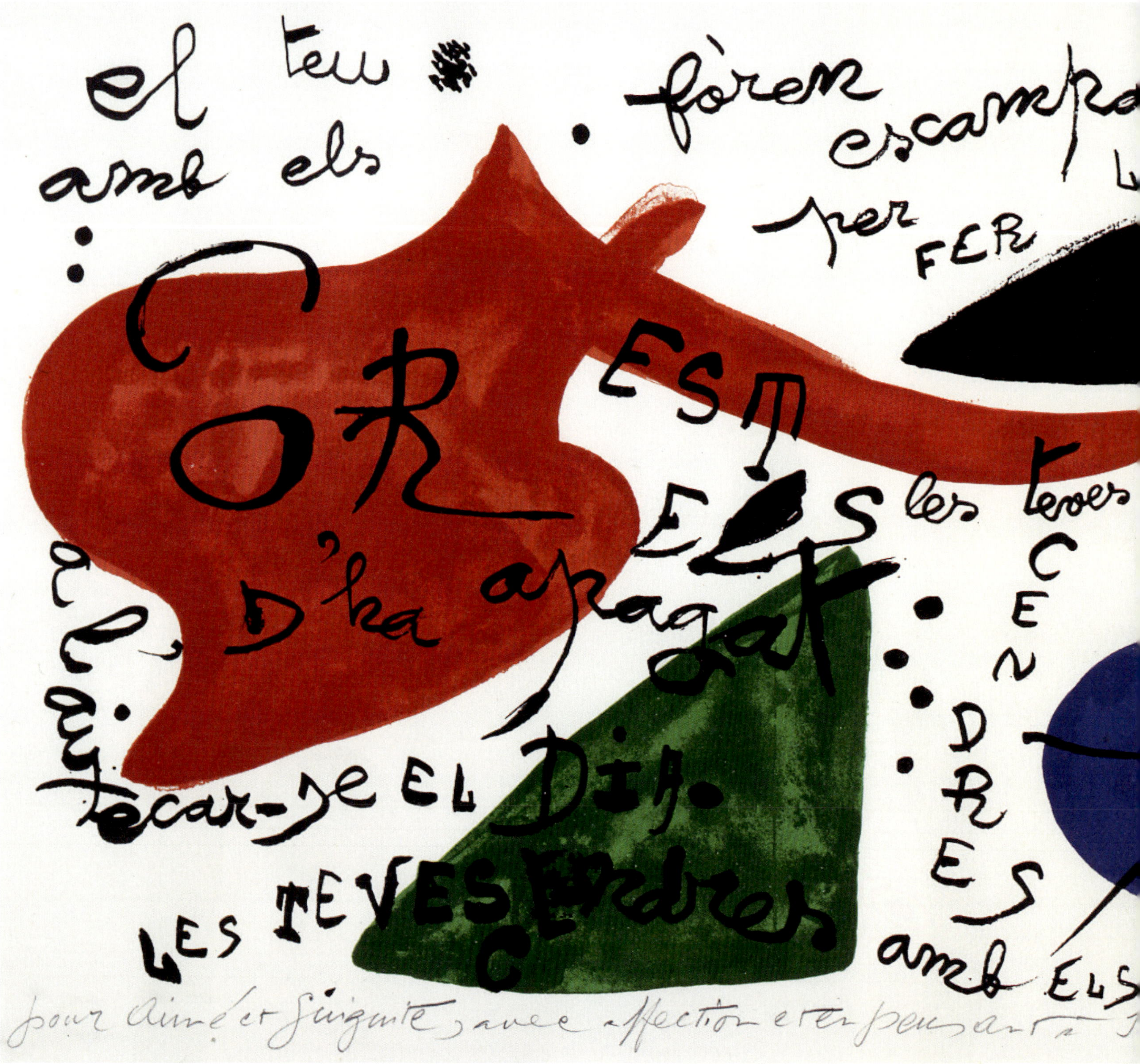

En pensant à Sandy, 1973
Gouache sur papier, 36 × 69 cm
Collection Isabelle Maeght, Paris

(Pages suivantes)
Le Puisatier, 1969
Gravure originale en aquatinte, carborundum et eau-forte sur Vélin d'Arches, 106 × 67,5 cm
Collection Fondation Maeght

Personnage et oiseau, 1977
Encre de Chine, crayon et aquarelle sur papier, 138,5 × 84 cm
Collection Fondation Maeght

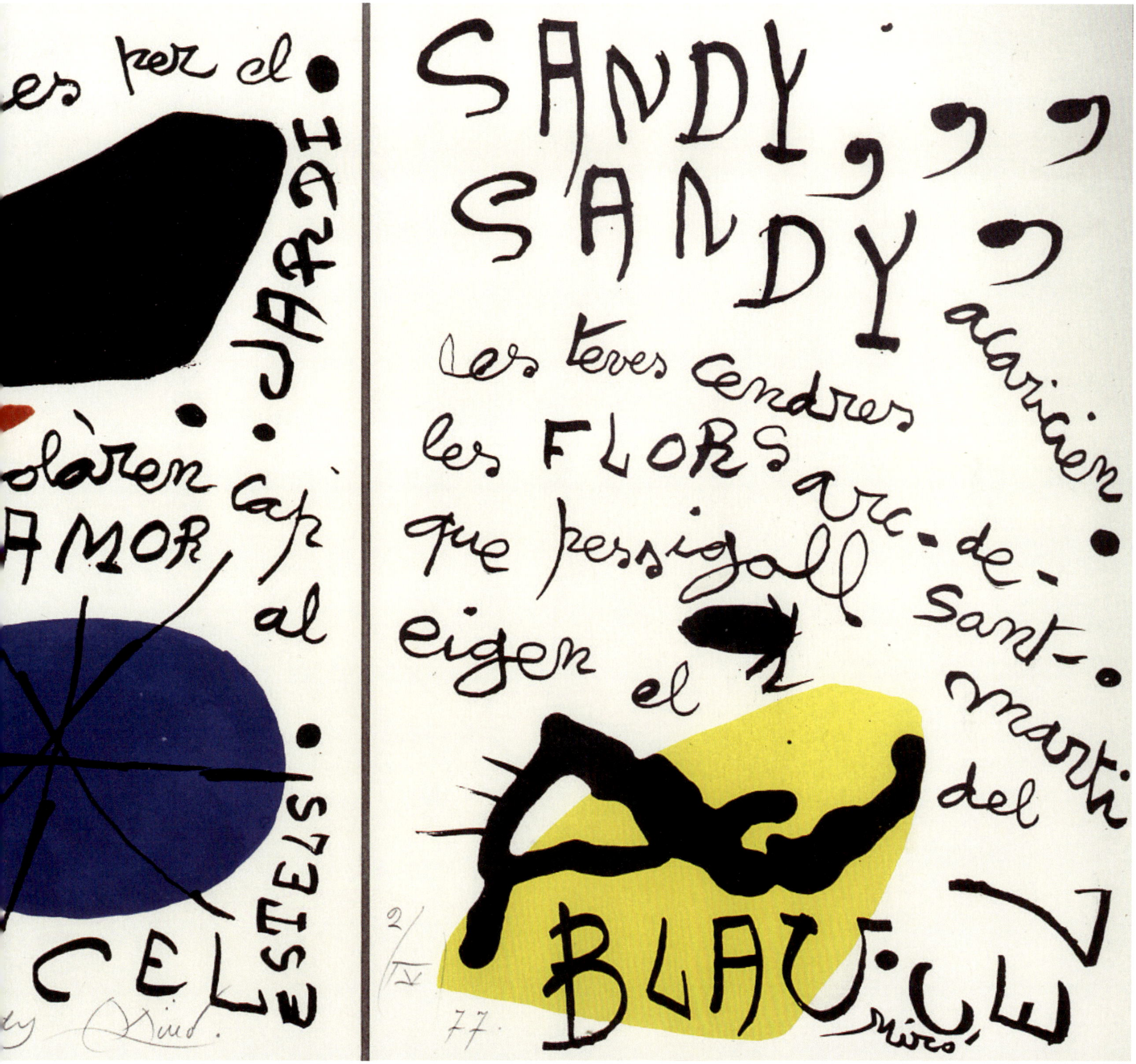
es per el
JARDI
olàren cap
AMOR
al
CEL
ESTELS
SANDY
SANDY
les teves cendres
acaricien
les FLORS arc-de-
que pessigoll
Sant-
eigen el
martí
del
BLAU
CEL
77

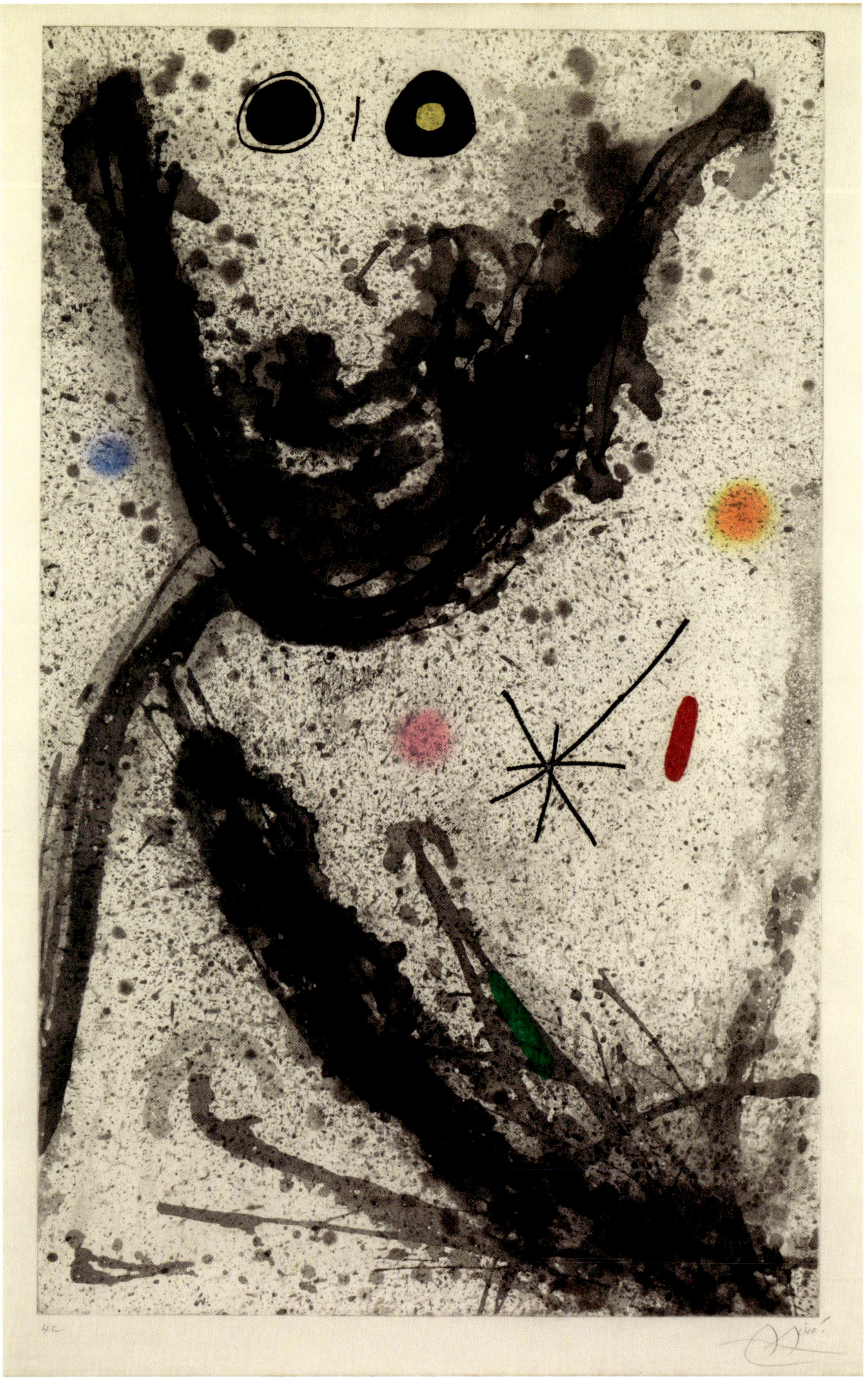

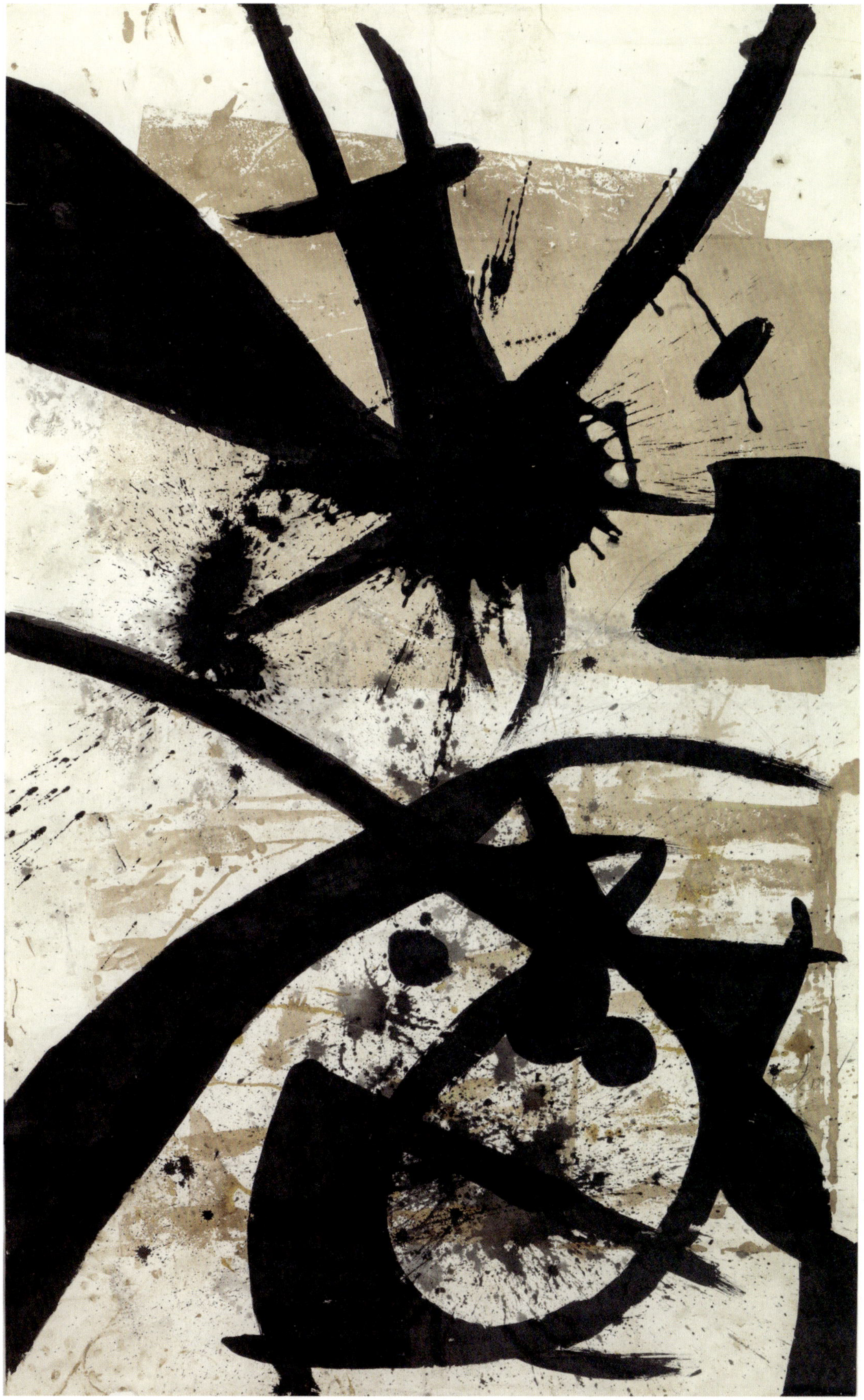

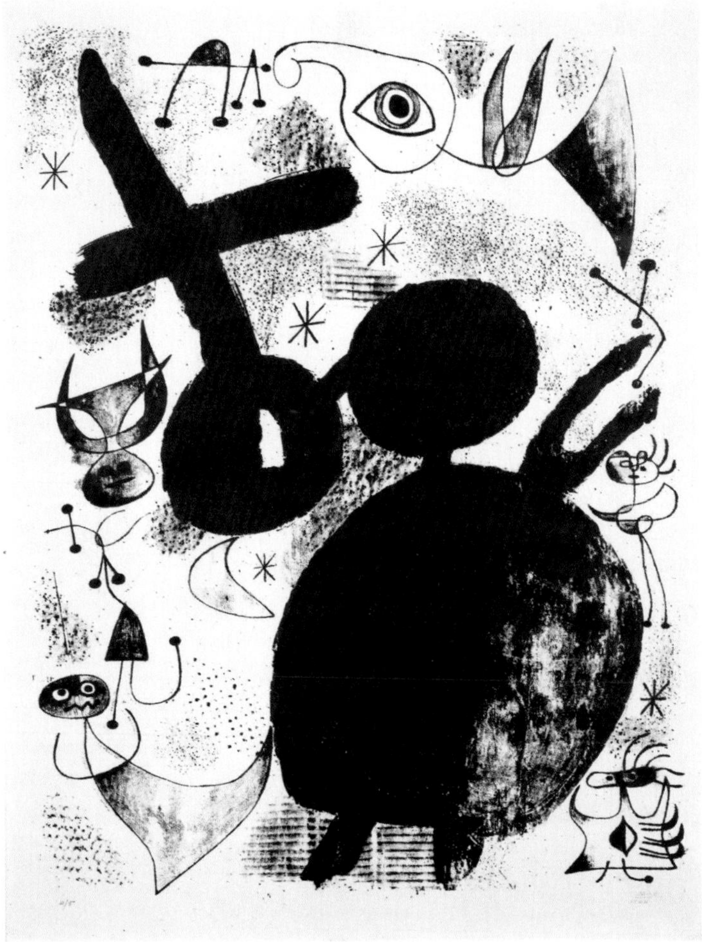

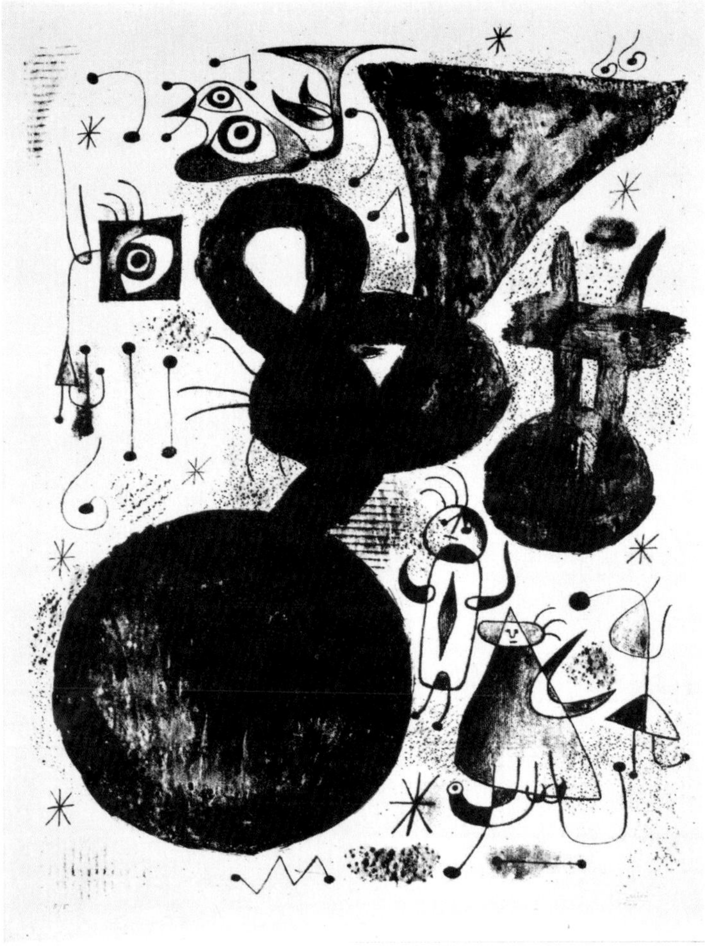

Série Barcelone XXXIV, 1939-1944
Lithographie originale sur Torras Juvinya, 54 × 71 cm
Collection Fondation Maeght

Série Barcelone XXXXI, 1939-1944
Lithographie originale sur Torras Juvinya, 49 × 61 cm
Collection Fondation Maeght

(Page droite)
Projet pour un monument pour la ville de Barcelone, 1967
Bronze, 132 × 30 × 23 cm
Collection Fondation Maeght

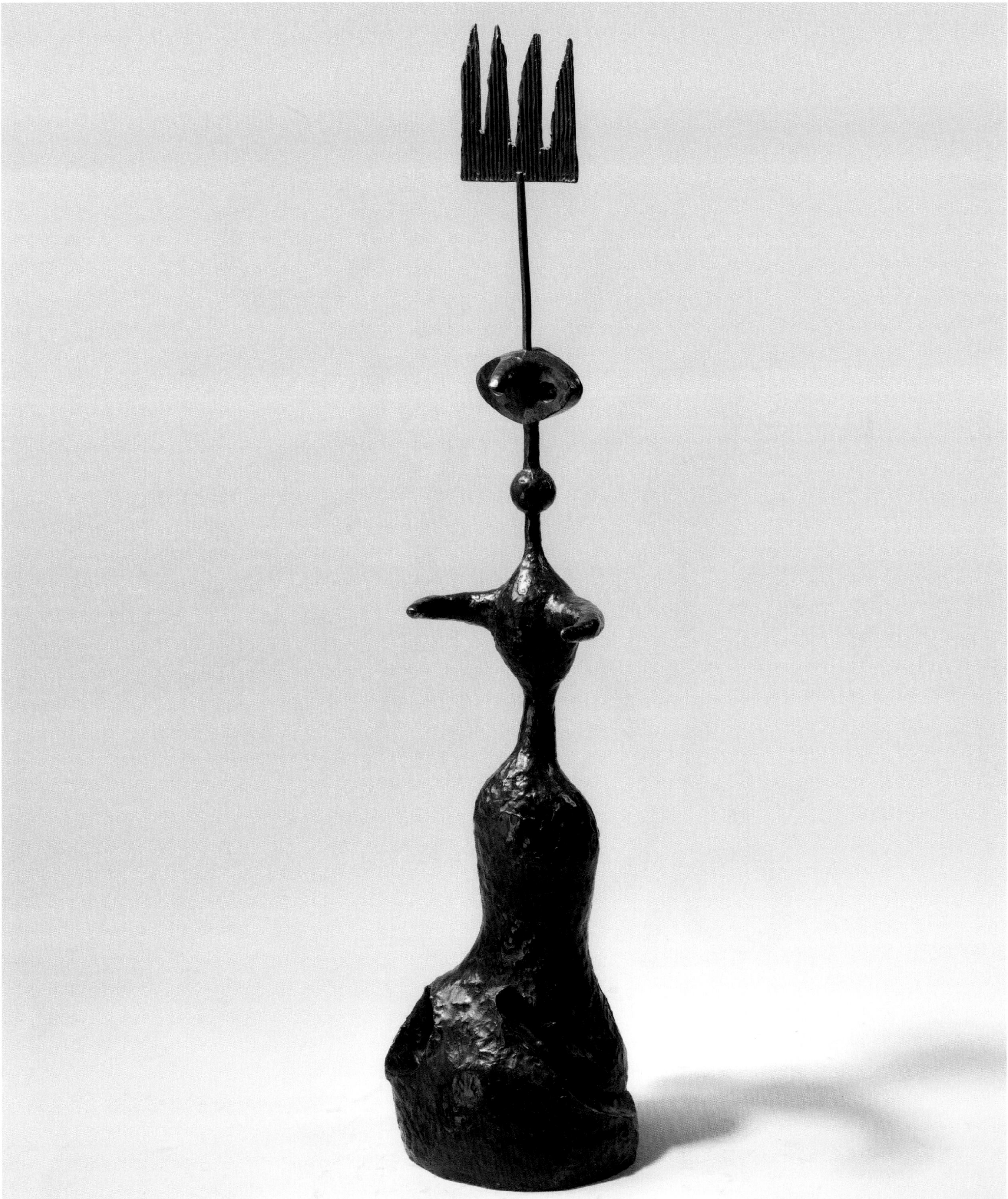

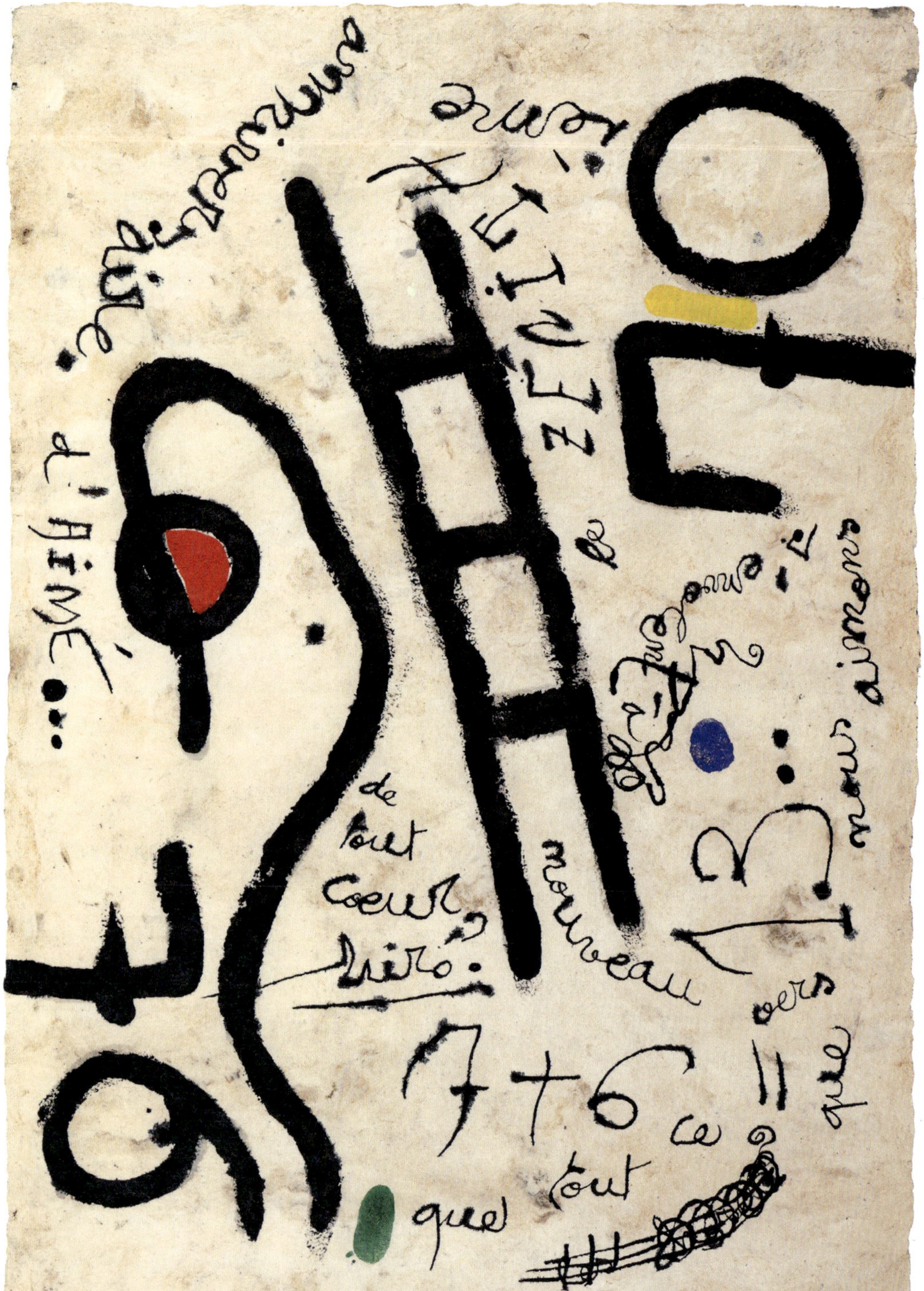

Pour les 70 ans d'Aimé, 1976
Technique mixte sur papier, 61 × 42 cm
Collection Adrien Maeght, Saint-Paul de Vence

(Page droite)
Monsieur, Madame, 1970
Bronzes peints, 100 × 31 × 31 cm et 68 × 38 × 38 cm
Collection Fondation Maeght

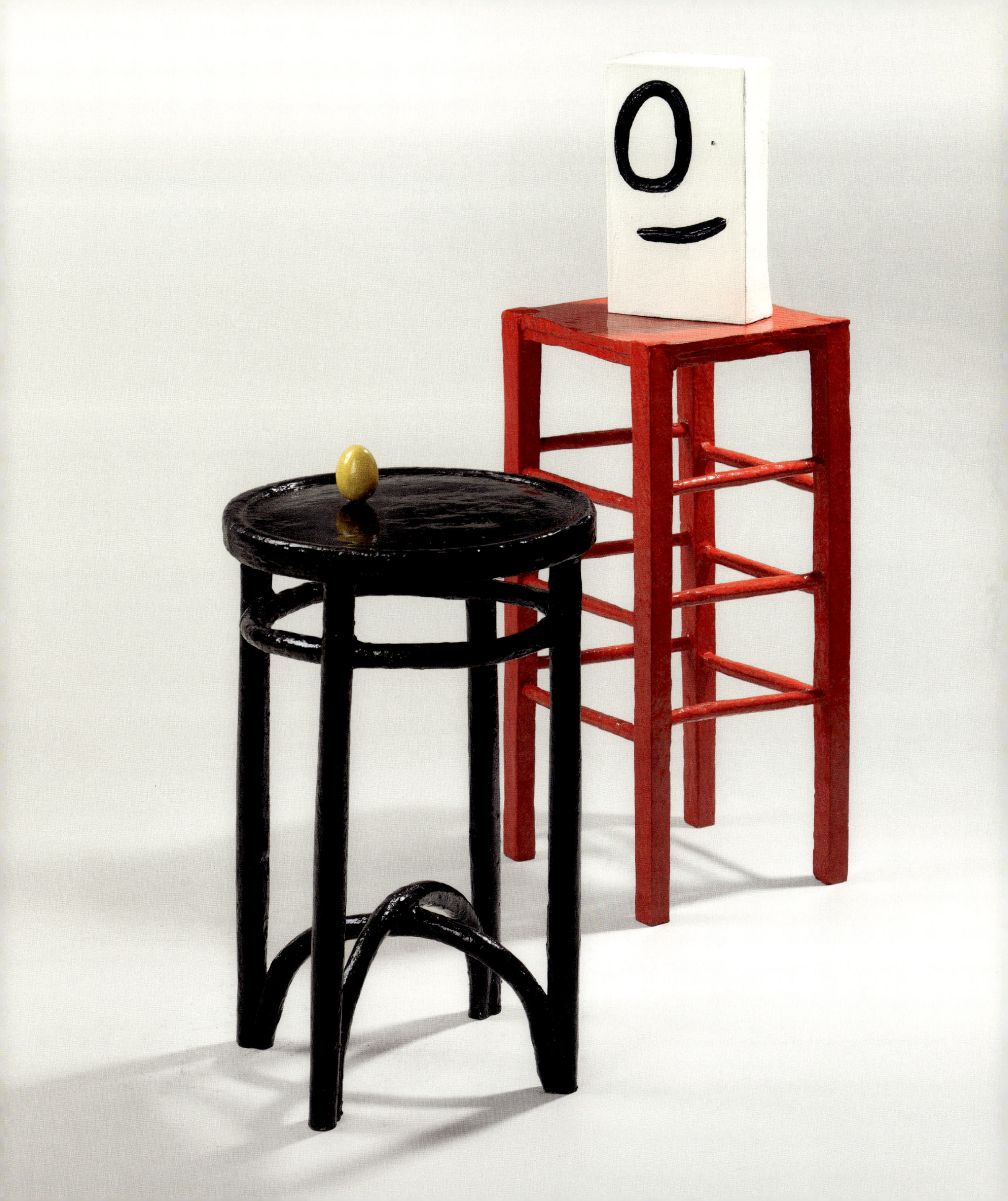

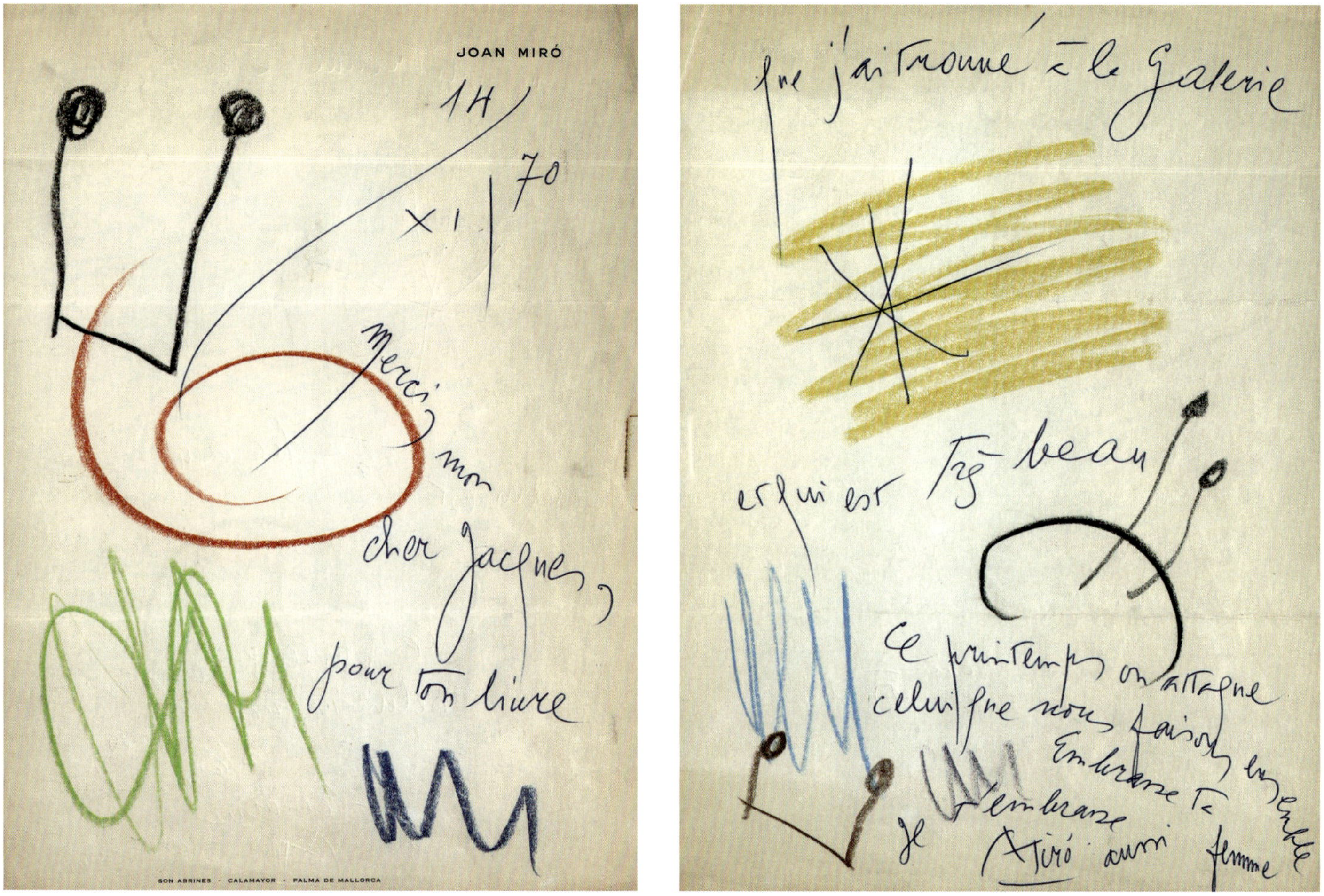

Lettre de Joan Miró adressée à Jacques Prévert, le 14 novembre 1970. Collection Musée des Lettres et des Manuscrits.

Miró poète

Miró a toujours pensé qu'il courait dans la langue des poètes un peu de cette évidence primordiale tant recherchée dans sa peinture. Sa déclaration « La peinture est en décadence depuis l'âge des cavernes » est à prendre au pied de la lettre. L'art de Lascaux est une révélation merveilleuse, « lieu d'où l'art rayonne et dont le rayonnement est celui du premier rayon, premier et pourtant accompli », nous dit Blanchot qui ajoute : « À Lascaux nous assistons à la réelle naissance de l'art et (...) à sa naissance l'art se révèle tel qu'il pourra infiniment changer et incessamment se renouveler. » Miró n'a jamais douté de cela, au point de rejoindre Bataille lorsque ce dernier affirmait : « L'art est ici comme sa propre fête. » Dans la poésie, Miró repérait la même exigence, mais exprimée de façon plus brute, plus immédiate, avec cette violence propre à l'effet que le jeu subtil des mots, des phrases, du temps suspendu de la lecture, pouvait produire sur l'imaginaire. Même s'il s'en défendait, Miró pensait que le dicible l'emportait sur le visible, et que la poésie possédait des vertus que la peinture n'obtiendrait jamais. L'idée lui sera confirmée par les poètes et les écrivains qu'il va assidûment fréquenter dès son arrivée à Paris dans les années 1920 : Artaud, Desnos, Hugnet, Tzara, Éluard, Queneau, Brossa, Frénaud, Takigushi, Breton, Prévert, Hemingway, Penrose... Mais cette intuition a des racines plus profondes. Au moment précis de la jeunesse où l'âme cherche quelque justification à la vie, la parole des mystiques espagnols lui est apparue comme la possibilité de porter à l'incandescence une foi transfigurée par la puissance des mots. Plus tard, Baudelaire, Rimbaud, Apollinaire et surtout Mallarmé démontraient qu'en « creusant le vers », les poètes entrent dans ce temps de la détresse qui marque l'absence de Dieu, mouvement exempt de toute piété dont les ressorts vont marquer définitivement Miró. Sa passion pour Jarry vient de là, le portant bien des années plus tard à illustrer le fameux *Ubu* (1966) puis à inventer une suite (*Ubu aux Baléares*, 1971, puis *L'Enfance d'Ubu*, 1975). Mais Ubu fut aussi pour Miró l'exemple même du dictateur inconséquent dont il retrouvait une image autrement plus terrible dans la figure de Franco.

Dans un premier temps, cette parole poétique opposée au langage ordinaire, il la convoque dans sa peinture même, préfigurant ainsi sa déclaration péremptoire de 1936 : « Je ne fais aucune différence entre la peinture et la poésie. » En 1925-1927, sa volonté de placer une écriture manuscrite et des fonds de plus en plus travaillés comme des pulsations de couleurs lui permet d'opposer l'expérience picturale au contenu et au sens des mots. Miró évince toute forme de tension en reprenant dans la graphie les arabesques des figures. Mais ce qui compte tout autant, c'est la forme poétique. La poésie y devient un puissant univers de mots dont les rapports, la composition, les pouvoirs s'affirment, par le son, les figures, la mobilité rythmique, en un espace souverainement autonome. Et il n'est pas innocent que ces « peintures oniriques » refusent les fonds bleus qu'il utilise fréquemment au profit d'une gamme plus chaude, plus sourde. Utiliser le fameux azur mallarméen, référence absolue pour l'époque, lui paraît présomptueux. Au même moment, Picasso et Matisse n'auront pas la même délicatesse respectueuse. *Le Corps de ma brune* ou *Oh, un de ces messieurs qui a fait tout ça* (toutes deux de 1925) en attestent avec force. L'abandon, par Miró, de cette

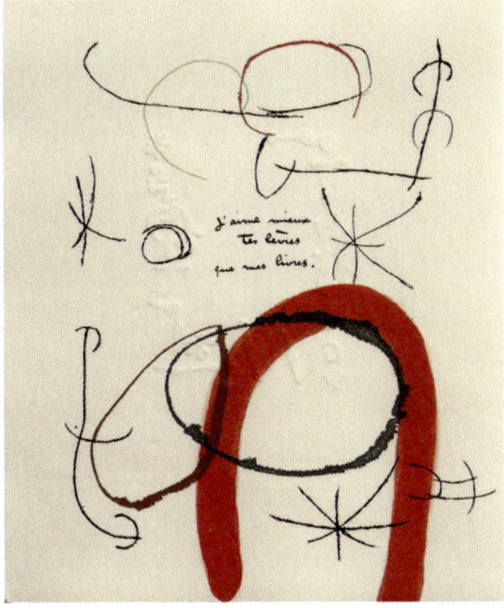

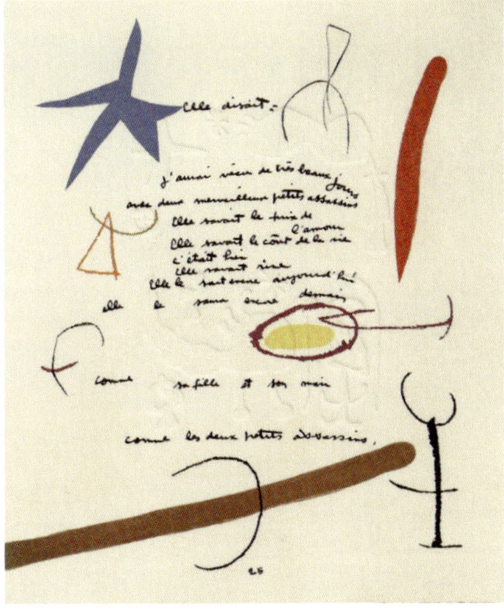

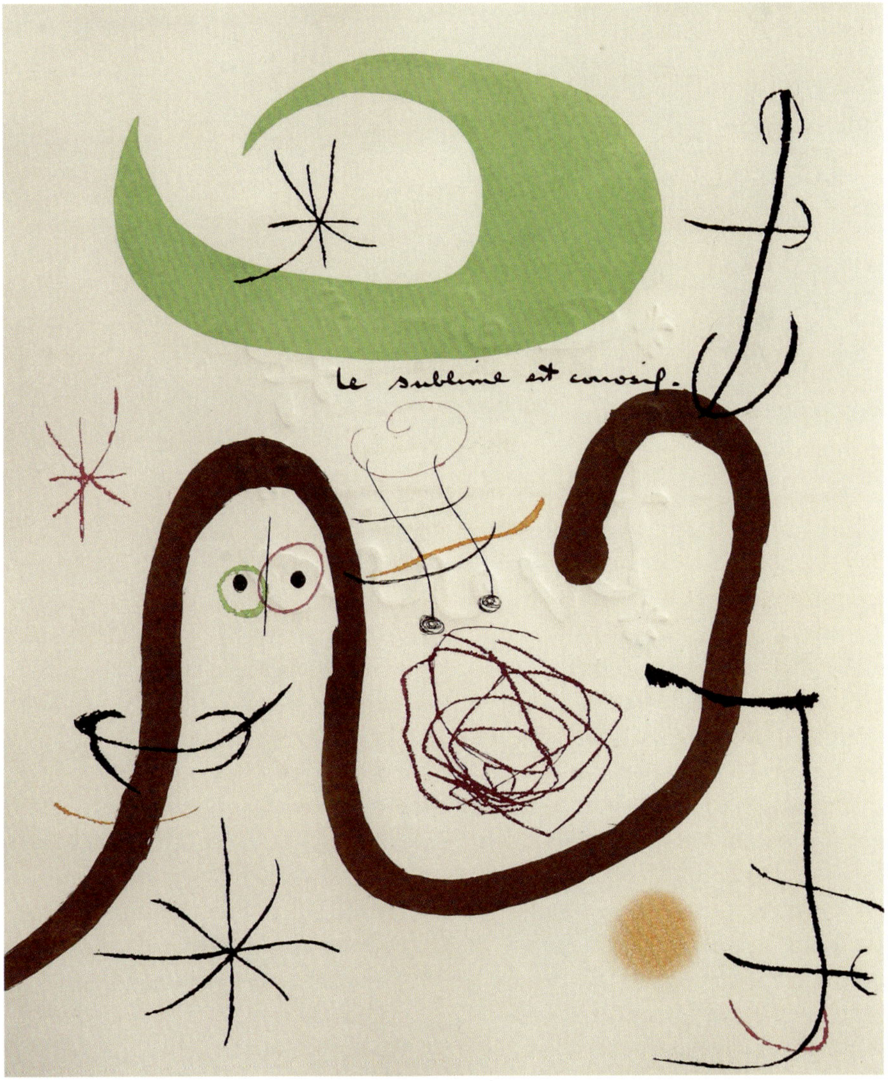

Jacques Prévert, *Adonides*, livre de bibliophilie illustré de 43 eaux-fortes originales de Joan Miró, Maeght éditeur, Paris, 1975, 40 × 33,5 cm. Collection Fondation Maeght.

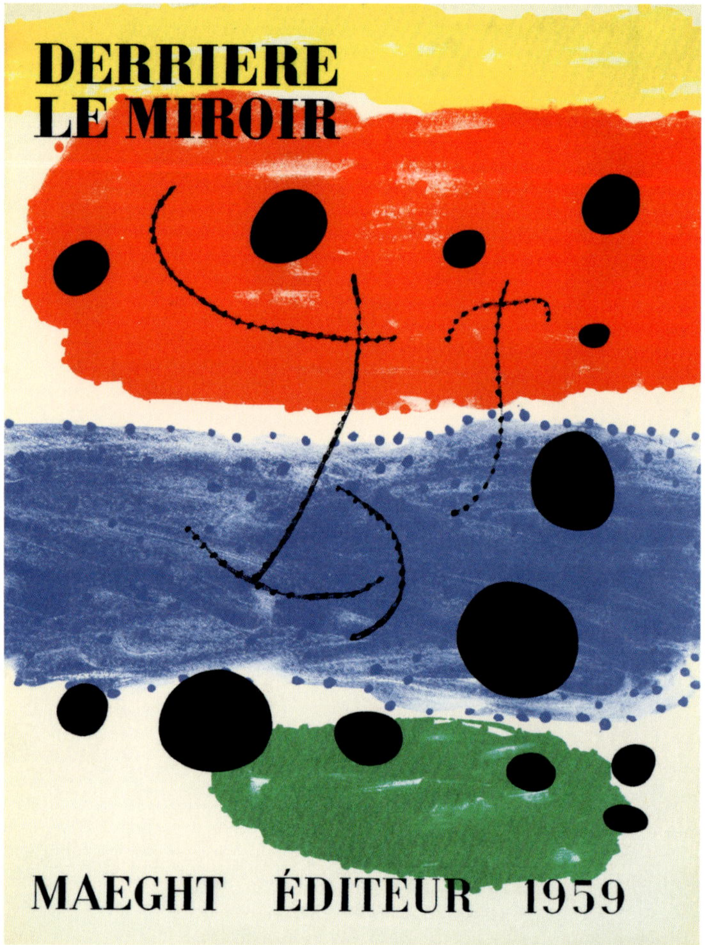

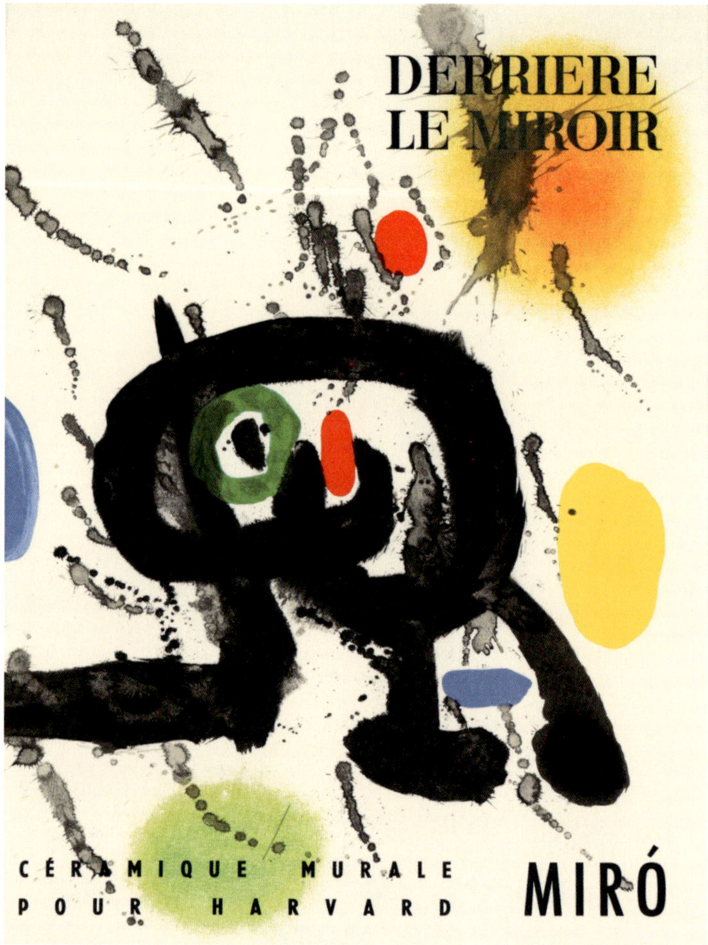

Couvertures en lithographie originale de la revue *Derrière le miroir* pour deux expositions Joan Miró à la galerie Maeght en 1959 et 1961.

mise en tension sonne pourtant comme une évidence, à la fois comme une réaction aux dictats des surréalistes – friands de ce genre d'antinomie conflictuelle – mais aussi comme le constat d'une impasse : le langage pur de la poésie ne peut entrer raisonnablement en concurrence avec la peinture et à plus forte raison avec l'image. Pourtant, il se peut que le poème et l'image aient bien des points en commun et que l'un puisse servir l'autre. Miró en est convaincu. Une forme de basculement surgira de ce constat. Les nombreuses illustrations accompagnant des recueils de poésie, des ouvrages de philosophie ou les livres d'amis le prouvent. Dans cette abondante production, on rencontre aussi bien les compagnons de la première heure que les jeunes trublions de la littérature. Pourtant Miró rêve d'arracher le poème à la fascination de la page, de l'entraîner ailleurs, de prendre le livre pour une véritable partition où s'affirmerait la dimension sonore des mots. À l'artiste d'en tracer les portées par des signes, des figures, des contrepoints ou des équivalents qui à la fois refusent le texte et l'épaulent, le contredisent et le confirment dans un tourbillon de couleurs et de traits. Le mettent au péril aussi du blanc de la page, ce vide qu'avait magistralement mis en scène Mallarmé dans son fameux *Coup de dés* (1897) auquel Miró vouait une admiration sans borne. L'aventure prend lentement forme au lendemain de la Seconde Guerre mondiale, aidée en cela par quelques éditeurs et imprimeurs de génie : Christian Zervos, éditeur des *Cahiers d'art*, Tériade, éditeur de la revue *Minotaure*, Aimé Maeght, Gérald Cramer, Iliazd ou Pierre-André Benoit, tous attachés à dégager le poème ou le texte littéraire de ce respect pour le matériau du livre. Ensemble, ils imagineront des formats hors norme, des leporellos, se servant de papiers de toute sorte et même dans certains cas de soie. Tous lui passeront régulièrement commande ou répondront à ses sollicitations. Au-delà des éditeurs, les réussites de Miró dans ce domaine doivent tout autant à quelques collaborateurs d'exception

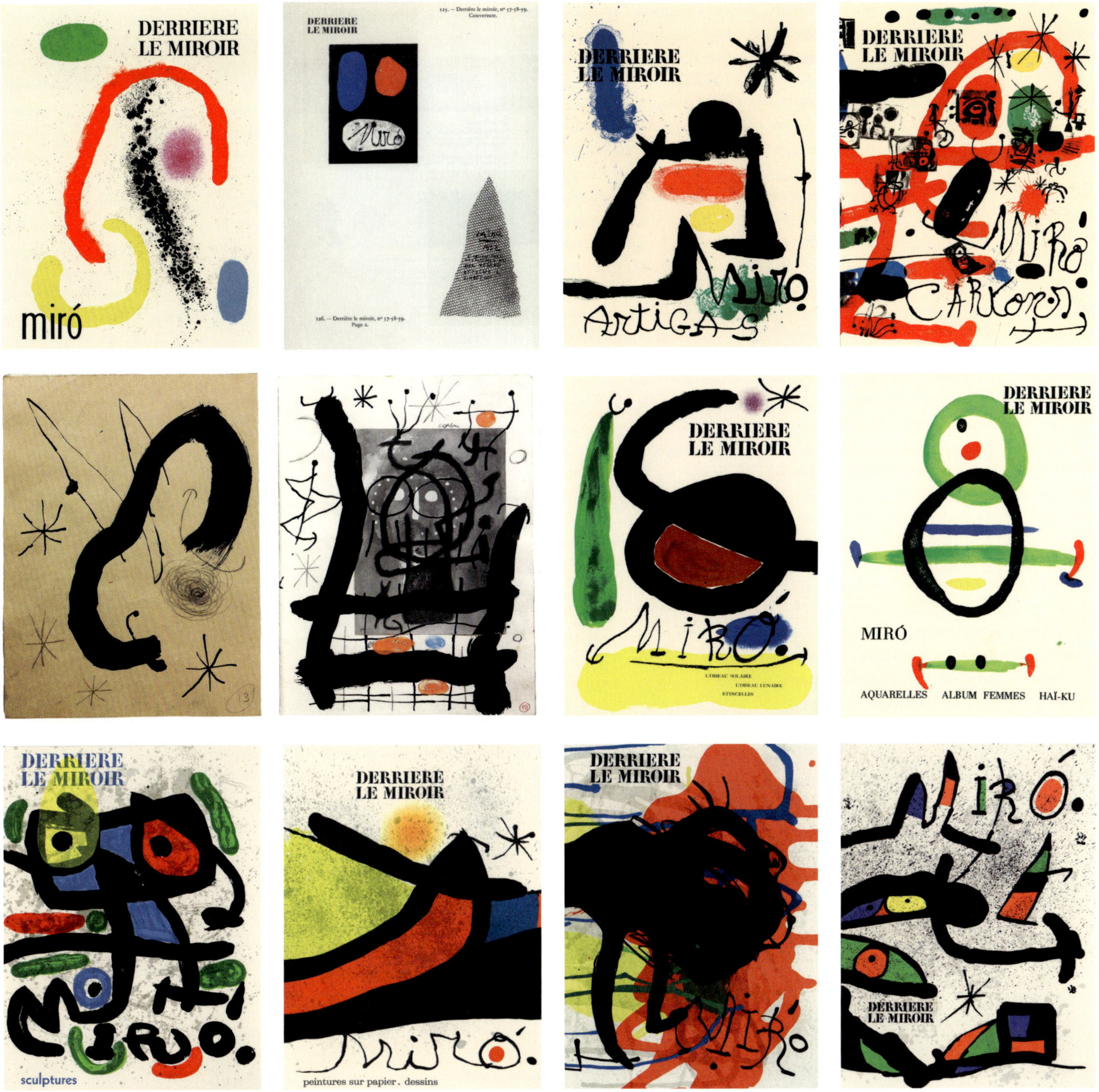

Lithographies originales de Joan Miró pour *Derrière le miroir*, revue éditée par la galerie Maeght entre 1946 et 1982.

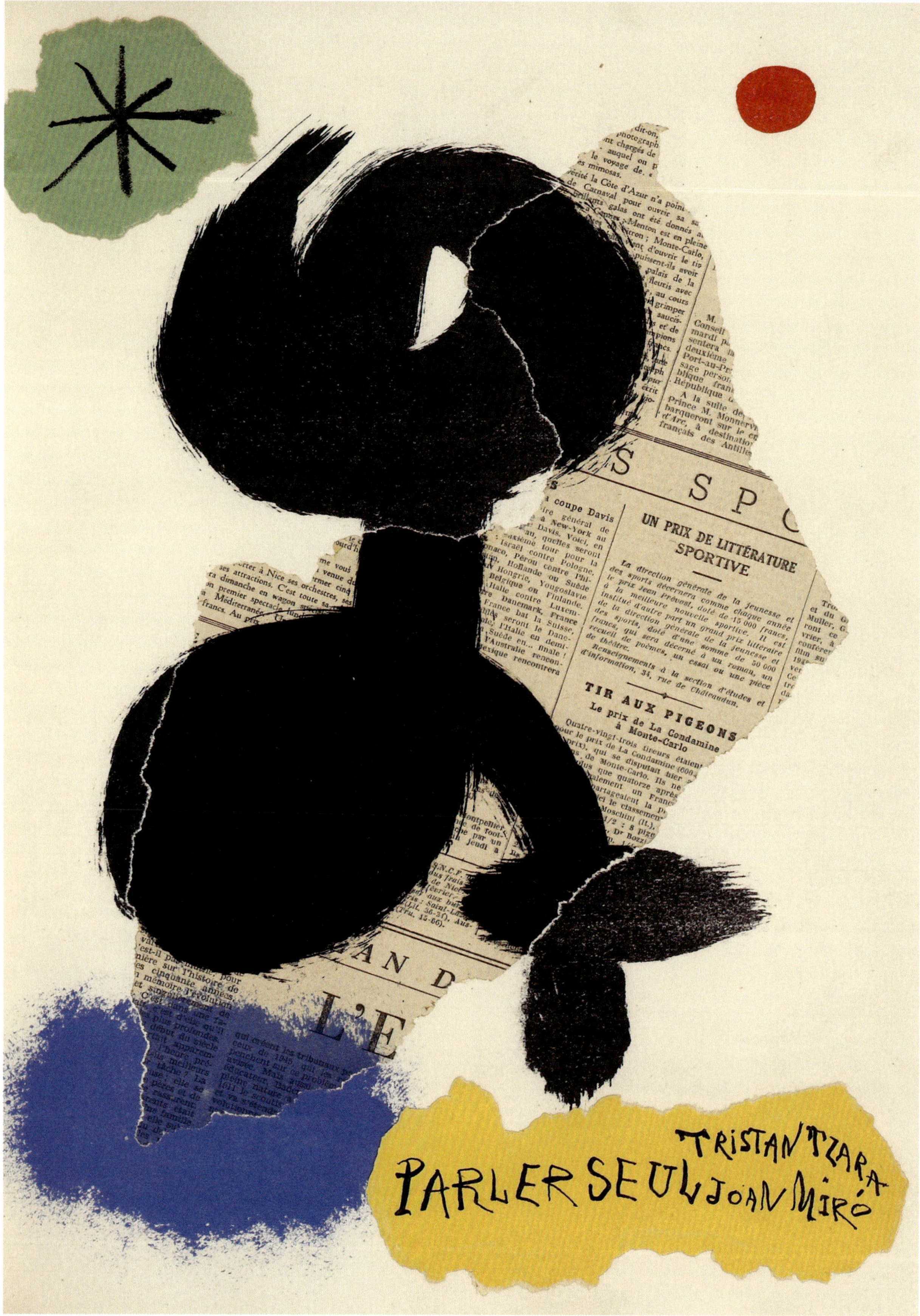
UN PRIX DE LITTÉRATURE SPORTIVE
TIR AUX PIGEONS
Le prix de La Condamine à Monte-Carlo
TRISTAN TZARA
PARLER SEUL JOAN MIRÓ

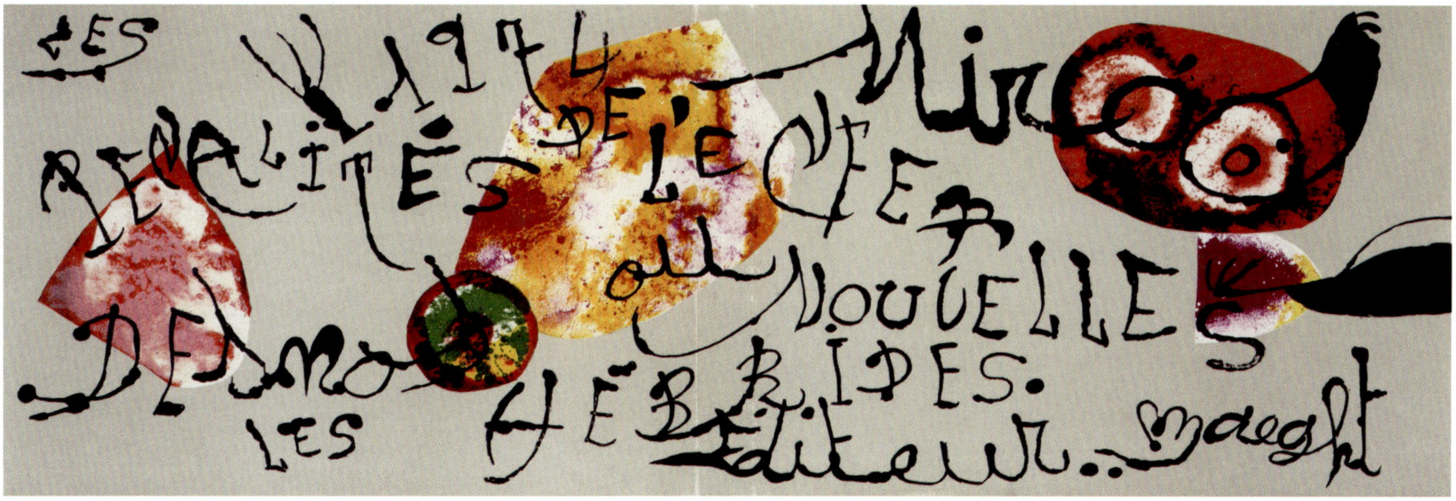

Robert Desnos, *Les Pénalités de l'Enfer ou les Nouvelles Hébrides*, livre de bibliophilie illustré de 25 lithographies originales de Joan Miró, Maeght éditeur, Paris, 1974, 27 × 38 cm. Collection Fondation Maeght.

comme Robert Dutrou, qui dès 1960 dirige l'atelier de Maeght Éditeur, René Le Moigne (lithographe) ou Jacques Frélaut (graveur-imprimeur). Tous apprécient l'homme, sa capacité à se laisser surprendre et à jouer des contraintes. Le Moigne se souvient avec amusement de l'exclamation de Miró devant une nappe vichy lors d'un déjeuner : « Si l'on pouvait imprimer dessus ! » Quelques jours plus tard, Le Moigne apporte à l'atelier quelques métrages, au plus grand plaisir de Miró qui se lance dans des essais. La volonté d'expérimenter avec le livre commence véritablement avec *L'Arbre des voyageurs* de Tristan Tzara (1930). Elle se poursuit par quelques illustrations pour des ouvrages de Georges Hugnet ou Benjamin Péret. Rien d'exceptionnel si ce n'est l'art de Miró. Il faut attendre 1947 pour le voir concevoir son premier livre illustré, *Le Désespéranto*, troisième volume de *L'Antitête* de Tristan Tzara (les deux autres étant illustrés par Ernst et Tanguy), publié par Bordas. Pour l'occasion Miró altère les plaques de cuivre puis les découpe selon des formes irrégulières, et rehausse chacun des 200 exemplaires d'aquarelles. Toujours en 1947, il imagine un ouvrage où le graphisme d'un poème et son illustration ne font plus qu'un. Ce sera le *Ruthven Todd Album*, ouvrage non publié et qui le marque durablement.

Mais le véritable tournant intervient en 1948 avec la rencontre d'Aimé Maeght. Désormais, les eaux-fortes et les lithographies sont conçues non comme de simples illustrations mais comme une relecture, presque une interprétation qui éclaire, scande, rythme le texte. Quelle que soit la technique employée (lithographie, gravure, impression, etc.), quel que soit le format, l'œuvre devient un tout avec ses respirations, ses ruptures, ses tensions, ses « ponctuations ». Miró se lance dans mille projets (notamment dans *Derrière le miroir*, la revue de la galerie Maeght) pour des textes de Jarry, Éluard, Crevel, Char, Leiris, Desnos ou encore quelques libérateurs de la langue catalane comme J.V. Foix ou Joan Salvat Papasseit, avec lesquels il dialoguera vers la fin de sa vie. Tous les récits nous disent que l'insurrection intérieure qui habitait Miró puisait sa source dans ses lectures et dans la poésie. Il fallait bien qu'un jour cette passion revienne dans le réel sous une autre forme que celle de l'œuvre graphique, qu'elle s'incarne enfin dans des mots, des « paroles en archipel » selon René Char. C'est chose faite en 1967 où, sous l'insistance de l'éditeur Louis Broder, Miró accepte enfin de publier les textes poétiques qu'il compose et rassemble dans de mystérieux carnets. En 1971, l'ouvrage est réimprimé mais accompagné cette fois de lithographies qui deviennent les contrepoints de l'écriture sinueuse de Miró. Sent-il que son abandon à la poésie est une impasse ? Toujours est-il que les deux ouvrages suivants – les suites à *Ubu* – déploient une démesure, une violence et même une outrance souvent analysées comme participant de la logique même du personnage de Jarry. Il est aussi possible d'y voir une réponse loufoque, car désespérée, d'un homme qui se rêvait poète et ne fut que peintre.

(Page gauche)
Tristan Tzara, *Parler seul*, livre de bibliophilie illustré de 78 lithographies originales de Joan Miró, Maeght éditeur, Paris, 1948, 38,5 × 29,5 cm. Collection Fondation Maeght.

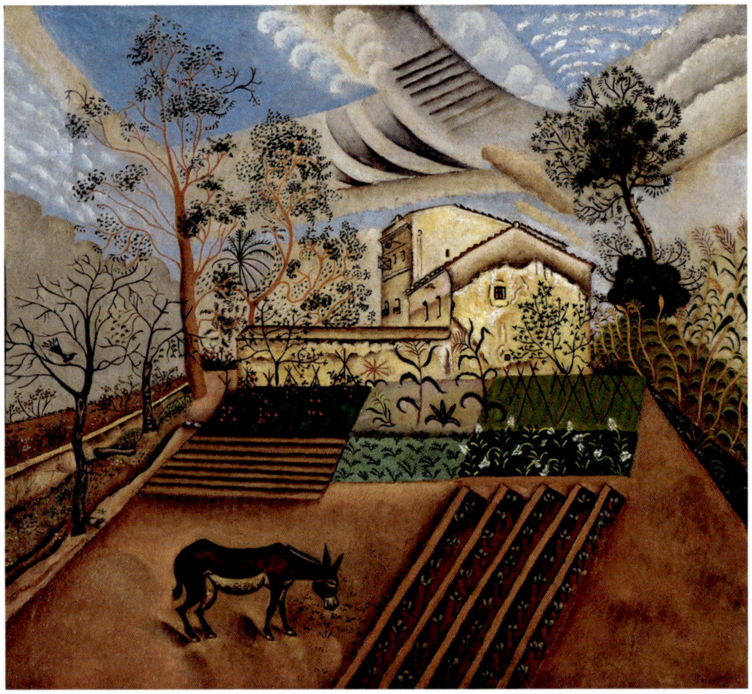

Le Potager à l'âne, 1918. Huile sur toile, 64 × 70 cm
Stockholm, Moderna Museet

Miró catalan

La Catalogne ! Plus qu'une région d'Espagne, voici un symbole ou un état d'esprit qui rejaillirait dans les pratiques des artistes issus de cette contrée. Et les historiens se plaisent régulièrement à tisser entre des créateurs aussi divers qu'Antoni Tàpies, Salvador Dalí, Jaume Plensa ou Joan Miró une sorte de cartographie de l'imaginaire. On serait donc artiste catalan comme d'autres furent artistes belges, allemands ou bourguignons. Dans ce monde où les frontières s'estompent, de telles réductions peuvent surprendre et même heurter notre sens commun. Pourtant, dans le cas de Miró, il se pourrait que l'âme catalane explique bien des tournures de son art et évidemment un rapport au réel assez particulier. S'il convient de prendre cette hypothèse avec prudence, il suffit d'écouter Miró, de le lire attentivement et, pour qui en douterait, de contempler son œuvre. L'homme a toujours revendiqué ses attaches et professé un profond amour pour ses origines. Longtemps, il refusa de vendre l'atelier qu'il occupait, jeune, au-dessus de l'appartement de ses parents à Barcelone. Et si la guerre civile espagnole le contraint un temps à l'exil, il revient souvent l'été à Mont-roig (province de Tarragone), village d'une sauvagerie brute où il puise dans la rudesse des paysages et la beauté d'une nature inviolée la force de surmonter bien des crises, bien des doutes, bien des impasses. De telles affinités avec les territoires de l'enfance sont courantes. Puissance de la nostalgie ! Mais chez Miró, la mémoire fonctionne autrement. Loin d'être le reliquaire d'un passé sublimé, elle fonctionne au quotidien dans le temps présent, puisant dans la chaleur de souvenirs lointains la force de croire ici et maintenant à tous les possibles. C'est à cette condition que l'esprit se met en attente, en vigilance et à l'affût des trouvailles du quotidien.
Si Miró arpente l'espace autour de Mont-roig, lors de longues promenades, c'est pour glaner les objets (morceaux de bois, vieux fers rouillés) qui viendront enflammer un imaginaire qu'il croit, à tort, en sommeil. « L'œil à l'état sauvage », professait alors Breton. Il en va de même en 1944 lorsqu'il contemple longuement les céramiques fournies par Artigas pour qu'il travaille dessus. Là, et lui-même en conviendra par la suite, son esprit néophyte retrouve les sortilèges qui affleuraient dans les sculptures romanes aperçues dans son enfance ou ces terribles et merveilleuses fresques du maître de San Clemente de Tahull.
Chez Miró la pratique de l'espace spécifique de la Catalogne tient en éveil, tant l'insolite pertinence du temps prend ici une tournure particulière. Certes, il retrouvera plus tard certains de ces ressorts dans la douce quiétude de la Fondation Maeght à Saint-Paul de Vence. Il y manquera pourtant toujours quelque chose. Ces traits sont-ils pour autant typiquement catalans ? On pourrait raisonnablement en douter s'il n'y avait les déclarations de Miró. Lors d'un entretien dans les années 1960 avec J.J. Sweeney, il affirmait : « Le caractère catalan ne ressemble pas à celui de Málaga ou d'autres parties de l'Espagne. Il est très terre à terre. Nous autres, Catalans, nous pensons qu'il faut avoir les pieds solidement plantés dans le sol si l'on veut bondir dans les airs. Le fait que je redescends sur terre de temps en temps me permet de sauter plus haut ensuite[1]. » Ailleurs interrogé sur ses racines, il rugit : « Ça a une énorme importance, comme je l'ai déjà dit, les racines, la chose tout à fait naturelle. »

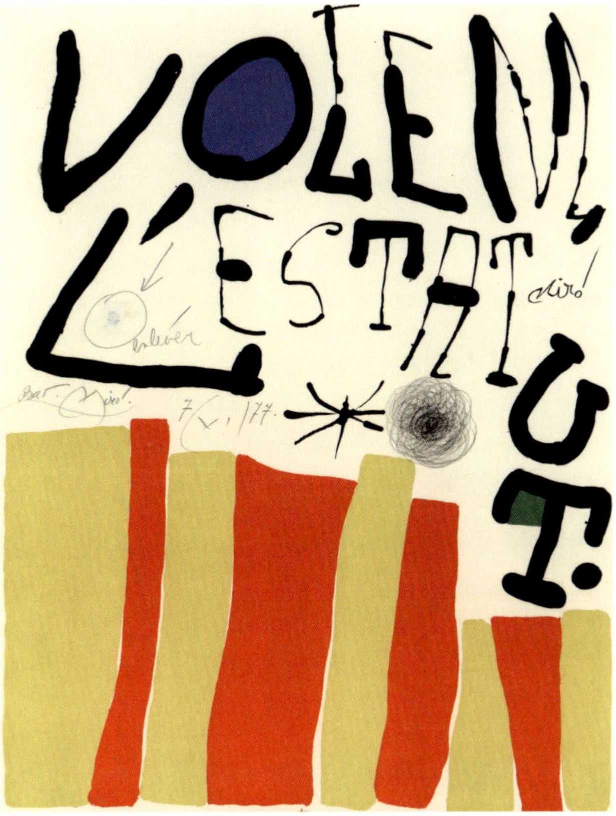

Affiche en lithographie originale, *Volem l'Estatut*, pour l'indépendance de la Catalogne, 1977. Fondation Joan Miró, Barcelone. Don de la galerie Maeght, Barcelone.

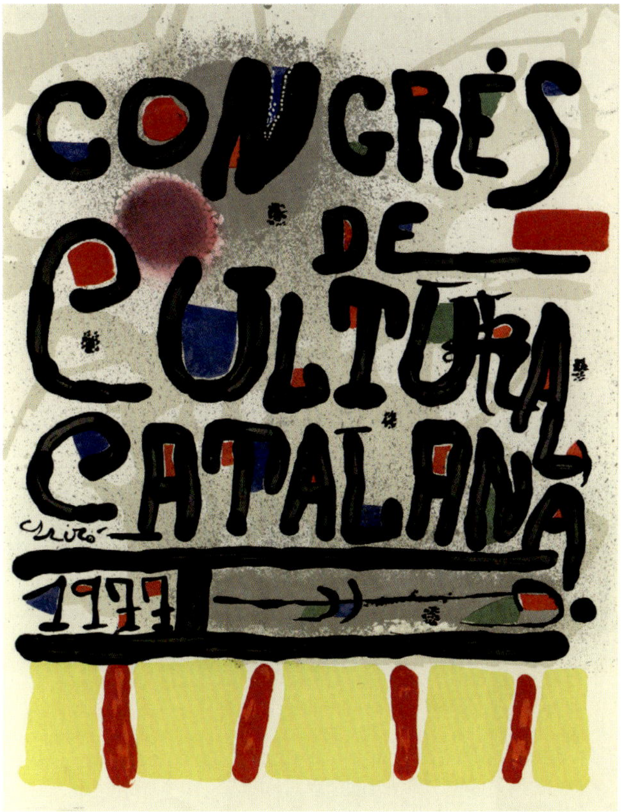

Affiche en lithographie originale, pour le *Congrés de Cultura Catalana*, 1977. Fondation Joan Miró, Barcelone.

Il y aurait donc dans le caractère catalan une manière de traiter le monde avec le plus grand sérieux – d'où chez lui une forme de transcendance implicite qui court de toile en toile à partir des années 1930 – tout en admettant l'importance irraisonnée du réel – particulièrement présente dans ses formes sculpturales. Certes, mais cette nature catalane que Jean Cassou qualifiait de « rude, colorée, homérique » n'explique pas tout. Humainement, Miró fut un artiste très singulier qui a toujours étonné ses contemporains par des qualités paradoxales. Ses plus vieux amis, Joan Prats, Josep Llorens Artigas et Michel Leiris, ont toujours déclaré qu'ils ignoraient qui était véritablement Miró. Avec une sorte de courtoisie surannée, l'homme refusait d'évoquer sa personne et sa vie intime. Jacques Dupin, ami et biographe, affirmait de lui : « Cet homme petit et robuste, à la démarche assurée du paysan, s'ingéniait à passer inaperçu, à se tenir aussi loin que possible, dans sa manière d'être, du personnage que laisserait supposer la puissance imaginative, l'emportement passionné, l'humour volontiers cruel ou le délire appliqué à sa peinture. Ce rêveur par excellence se montrait dans sa vie aussi méthodique, aussi scrupuleux que devait être l'orfèvre son père (...). On s'étonne que cet être timide, discret taciturne, qui semblait mettre un point d'honneur à ne brusquer personne, ait pu faire scandale, clamer sa volonté d'"assassiner la peinture", et ne jamais cesser de mettre en question ses propres conquêtes. Miró était à la fois le plus tourmenté des êtres, le plus spontané et le plus contraint. Derrière une œuvre dont on célèbre l'humour, la gaieté, l'exubérance ludique, se tenait un homme anxieux, qui s'avouait enclin au pessimisme et au désarroi. (...) L'existence qu'il a menée était la plus régulière, la plus calme, et disons le mot, la plus conformiste qui fût. » Mais derrière cette nature qui s'imposait une discipline de travail la plus stricte possible, se cachait sans aucun doute un authentique Catalan, autant dire un être qui ne supportait son art qu'à condition que l'étonnement soit au rendez-vous. Il pouvait dès lors étonner son monde en affirmant dans les années 1970 : « Tout ce qui est populaire m'intéresse, parce que c'est pur », retrouvant par là même ce réalisme catalan si différent de l'ardeur mystique de l'Espagne.

1. James Johnson Sweeney, « Joan Miró, comment and interview », *Partisan Review*, New York, février 1948, p. 212.

MIRÓ LE NAVIGATEUR AÉRIEN

*Miró appartient à une époque où la question de l'espace est très largement « reposée ». Ce qui pendant des siècles était un lointain objet de représentation, l'espace cosmique, devient un espace littéral que le corps humain peut désormais parcourir et habiter.
Yves Klein à travers ses monochromes décide non plus de travailler l'espace du tableau mais tente l'utopie de présenter dans l'atelier tout l'espace, l'espace englobant le sujet bien au-delà de ses repères mesurables. Lucio Fontana propose un concept spatial, mobile, mouvant, traversant l'air à travers des spirales de néon ou des affirmations de dynamiques nous invitant à penser cet espace hors des limites du cadre ou des contours de la sculpture.

Miró, qui apparemment ne représente qu'une poétique séduisante de l'espace, construit, l'air de rien, les moyens de concevoir un territoire immense à la fois réaliste et métaphysique. Il nous permet par la sculpture ou la peinture de nous projeter dans l'éther, objet volant non identifié parmi d'autres.

Miró offre une méthode de navigation qui nous amène à nous déplacer d'un point à un autre en suivant des lignes de lumières, de couleurs plongeant au sein d'un volume immense. Étrange volume où à travers des incisions rouges, des figures noires fermées, des véhicules oniriques oblongs, délimités par le trait ou par la couleur, nous découvrons que nous sommes projetés, à la fois, dans une galaxie externe comme dans un plasma, dans un corps, une substance interne et primordiale où tout, semble-t-il, est à venir.

Cette sensation s'éprouve également devant la sculpture en époxy *Personnage*, singulier aéronef contenant en son sein l'androgyne primordial, entité hybride, lancée dans le cosmos comme la promesse d'un nouveau monde.

À observer les éléments de ses compositions stellaires, nous comprenons que Miró construit des lieux, des matières, des trajectoires qui, toutes, signifient l'apparition. Toutes ses peintures, ses sculptures appartiennent à cette famille de formes. Qu'elles soient faites de figures abstraites ou d'objets reconnaissables, elles nous placent devant un principe d'engendrement, un principe de la naissance.
C'est sans doute pour cette raison que nous avons tant de mal à nous détacher de ces territoires émergents, évolutifs, comme si avec chacun d'entre eux nous assistions à une aurore, une aube.

Miró a toujours affirmé se désintéresser de la croissance ou de la fin d'un être. Il le confirme dans ses compositions, dans ses totalités macrocosmiques ou microcosmiques qui « respirent » au cœur de son œuvre. Leur développement n'est pas fait de mouvements lents mais, comme le vit et le recherche Miró, d'éclatements, d'explosions, d'étoilements violents ou déroutants de douceur. La fascination que ses toiles exercent sur nous vient, je crois, de leur conception où des sentiments hétérogènes s'abouchent à notre espace intérieur, comme si celui-ci possédait une immensité océanique que Miró nous révèle.
Il nous l'offre, moyen le plus précieux de se rencontrer et de rencontrer l'autre.

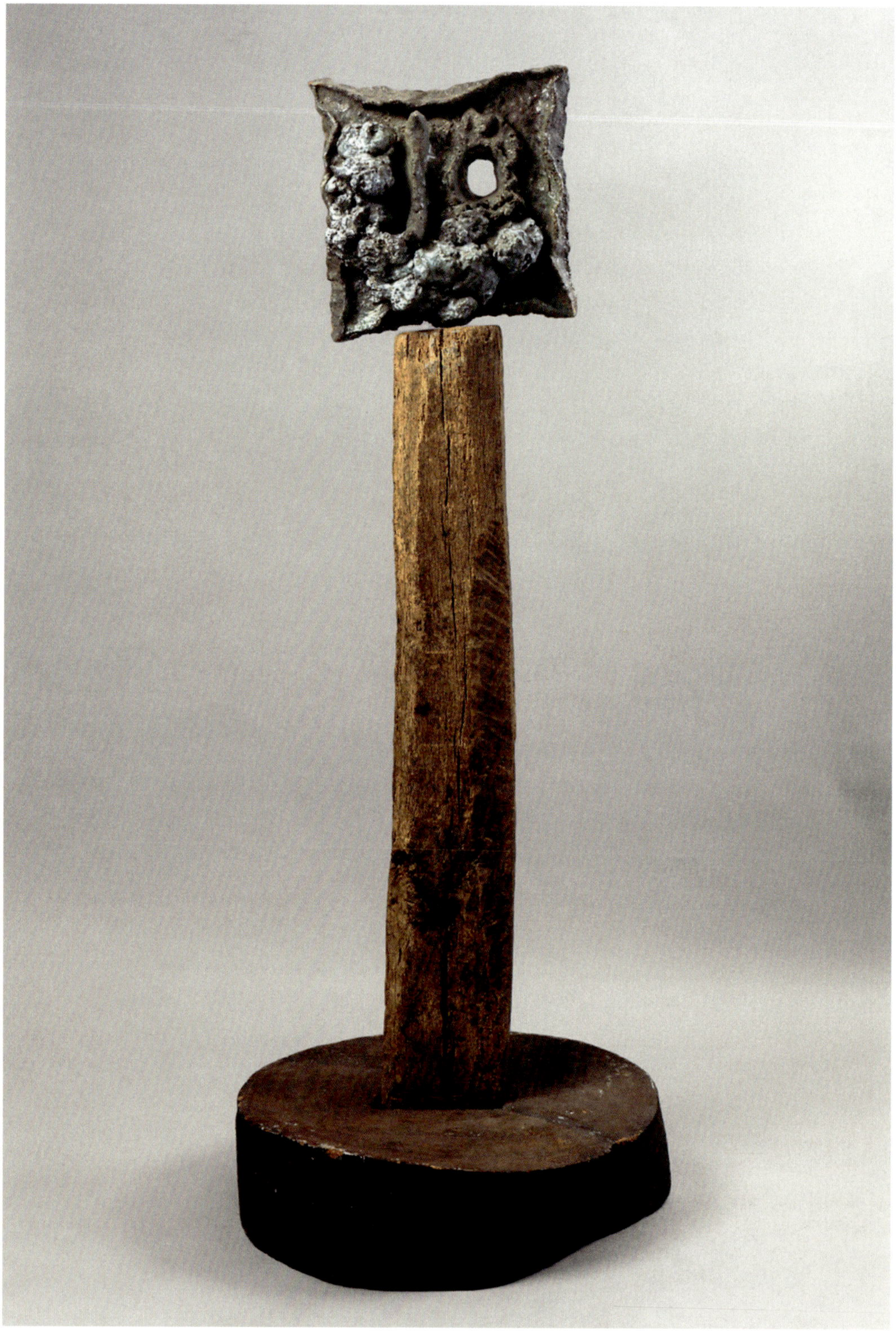

Masque, 1962
Céramique, 176 × 57 cm
Collection Jules Maeght, Paris

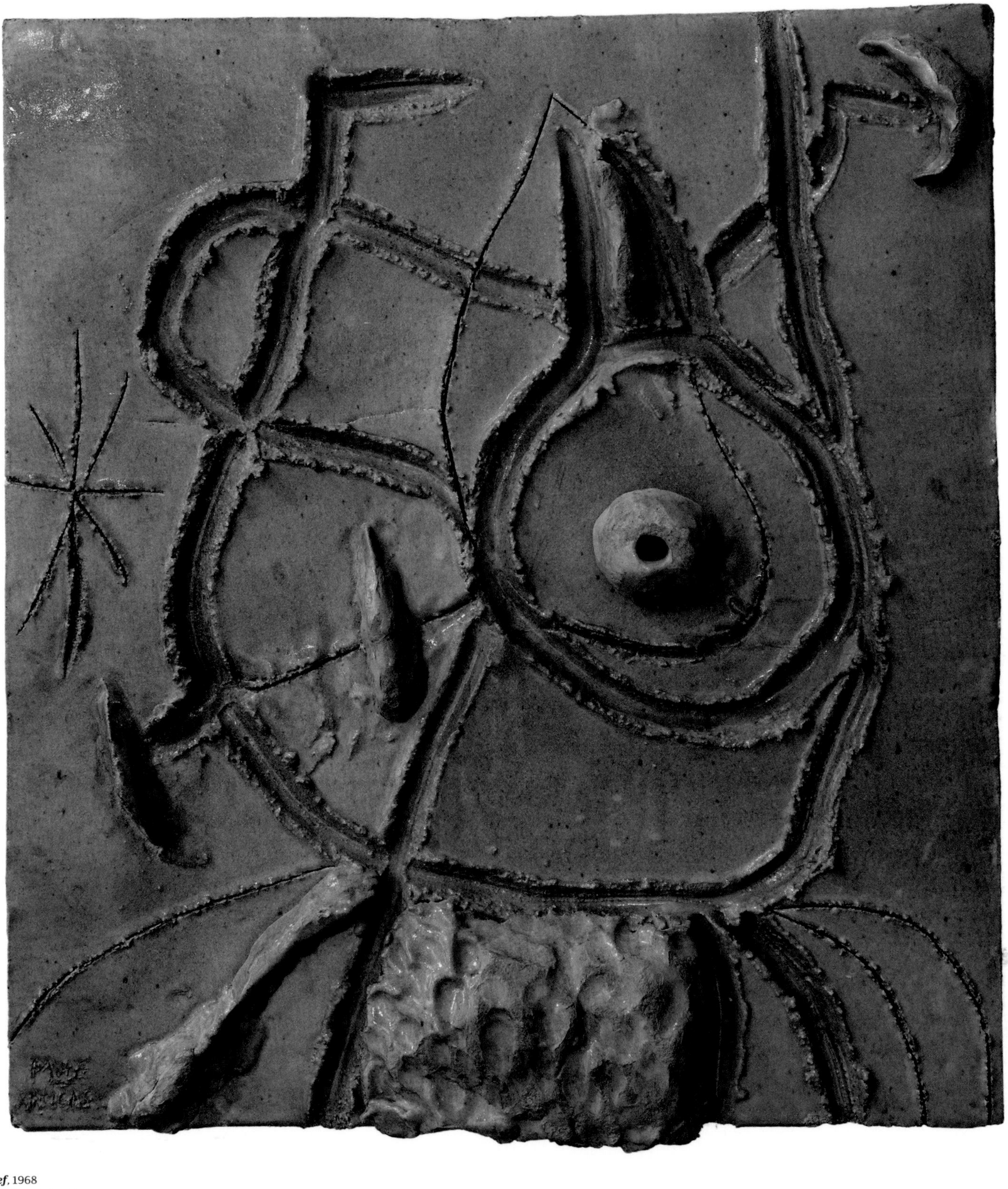

Relief, 1968
Céramique, 60 × 60 cm
Collection Adrien Maeght, Saint-Paul de Vence

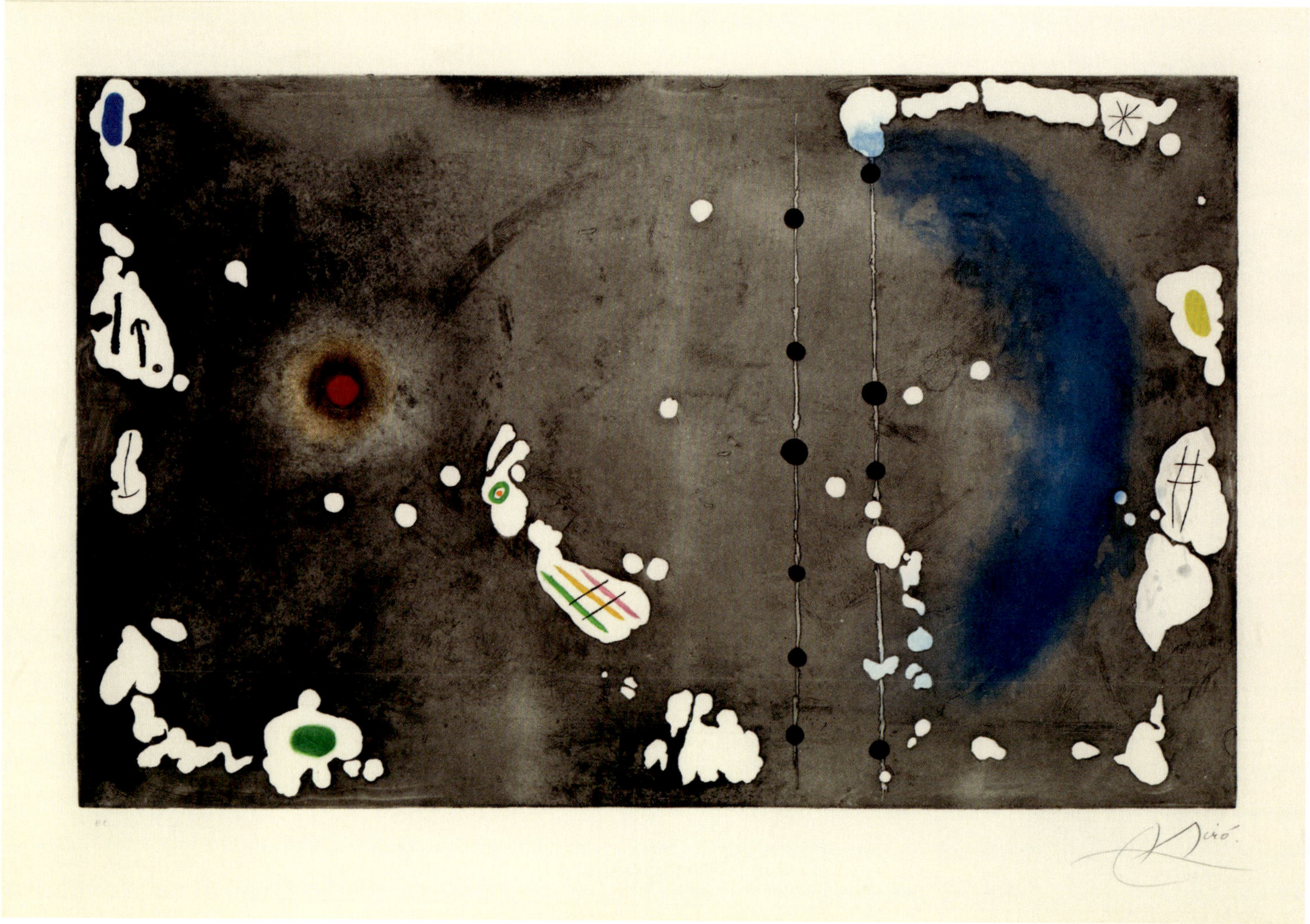

Archipel sauvage I, 1970
Gravure originale à l'aquatinte et à l'eau-forte
sur Vélin d'Arches, 75,5 × 105,5 cm
Collection Fondation Maeght

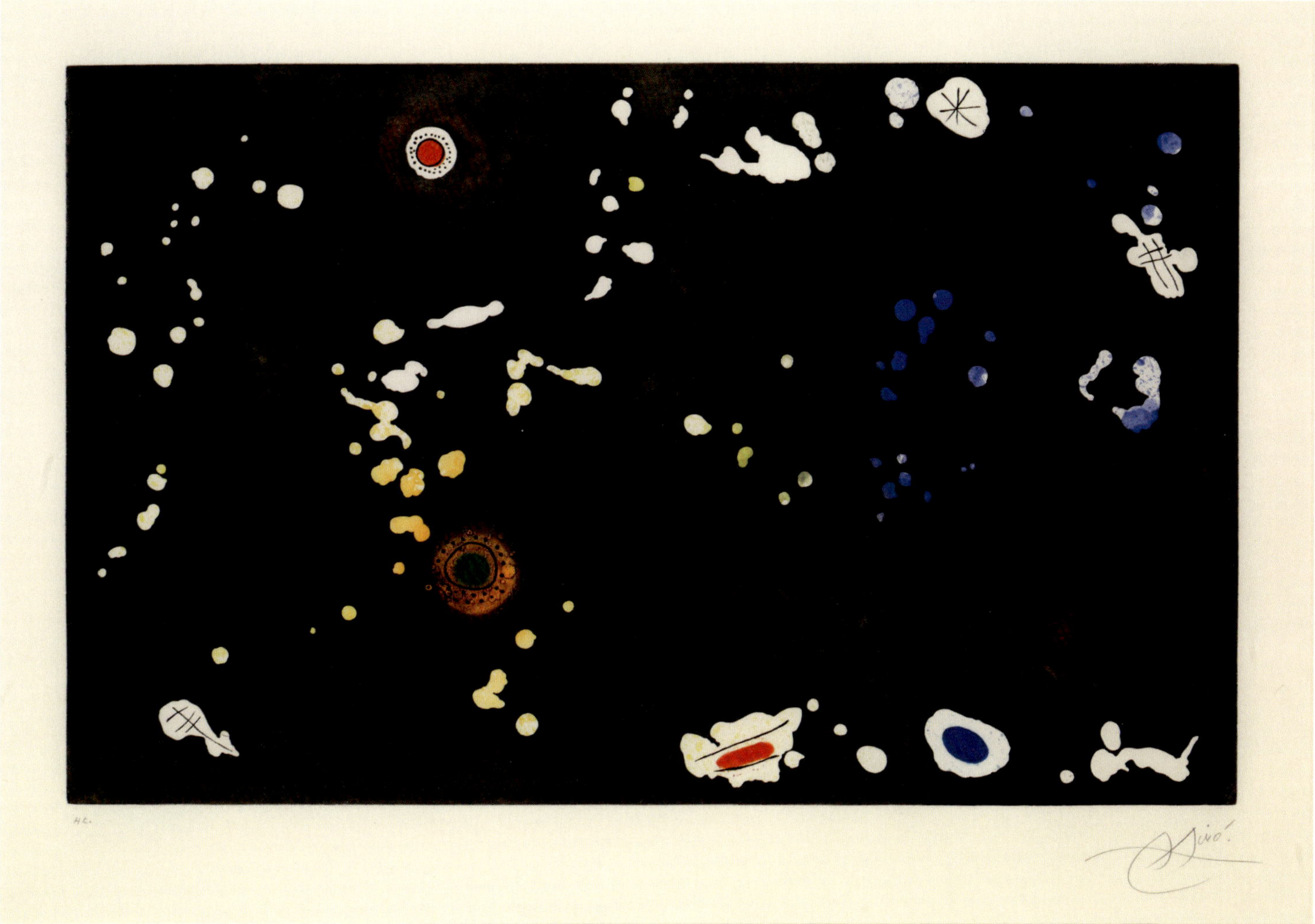

Archipel sauvage II, 1970
Gravure originale à l'aquatinte et à l'eau-forte
sur Vélin d'Arches, 75,5 × 105,5 cm
Collection Fondation Maeght

Joie d'une fillette devant le soleil, 1960
Huile sur toile, 130 × 162 cm
Collection Adrien Maeght, Saint-Paul de Vence

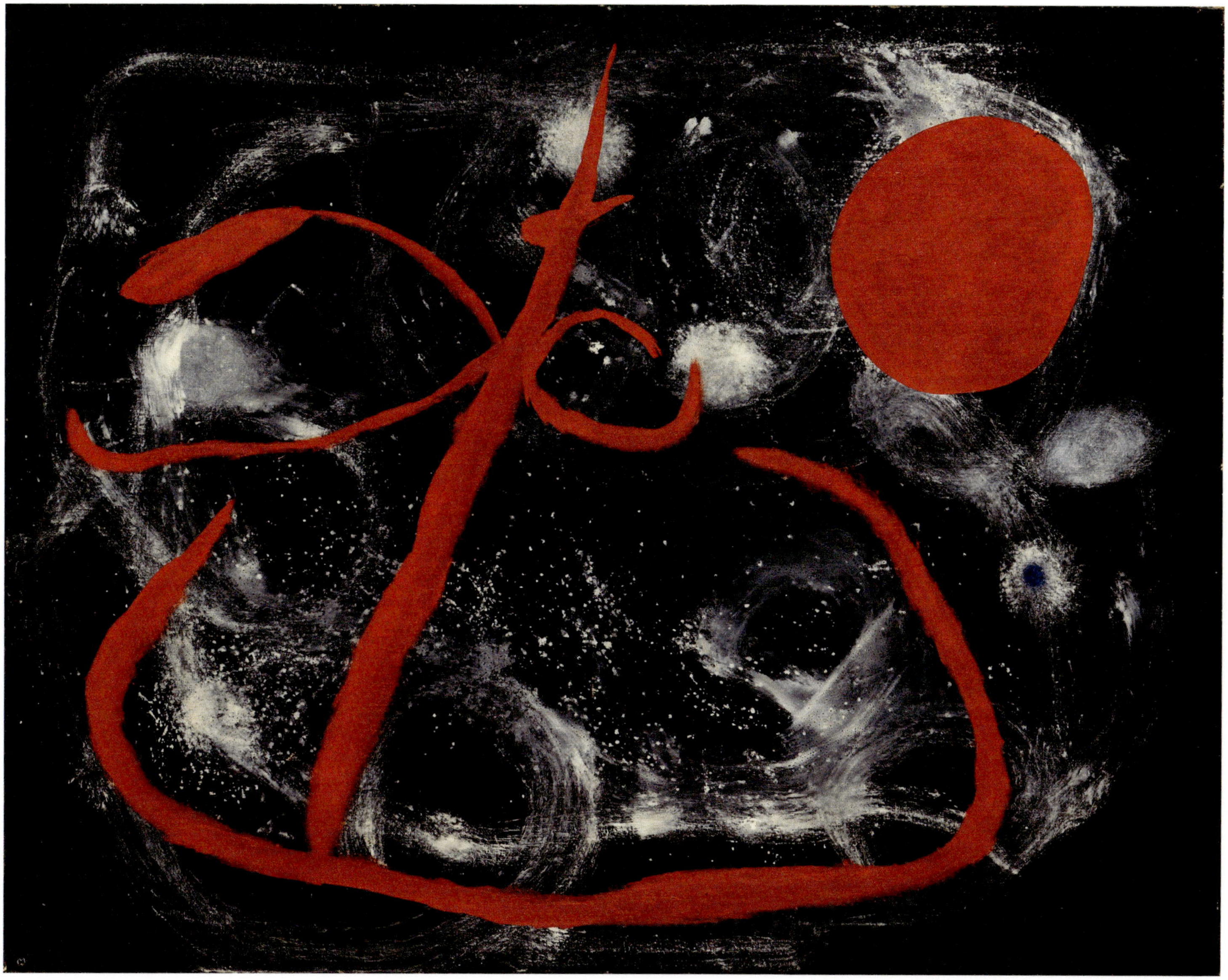

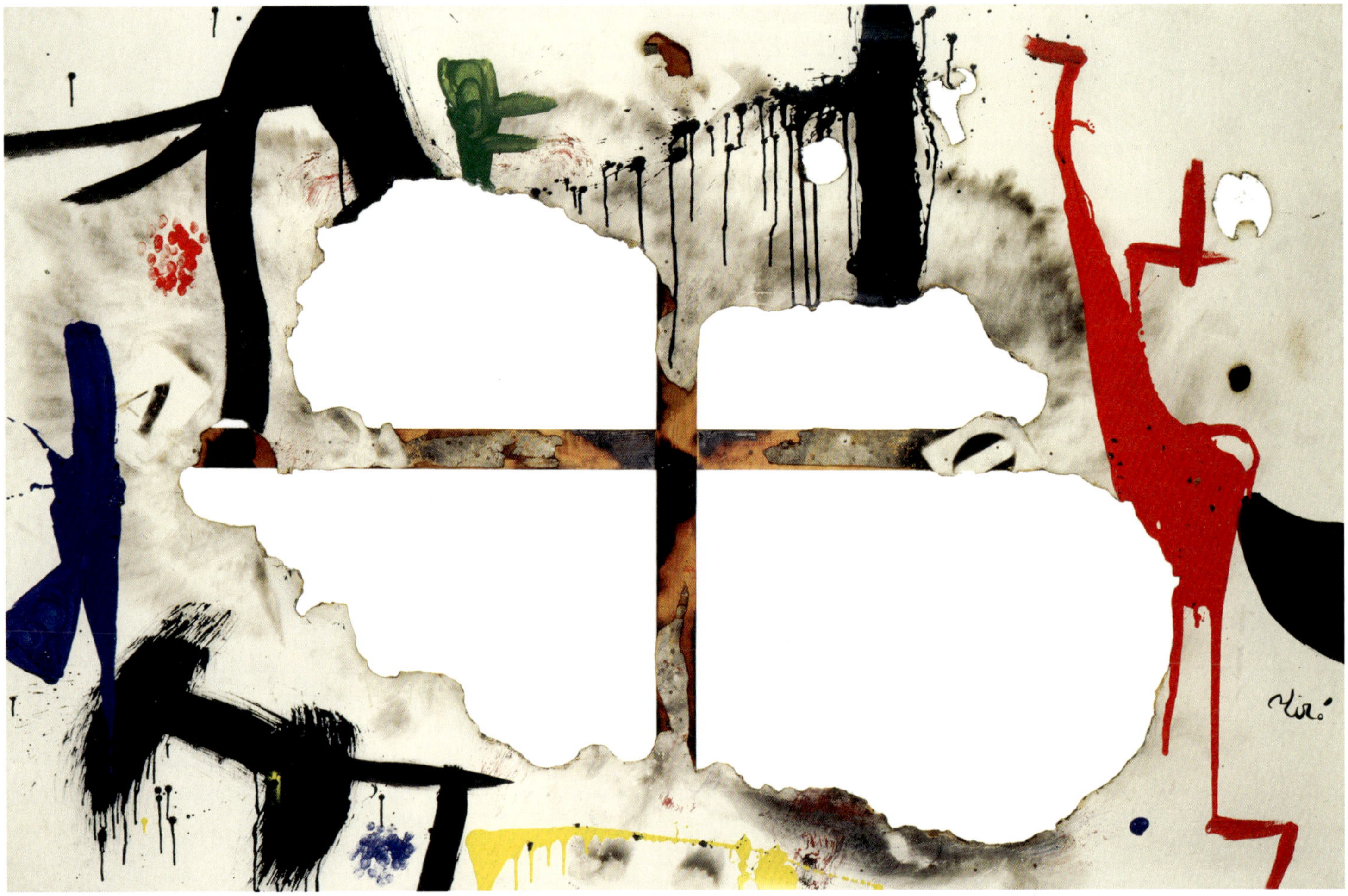

Toile brûlée I, 1973
Acrylique sur toile brûlée, 130 × 195 cm
Collection Fondation Miró, Barcelone

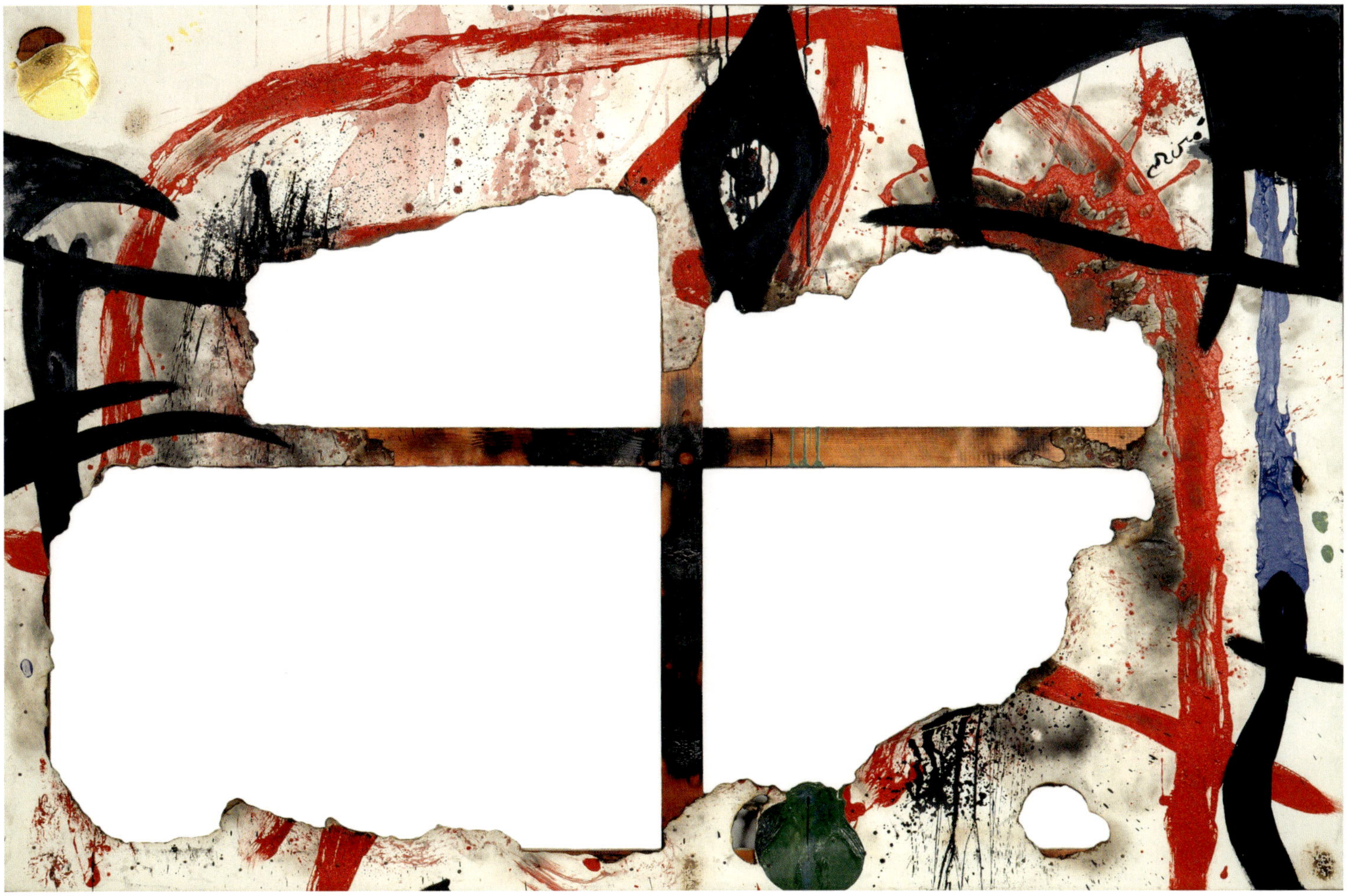

Toile brûlée IV, 1973
Acrylique sur toile brûlée, 130,2 × 194,6 cm
Collection Fondation Miró, Barcelone
Don de Pilar Juncosa de Miró

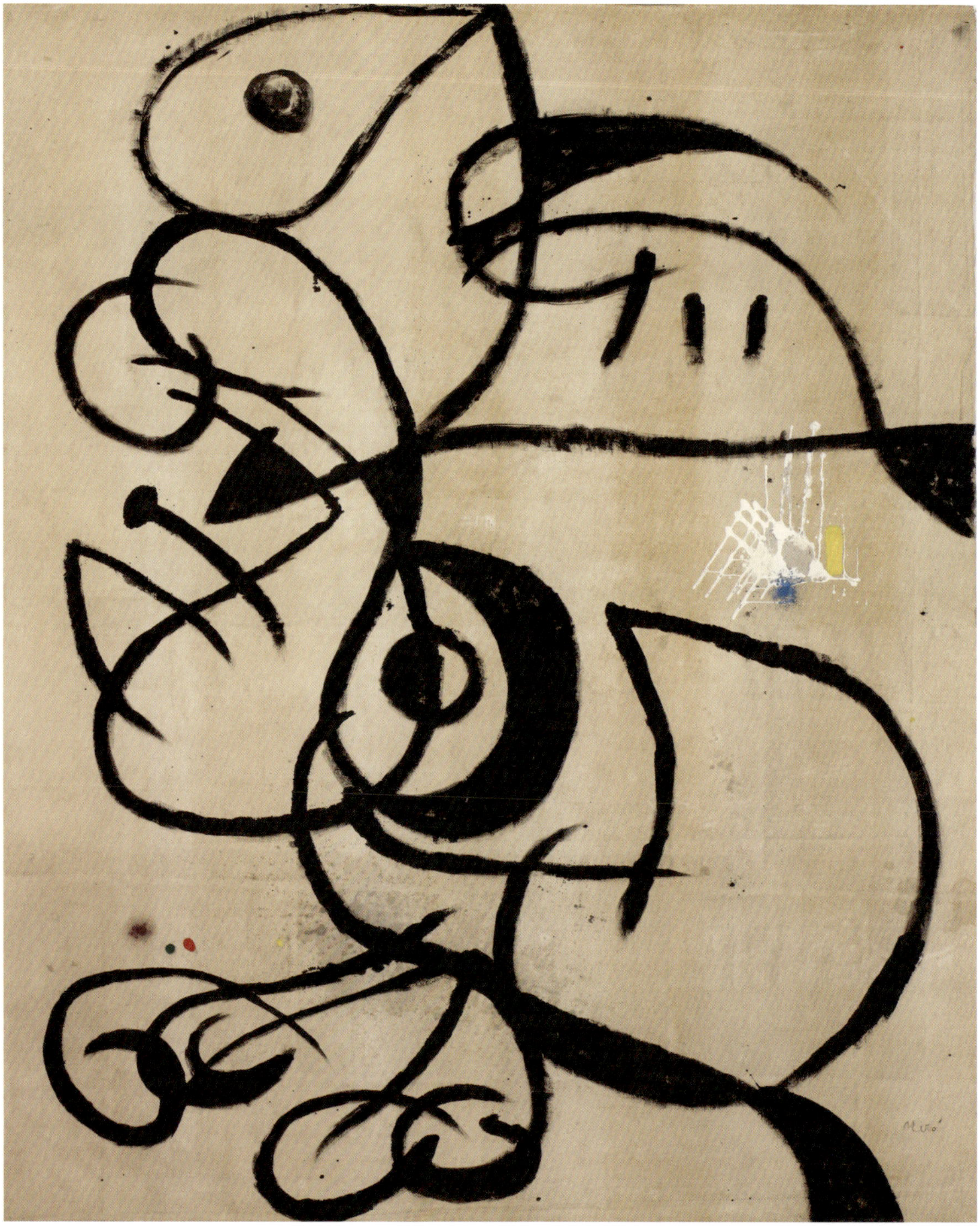

Deux oiseaux de proie, 1973
Acrylique sur bâche, 258,5 × 210,5 cm
Collection Fondation Miró, Barcelone
Don de Pilar Juncosa de Miró

(Page droite)
Femme et oiseaux, 1972
Bronze, 158 × 78 × 70 cm
Collection Fondation Maeght

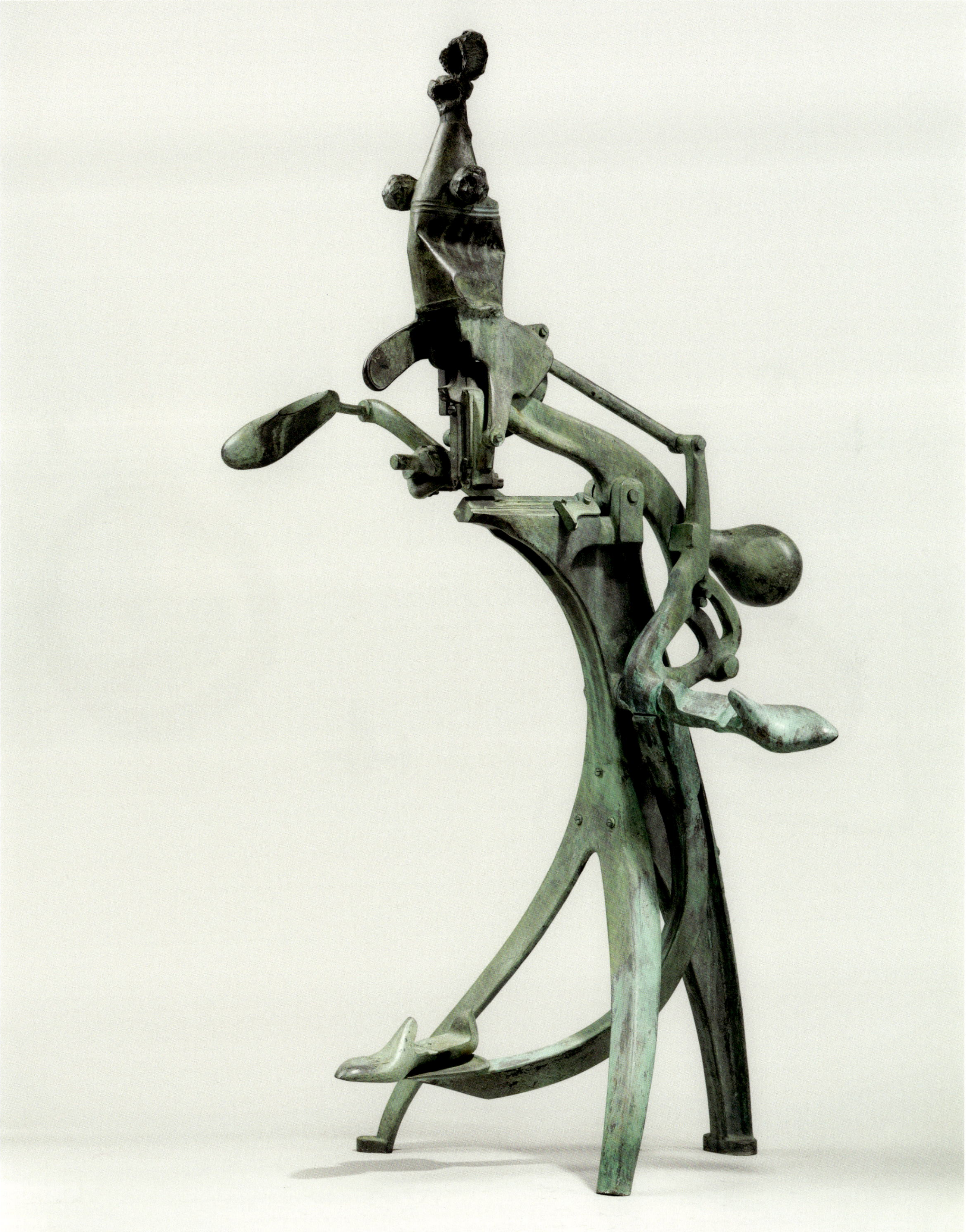

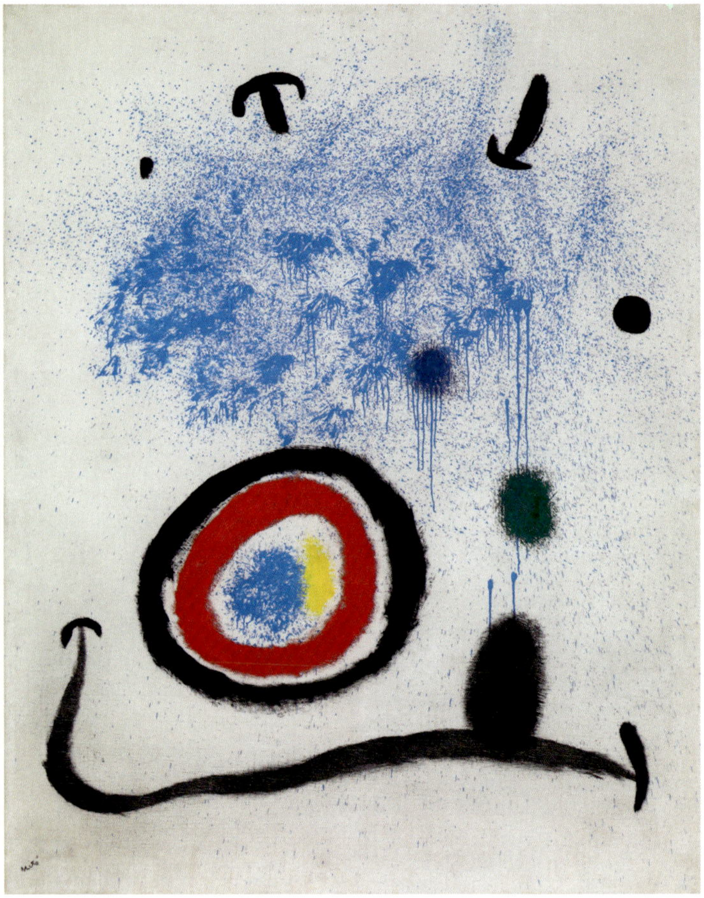

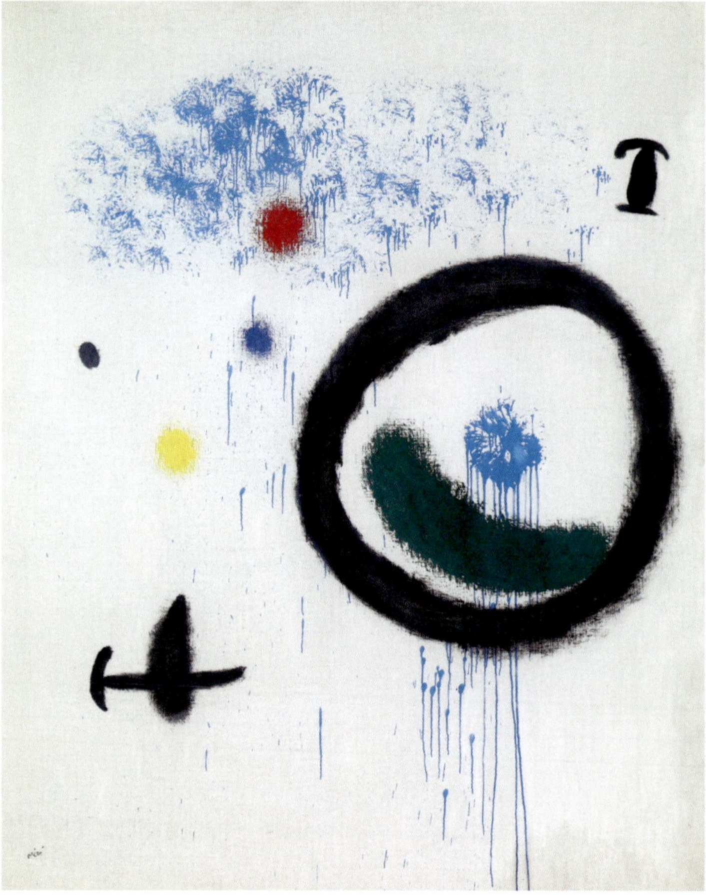

La Naissance du jour I, 1964
Huile sur toile, 146 × 113,5 cm
Collection Fondation Maeght

La Naissance du jour II, 1964
Huile sur toile, 162 × 130 cm
Collection Fondation Maeght

(Page droite)
La Naissance du jour III, 1964
Huile sur toile, 162 × 130 cm
Collection Fondation Maeght

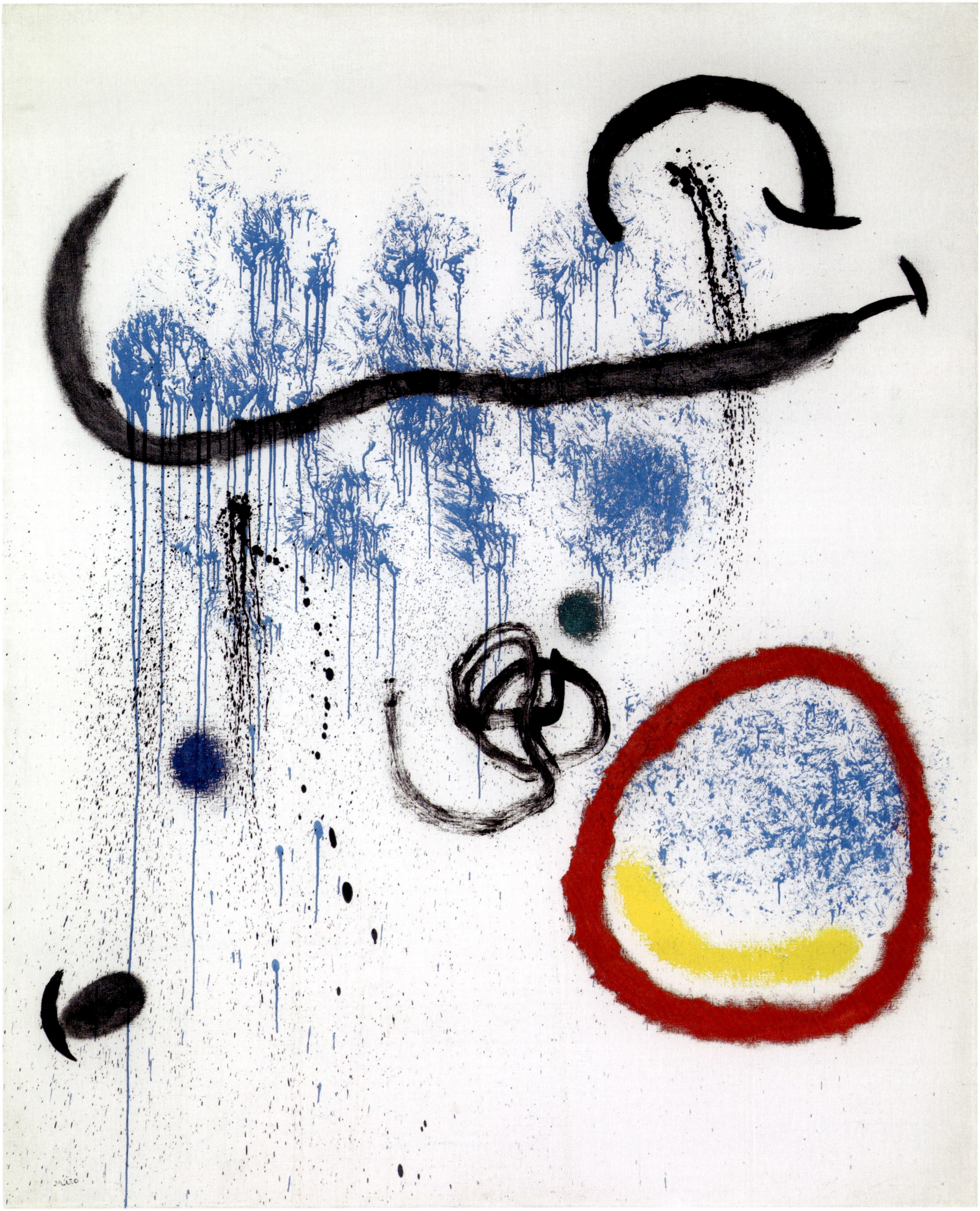

Femme et oiseau, 1964
Huile sur toile, 162 × 130 cm
Collection Fondation Maeght

(Double page suivante)
Personnages dans un paysage, 1976
Lavis et fusain sur toile brûlée, 107 × 200,5 cm
Collection Fondation Maeght

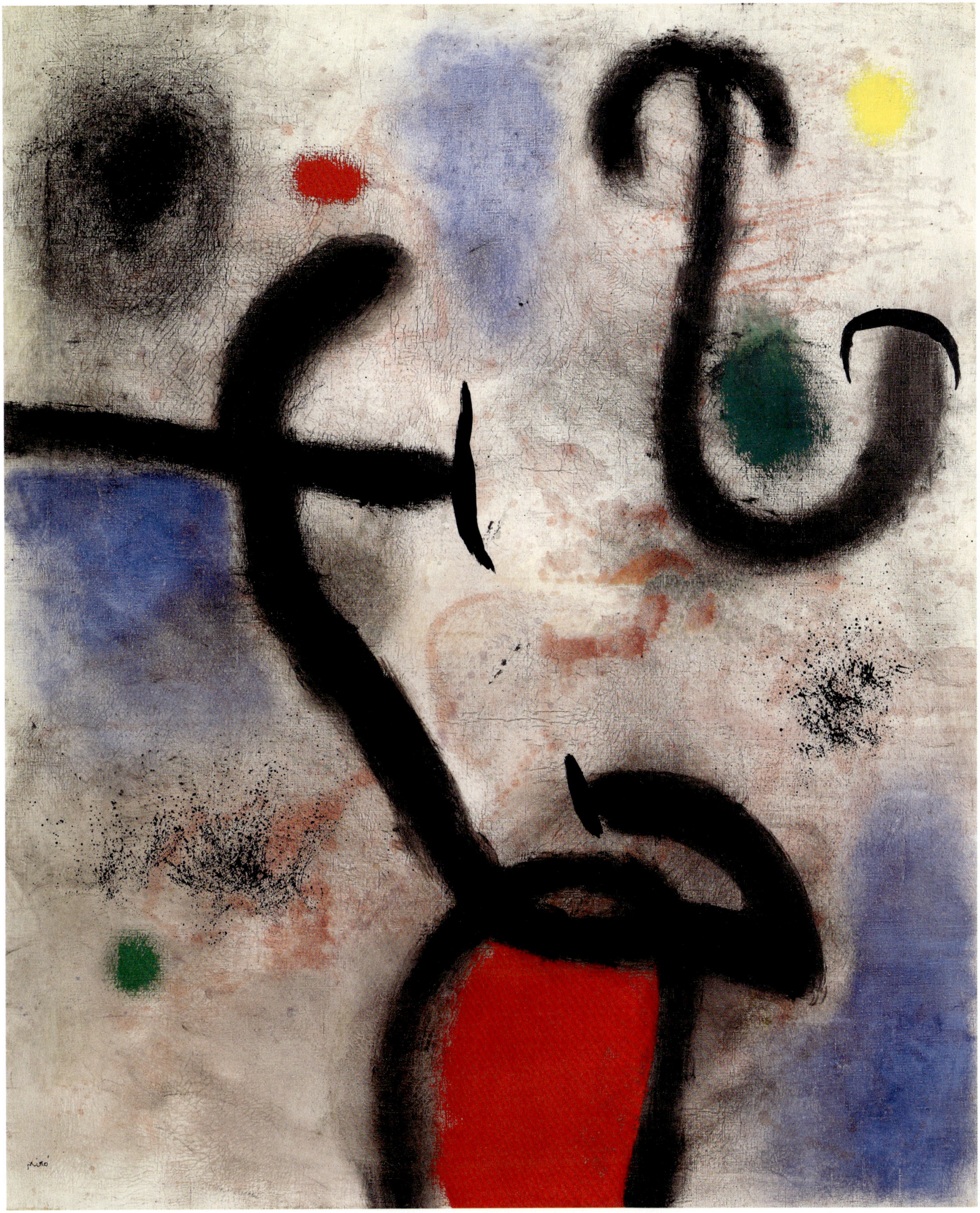

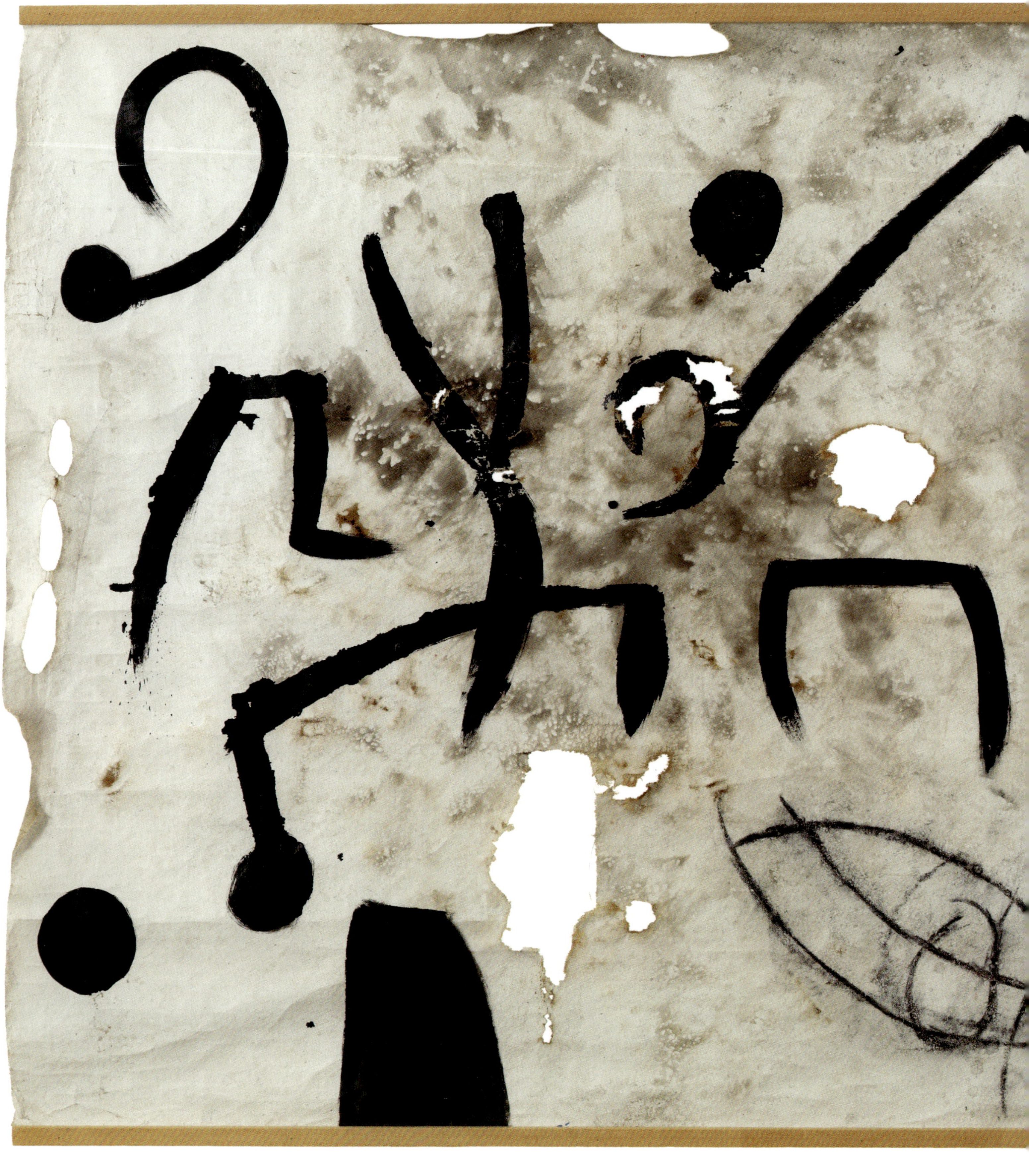

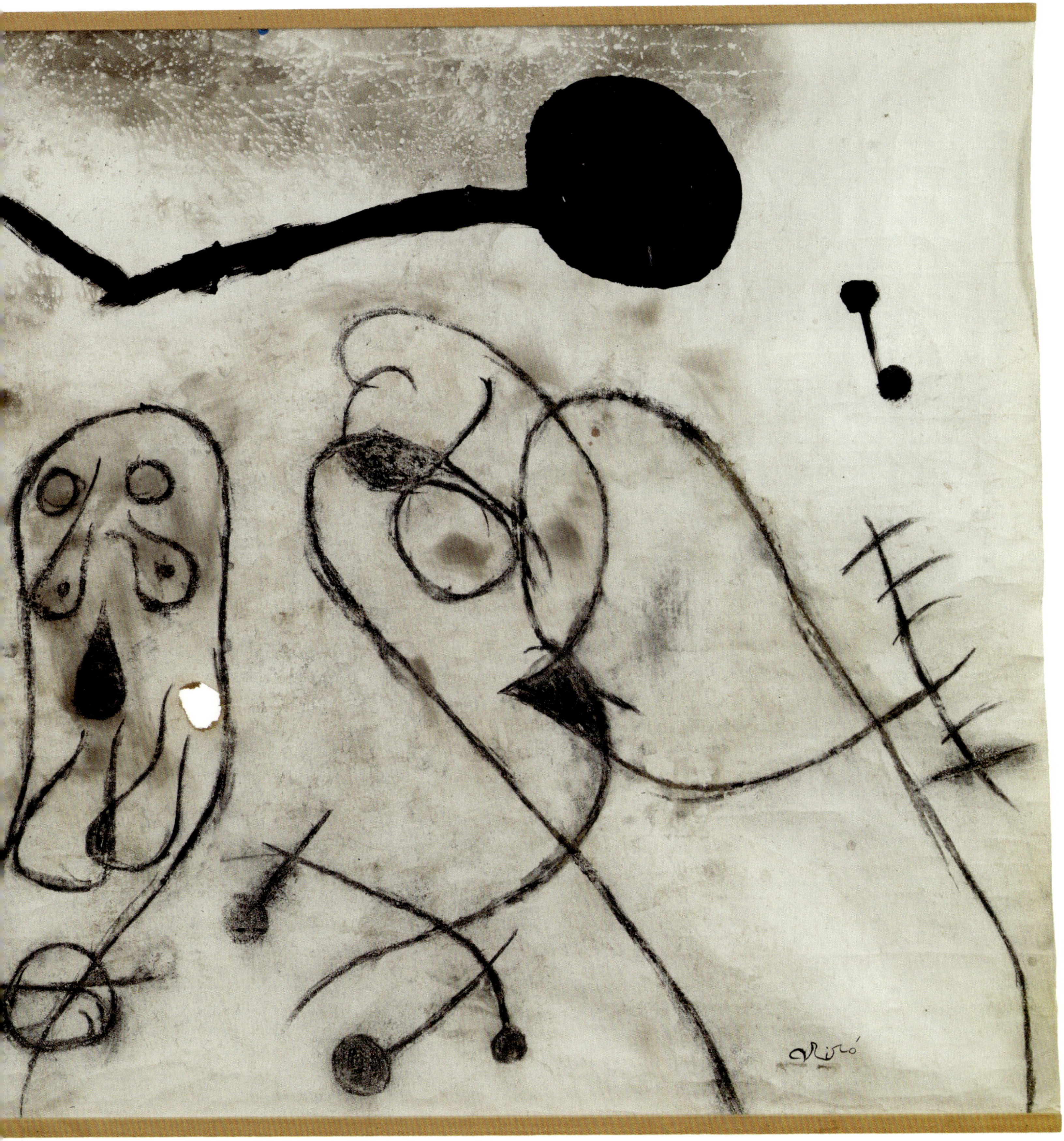
Miró

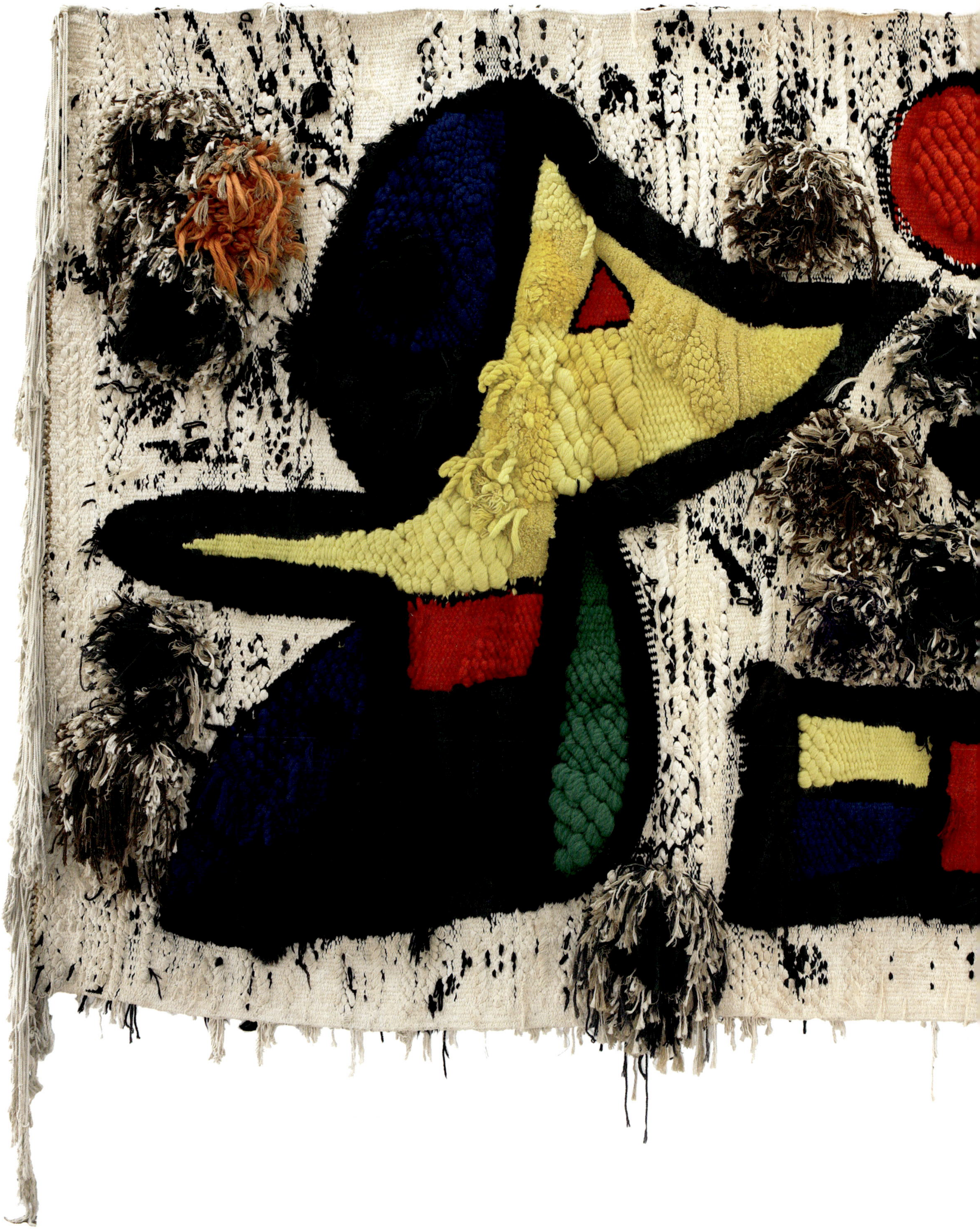

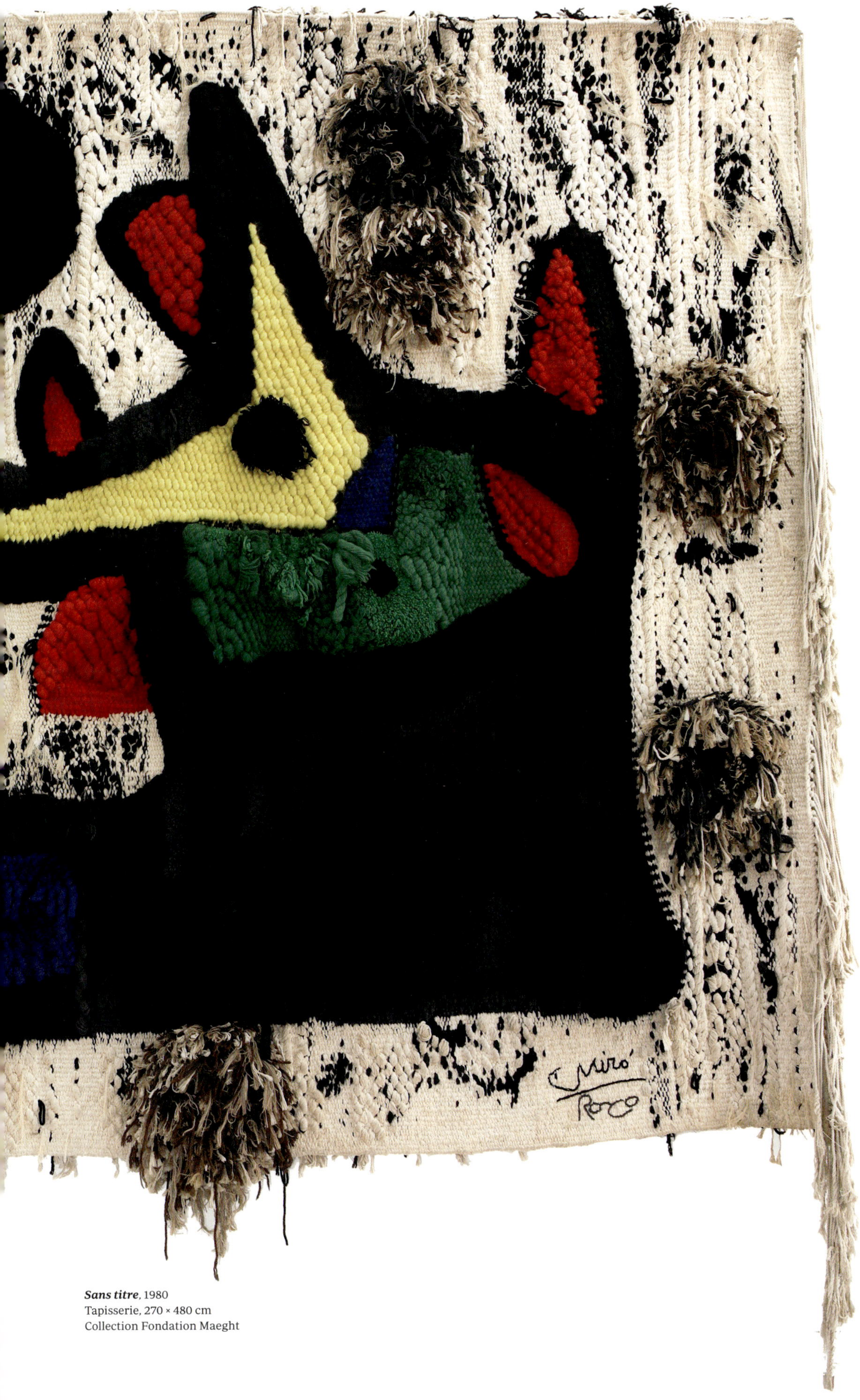

Sans titre, 1980
Tapisserie, 270 × 480 cm
Collection Fondation Maeght

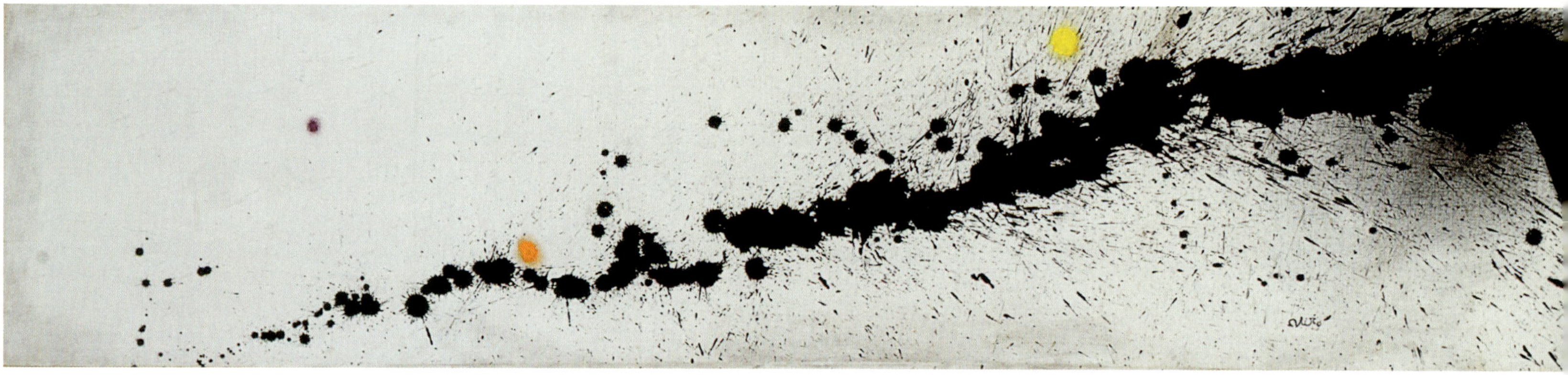

La Nuit, 1974
Acrylique sur toile, 57 × 500 cm
Collection particulière, Espagne

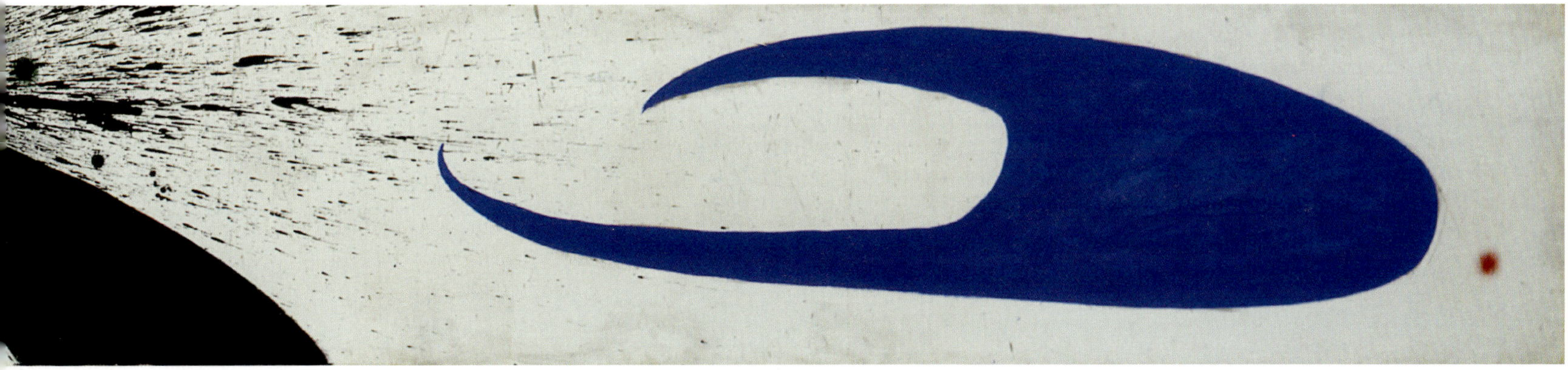

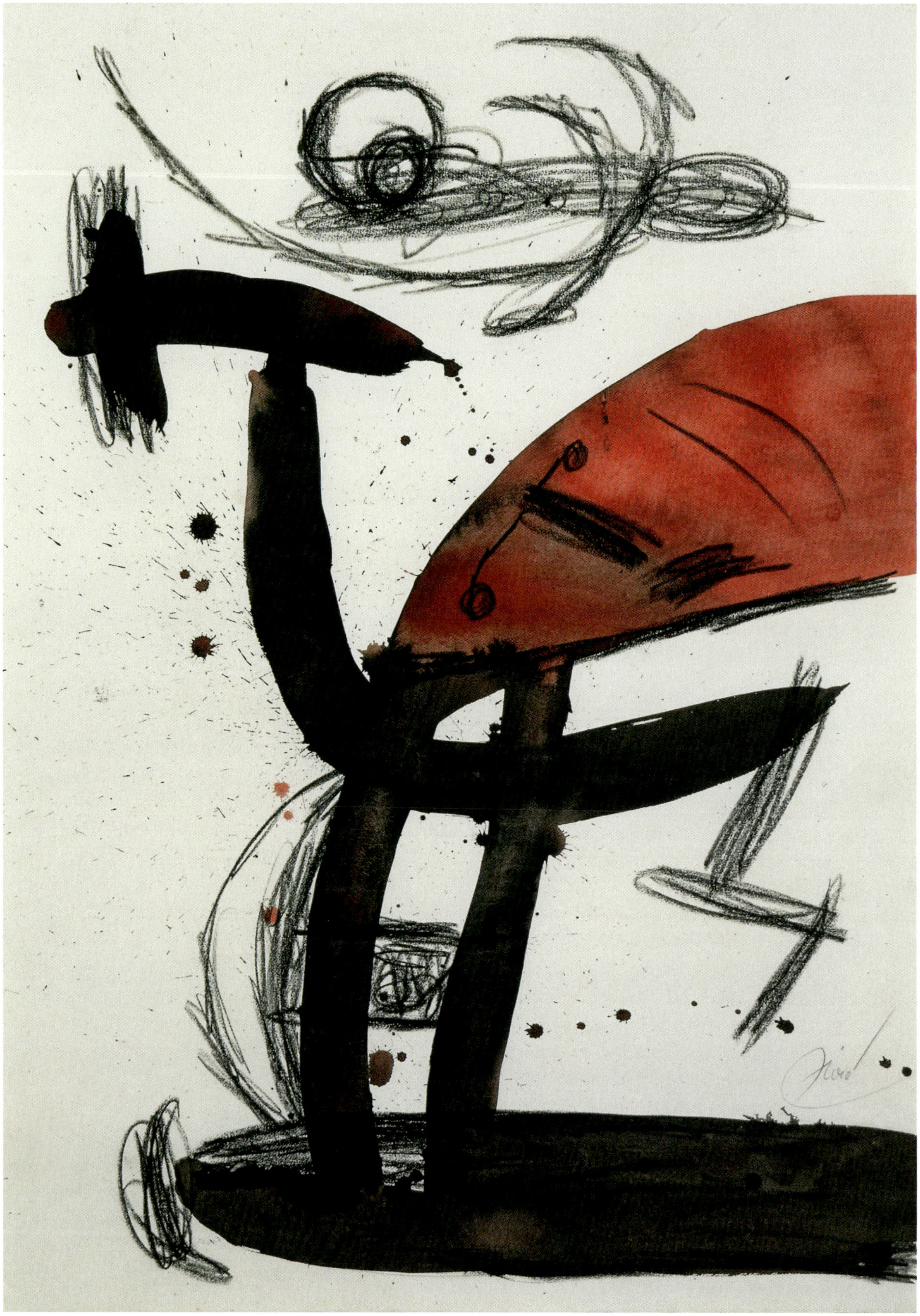

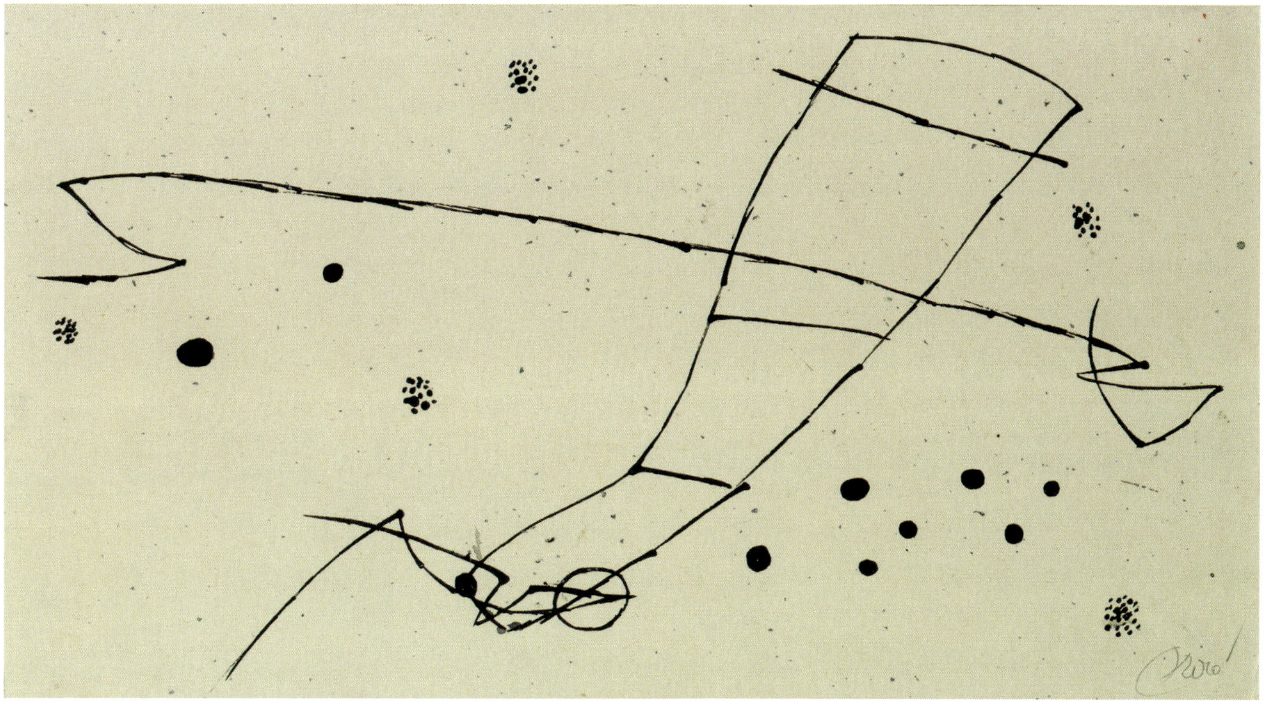

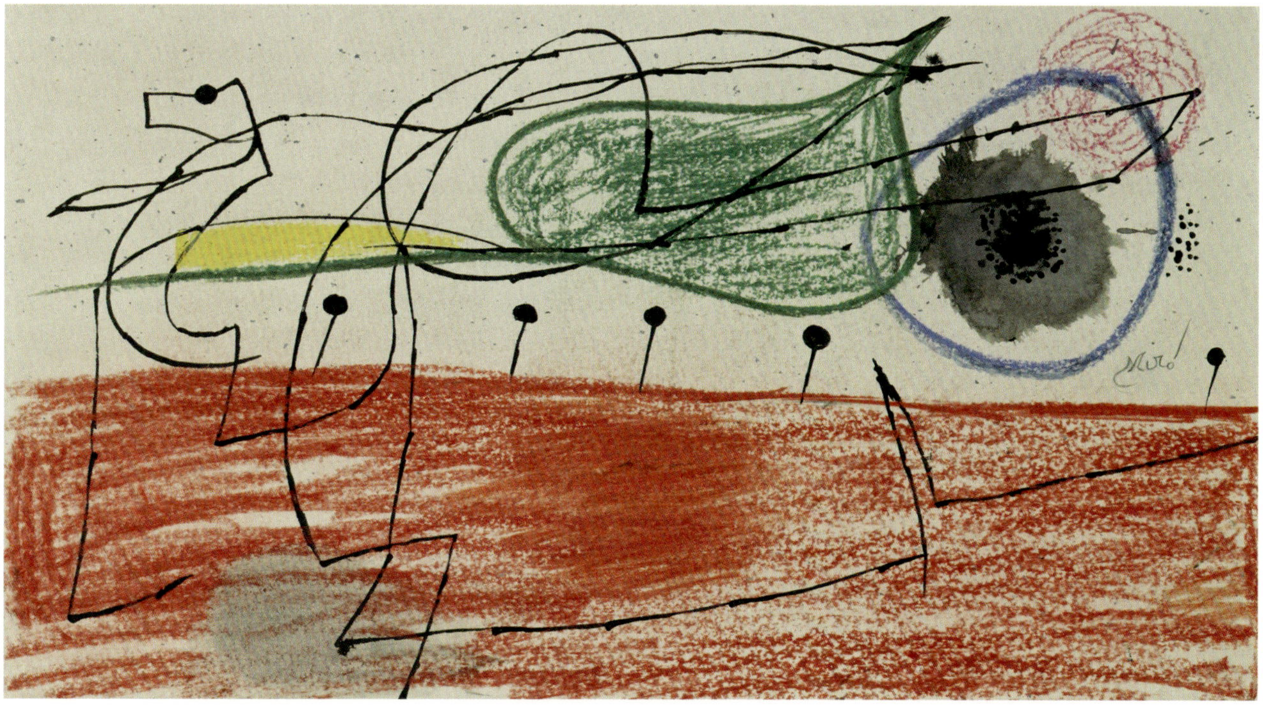

(Page gauche)
Personnage, oiseaux, 1977
Fusain, encre de Chine et aquarelle sur papier, 91 × 63,2 cm
Collection Fondation Maeght

Oiseau dans l'espace, 1977
Encre de Chine sur carton liseré d'or et pailleté argent, 27,5 × 48,5 cm
Collection Fondation Maeght

Oiseau dans un paysage, 1977
Encre de Chine, lavis, pastel et fusain sur carton liseré d'or et pailleté argent, 27,5 × 48,5 cm
Collection Fondation Maeght

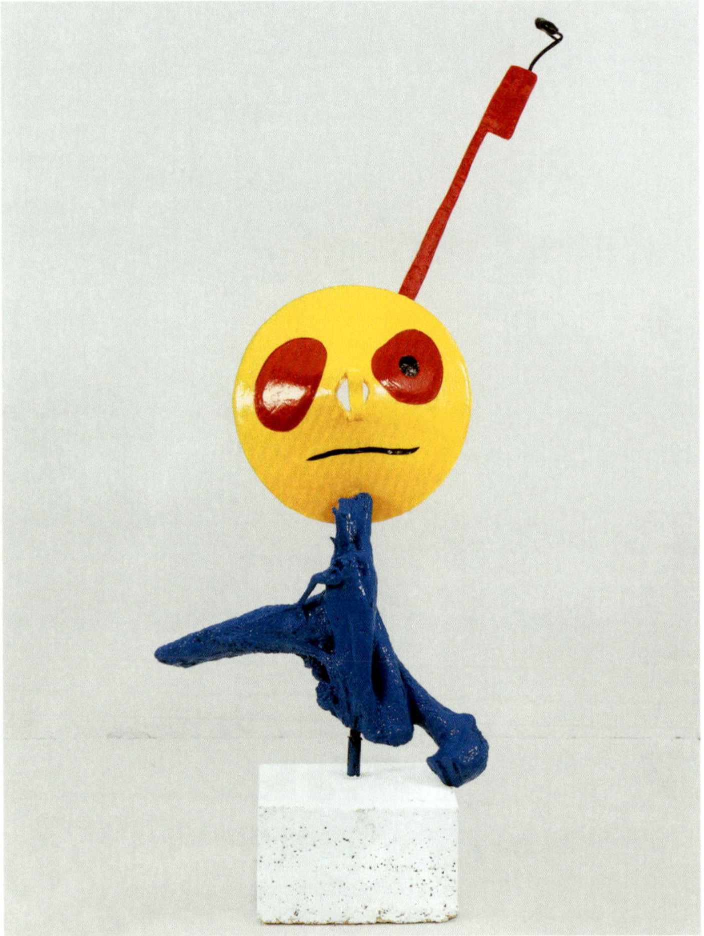

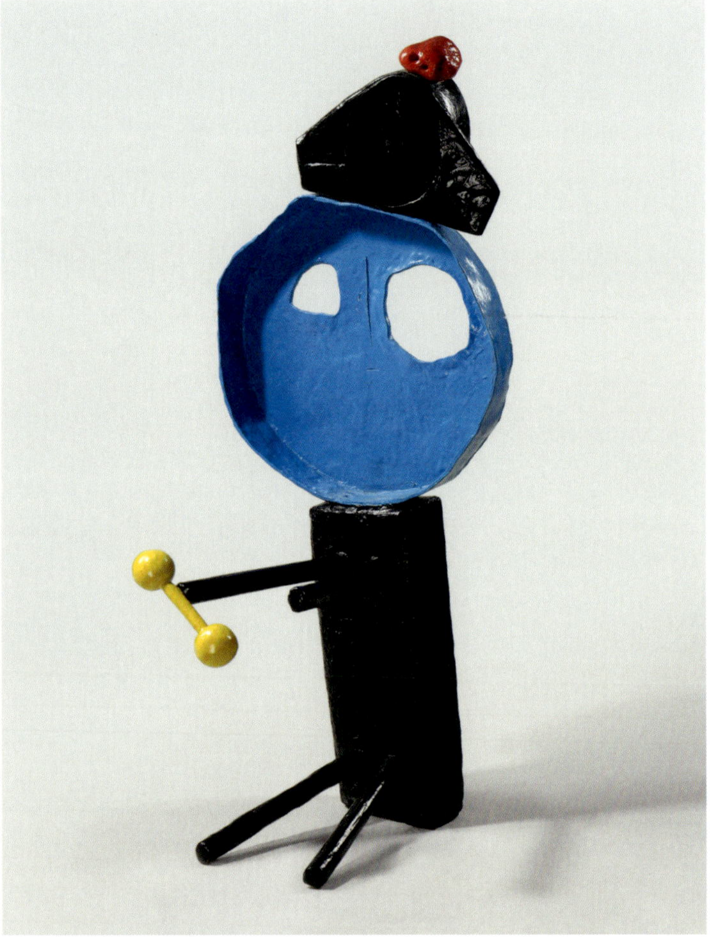

Tête et oiseau, 1967
Bronze peint, 200 × 115 × 70 cm
Collection Fondation Maeght

Femme et oiseau, 1967
Bronze peint, 135 × 50 × 42 cm
Collection Fondation Maeght

(Page droite)
Femme et oiseau, 1967
Bronze peint, 260 × 85 × 48 cm
Collection Fondation Maeght

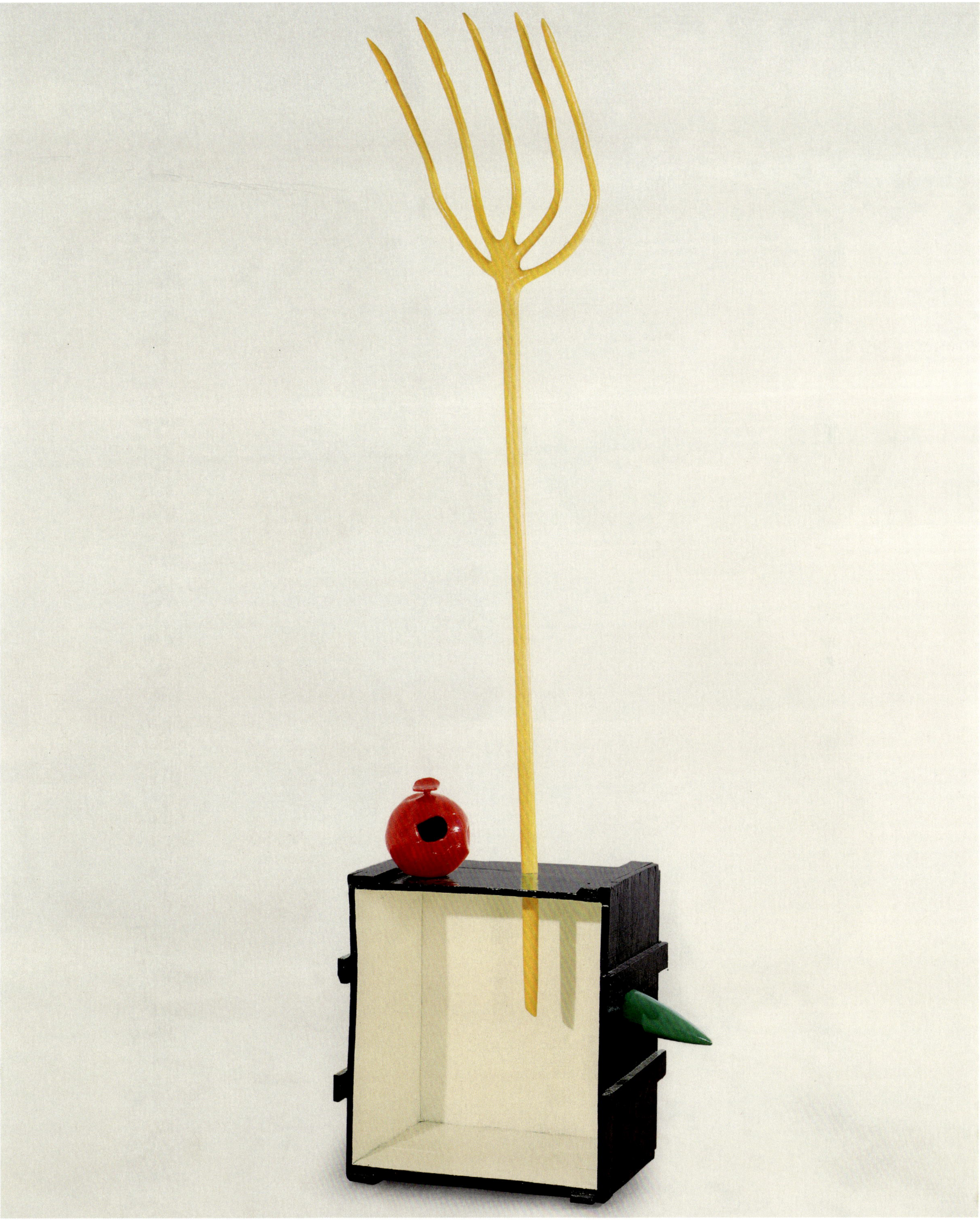

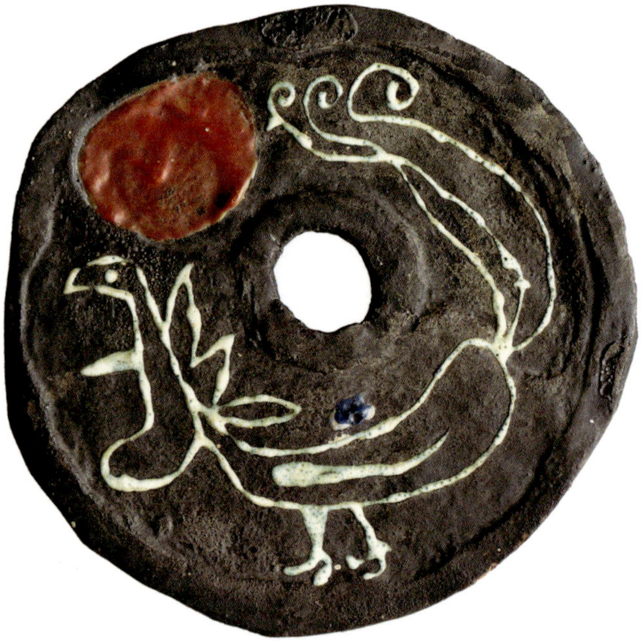

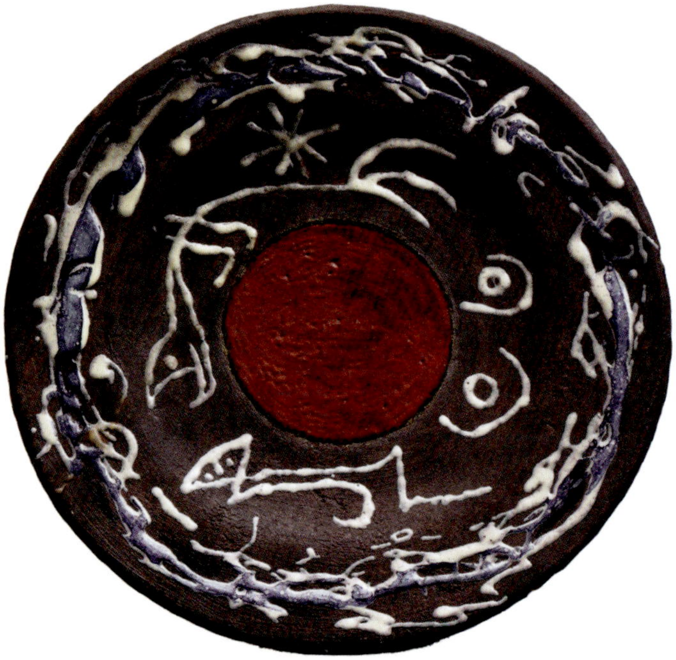

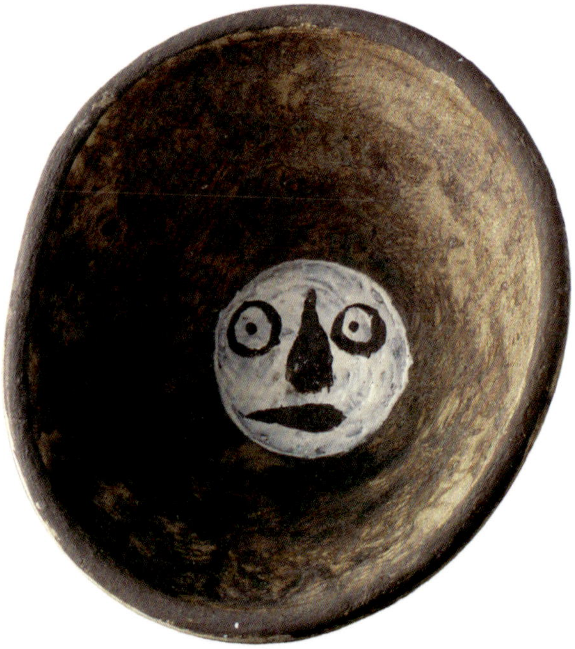

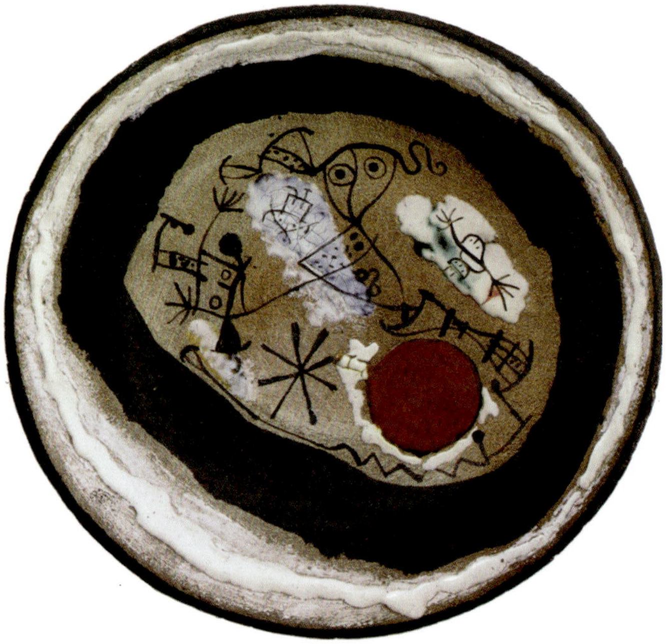

Disque coq blanc, 1956
Céramique, D. 24 cm
Collection Adrien Maeght, Saint-Paul de Vence

Coupe catalane, 1956
Céramique, 28 × 23,5 × 13,5 cm
Collection Jules Maeght, Paris

Plat soleil rouge émaux blancs, 1956
Céramique, D. 37 cm
Collection Adrien Maeght, Saint-Paul de Vence

Plat soleil rouge cercle noir et blanc, 1956
Céramique, D. 37 cm
Collection Adrien Maeght, Saint-Paul de Vence

(Page droite)
Foulard noir, maquette, 1964
Gouache sur papier, 119 × 120 cm
Collection Fondation Maeght

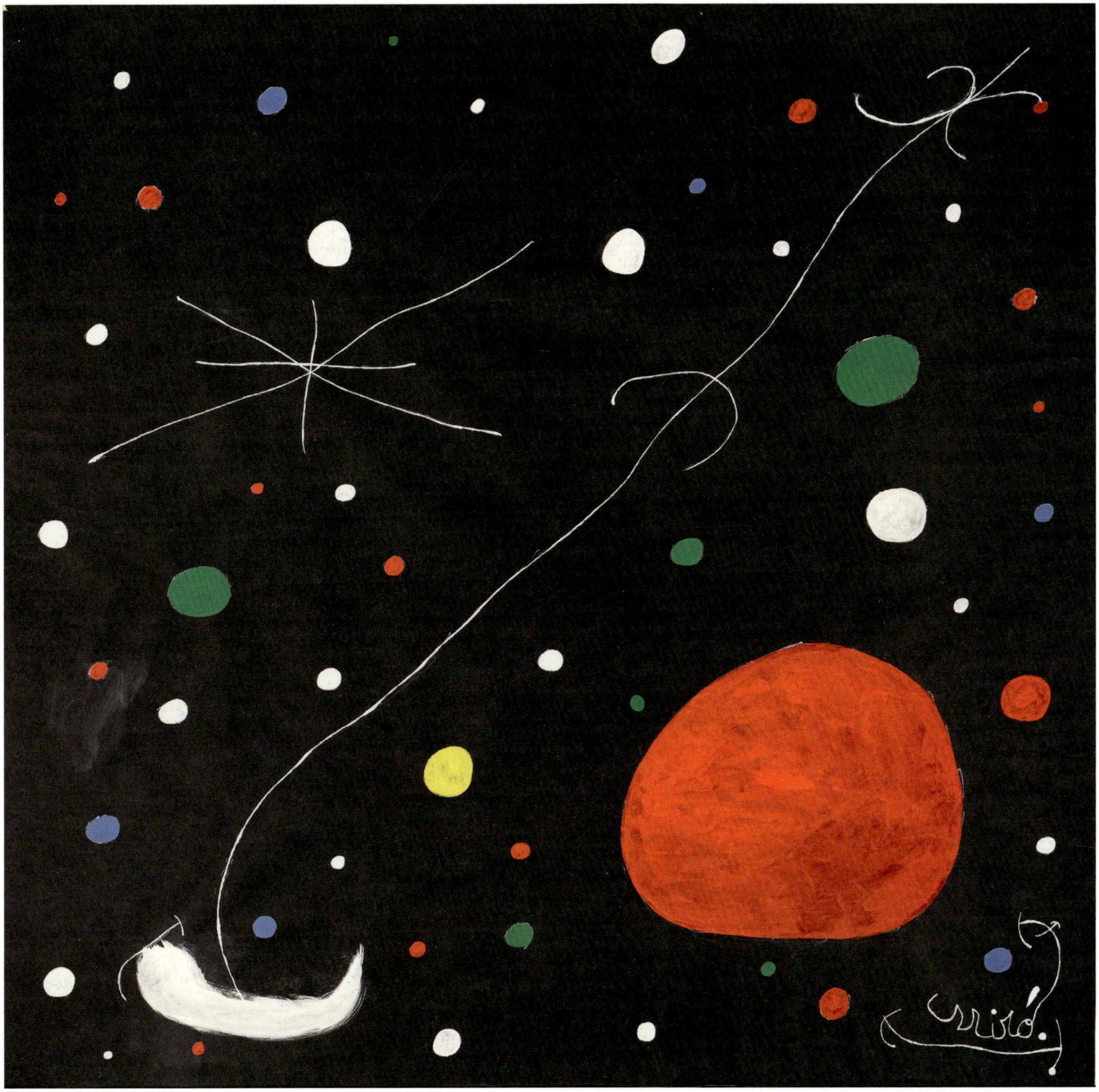
Miró.

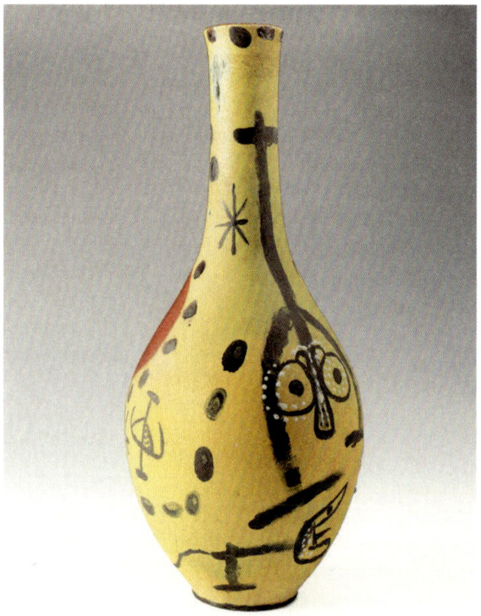

Vase jaune, 1956
Céramique, 62 × 23 cm
Collection Adrien Maeght, Saint-Paul de Vence

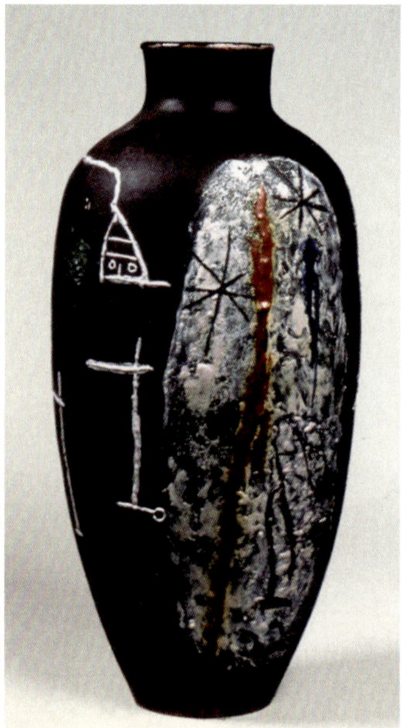

Vase, 1956
Céramique, 57 × 27 × 27 cm
Collection Adrien Maeght, Saint-Paul de Vence

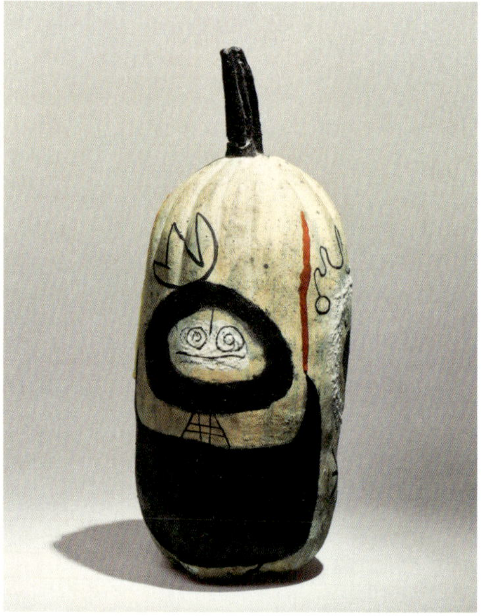

Courge, 1956
Céramique, 52 × 21 × 21 cm
Collection Adrien Maeght, Saint-Paul de Vence

(Page droite)
Plat enfant noir, 1956
Céramique, D. 37 cm
Collection Fondation Maeght

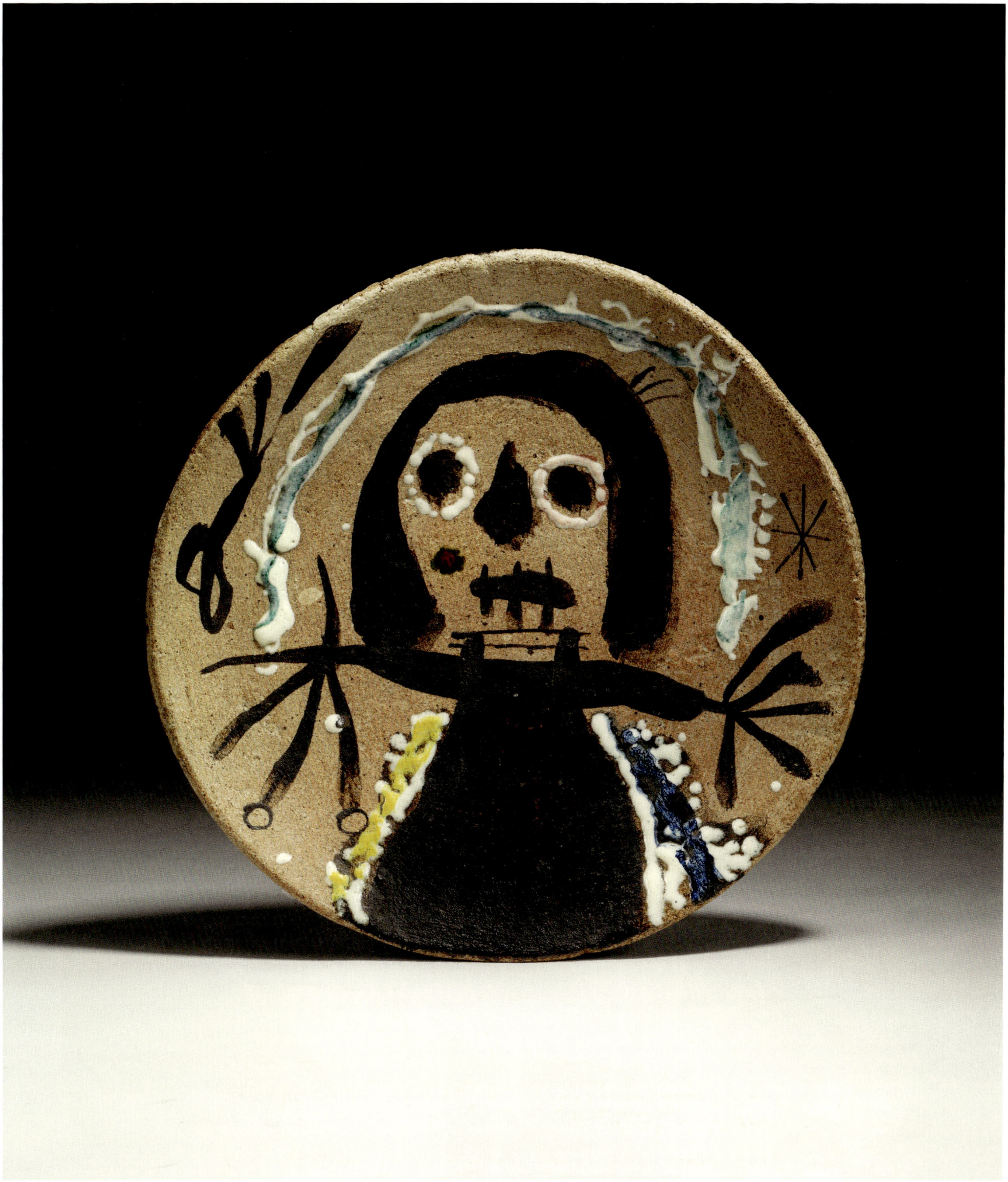

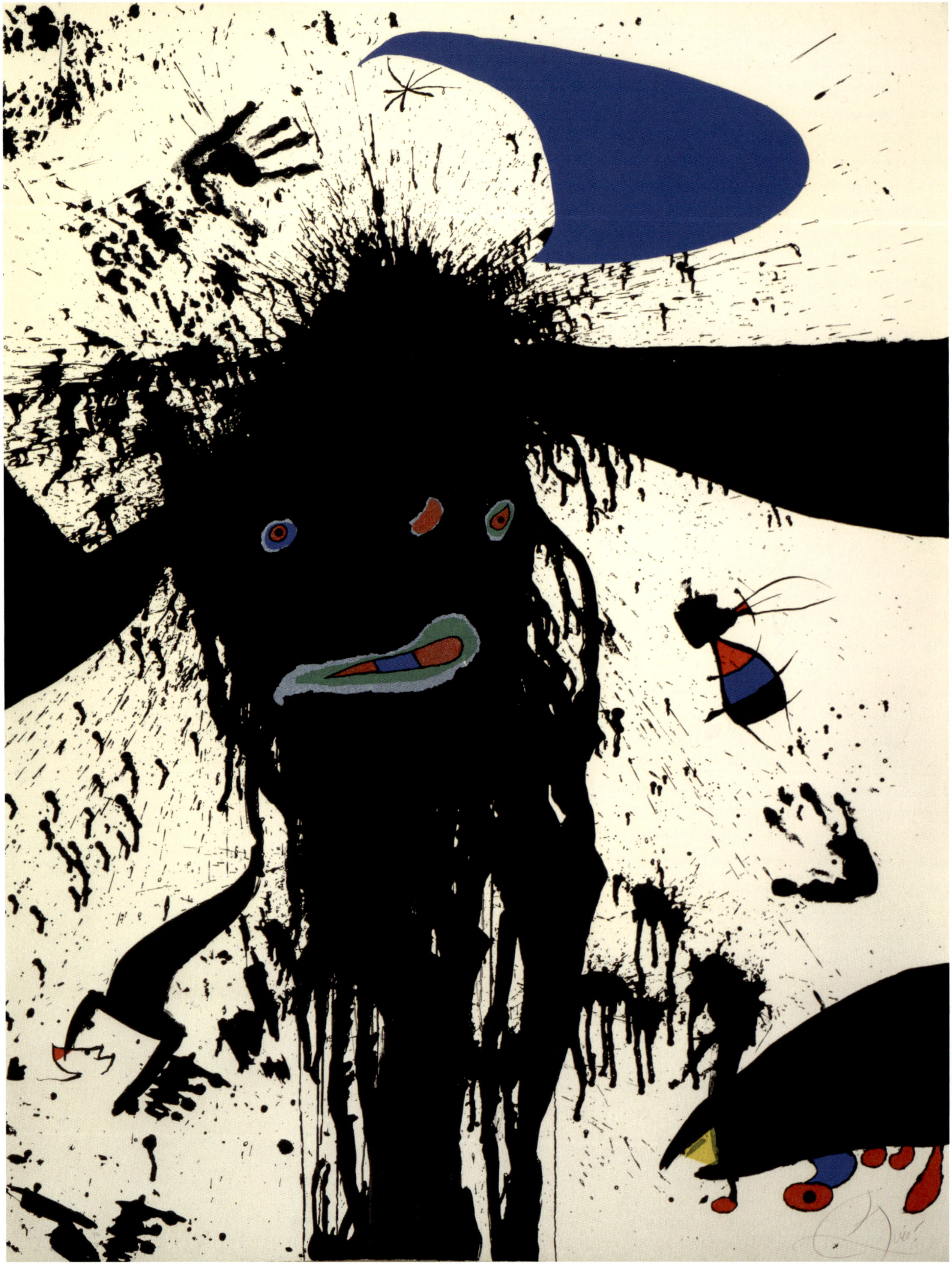

Peinture II, 1973
Huile sur toile, 130 × 195 cm
Collection particulière, Espagne

(Page gauche)
La Ruisselante lunaire, 1976
Lithographie originale sur Vélin d'Arches, 157,5 × 116 cm
Collection Fondation Maeght

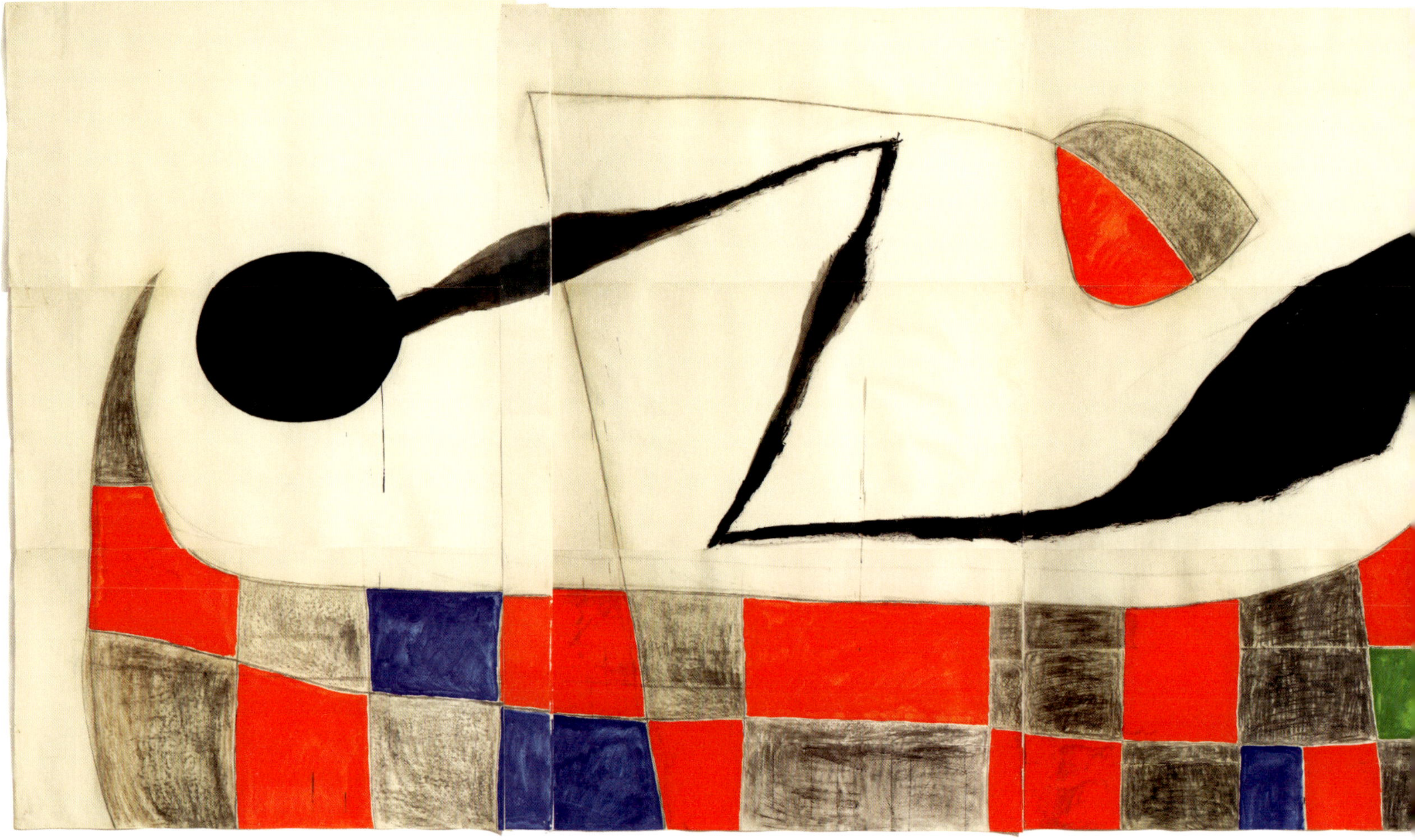

Mur de l'UNESCO, maquette, 1957
Gouache, encre de Chine et fusain sur papier, 220 × 740 cm
Collection Fondation Maeght

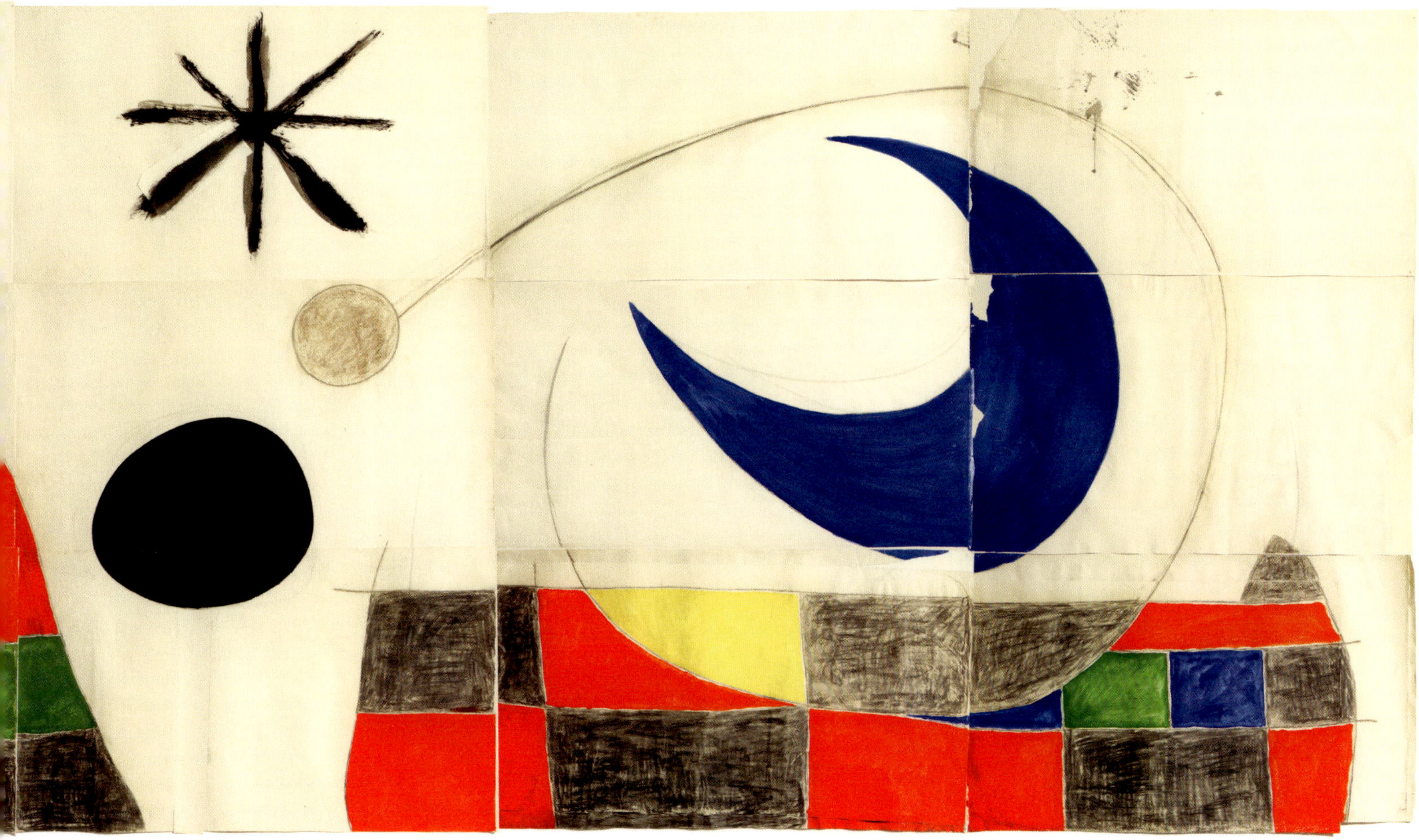

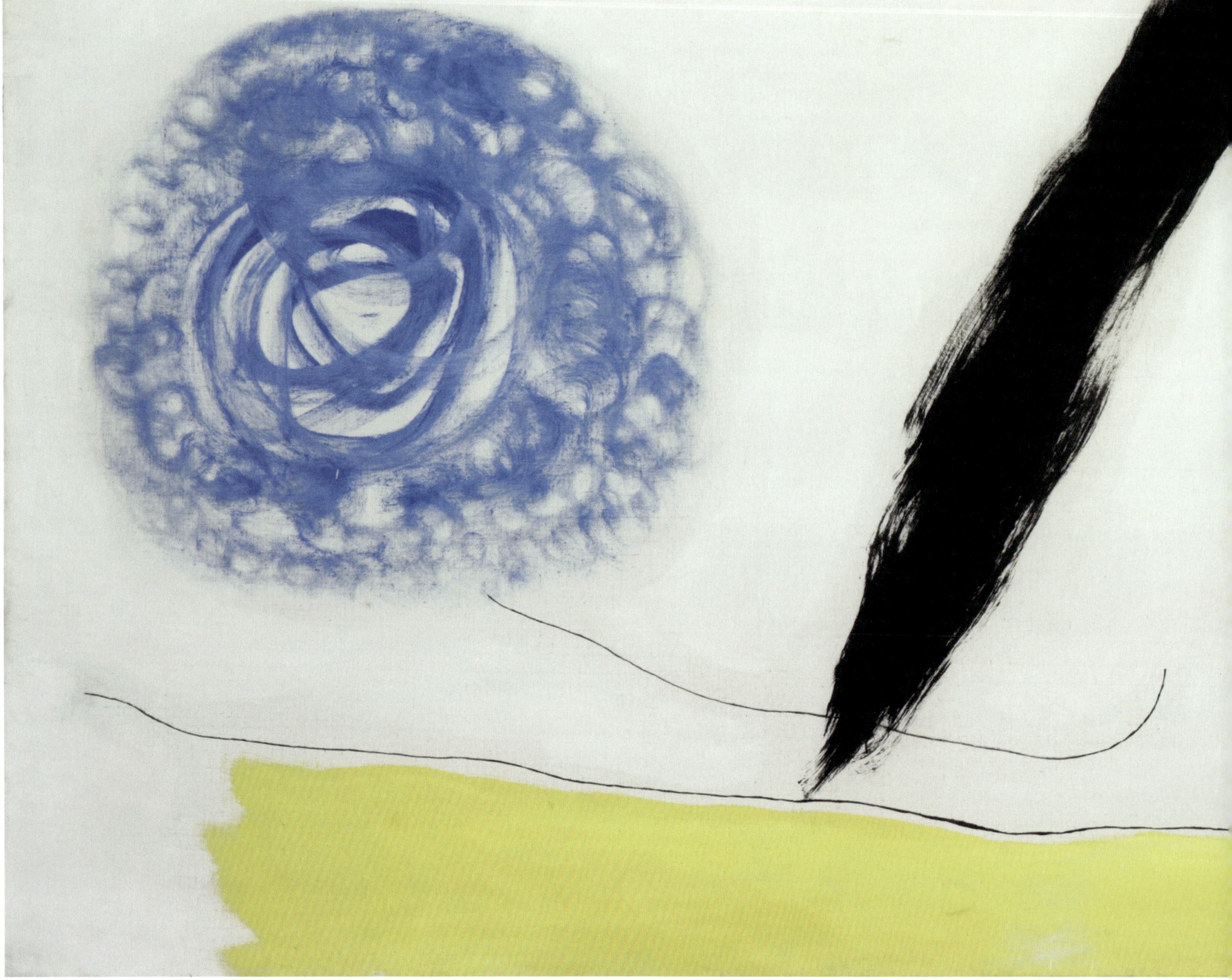

L'oiseau éveillé par le cri aigu de l'azur s'envolant sur la plaine qui respire, 1968
Huile sur toile, 130 × 325 cm
Collection Nahmad, Suisse

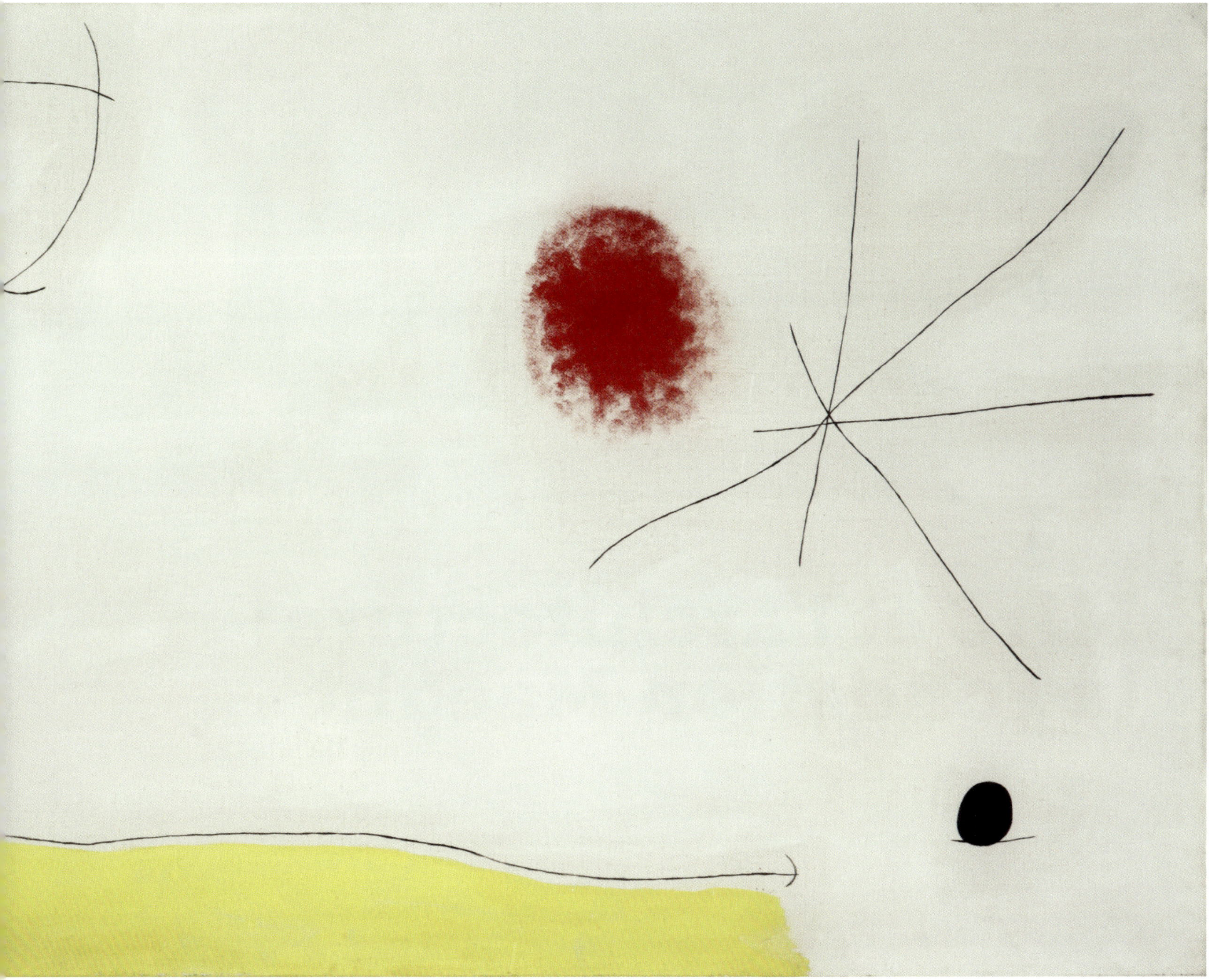

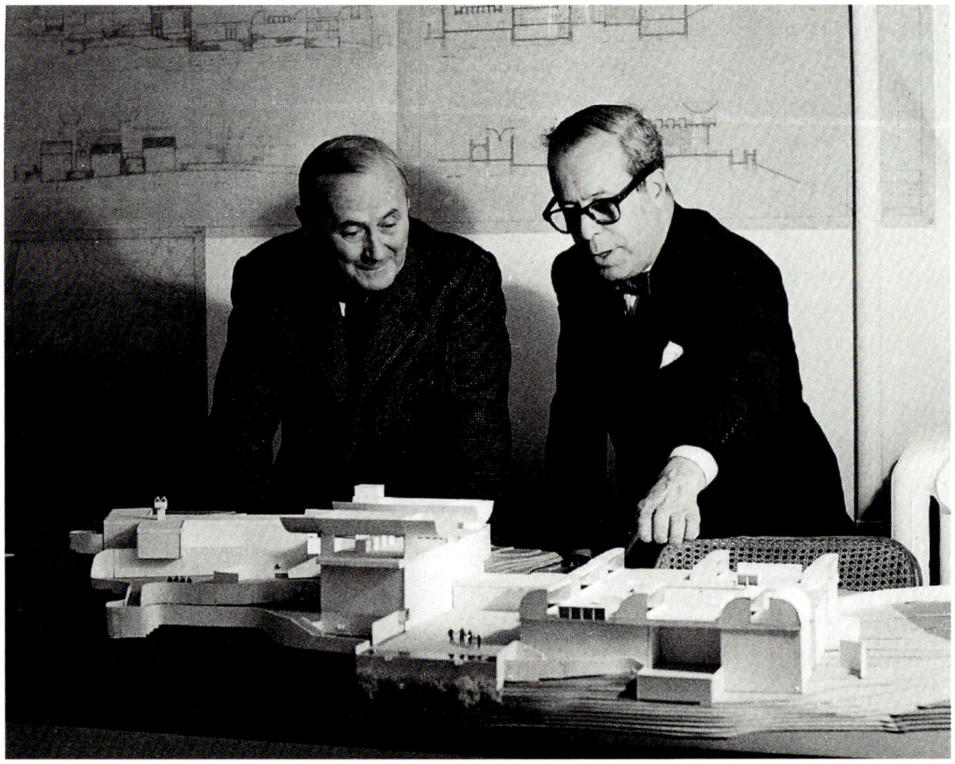

Joan Miró et Josep Lluis Sert devant la maquette de la Fondation Maeght.

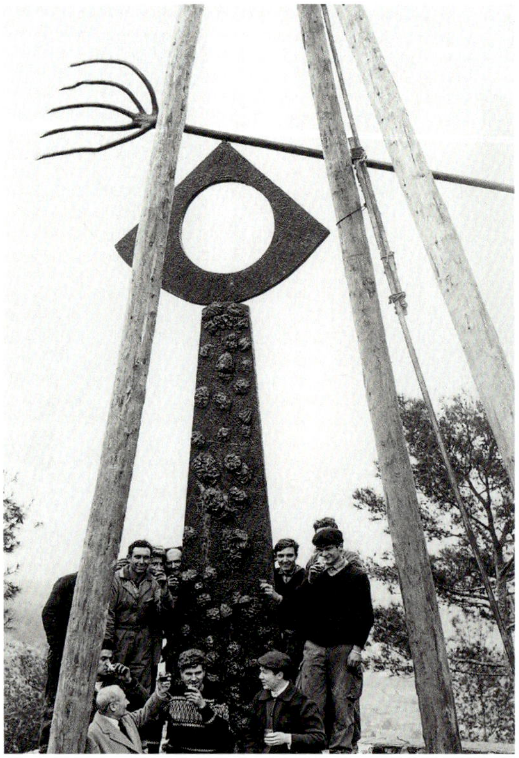

Joan Miró et Adrien Maeght avec les ouvriers lors de la mise en place de *La Fourche* dans le Labyrinthe créé par Joan Miró à la Fondation Maeght, mars 1964.

Miró et l'architecture : la Fondation Maeght

* On a sans doute tout dit sur la Fondation Maeght, la tension subtile entre la blancheur immaculée des bâtiments et les couleurs saturées d'un paysage rythmé par les pins, sans oublier cette sorte de magie qui veut qu'ici plus qu'ailleurs l'art se présente dans une proximité dégagée de tout artifice. Pourtant, s'il est un homme qui est au cœur de la Fondation, à la fois physiquement mais aussi symboliquement, c'est Miró, figure parfois oubliée de ceux qui ont tant écrit sur le lieu, poètes, écrivains ou simples quidams. Or, sans l'artiste catalan, la Fondation aurait été tout autre. Tout débute dans l'immédiate après-guerre. Depuis octobre 1945, date de l'inauguration de leur galerie parisienne, tout semble réussir à Aimé et Marguerite Maeght. Les artistes qu'ils représentent avec succès occupent le firmament de l'art. Ils viennent également d'acheter une magnifique colline dans le sud de la France, à Saint-Paul de Vence. La vue exceptionnelle les pousse à imaginer une villa pour leurs vacances. Le tragique décès d'un de leurs deux fils, Bernard, en 1953, laisse le projet momentanément en suspens. La colline des Gardettes réserve pourtant bien des surprises dont une vieille chapelle, ruine du XIe siècle dont ils ne savent que faire. Le hasard les met sur la piste : le lieu est dédié à saint Bernard. Braque et Léger, les amis de toujours, poussent le couple à reconstruire l'ensemble. Évidemment, ils interviendront. Et pourquoi – suggère Braque – ne pas poursuivre jusqu'à la

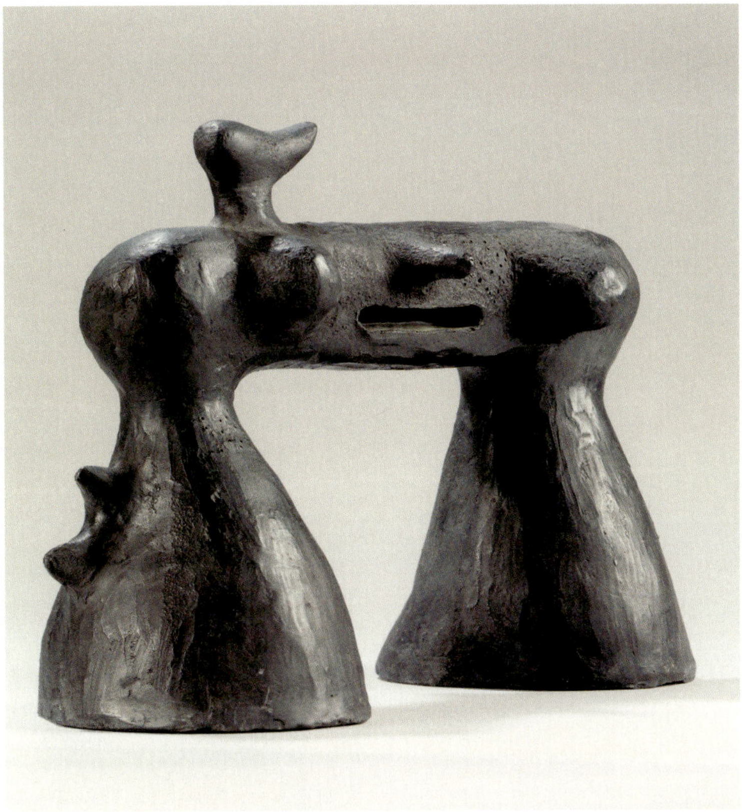

Sans titre, 1945. Terre cuite noire, 22,5 × 33,5 × 12 cm.
Collection Fondation Maeght

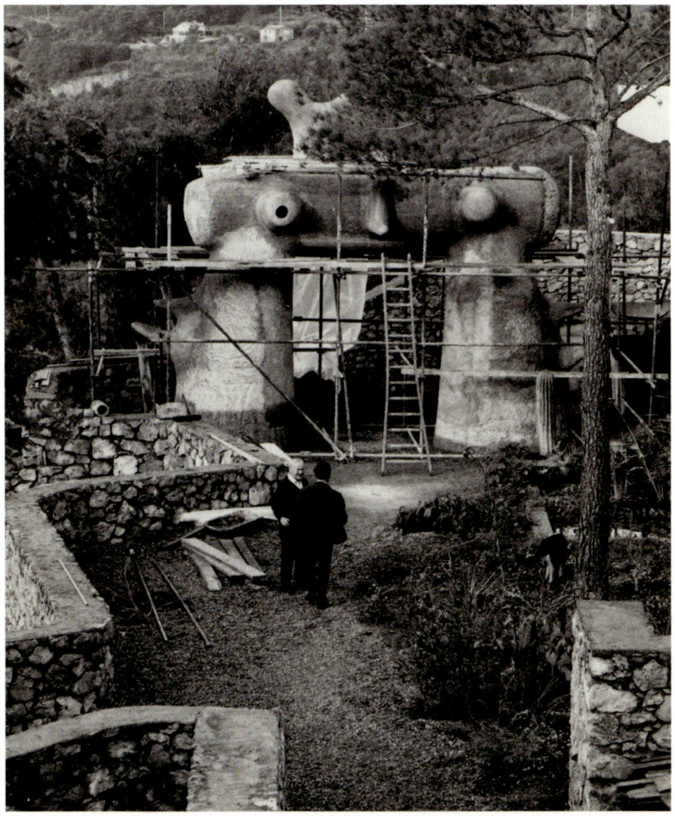

Joan Miró et Adrien Maeght lors de la création de *L'Arc* dans le Labyrinthe créé par Joan Miró à la Fondation Maeght, mars 1964.

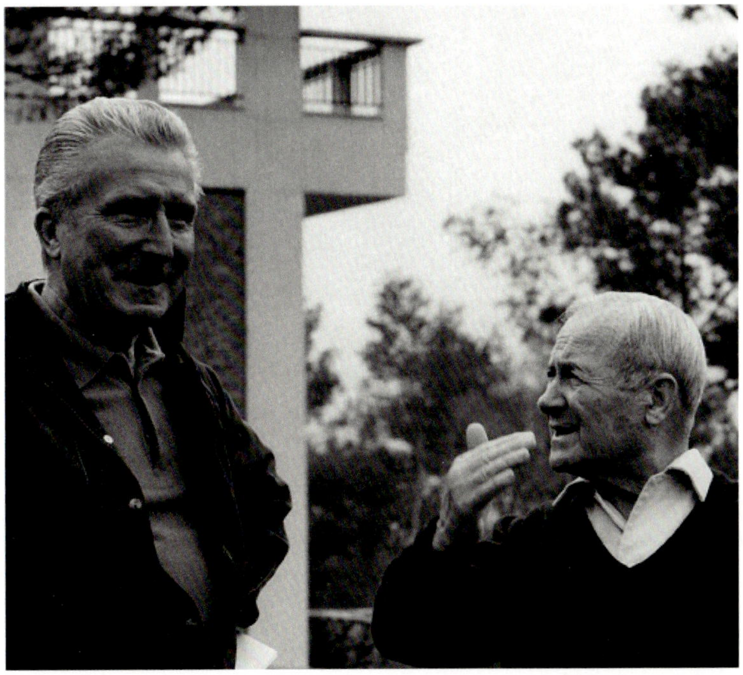

Aimé Maeght et Joan Miró à la Fondation Maeght en mars 1964.

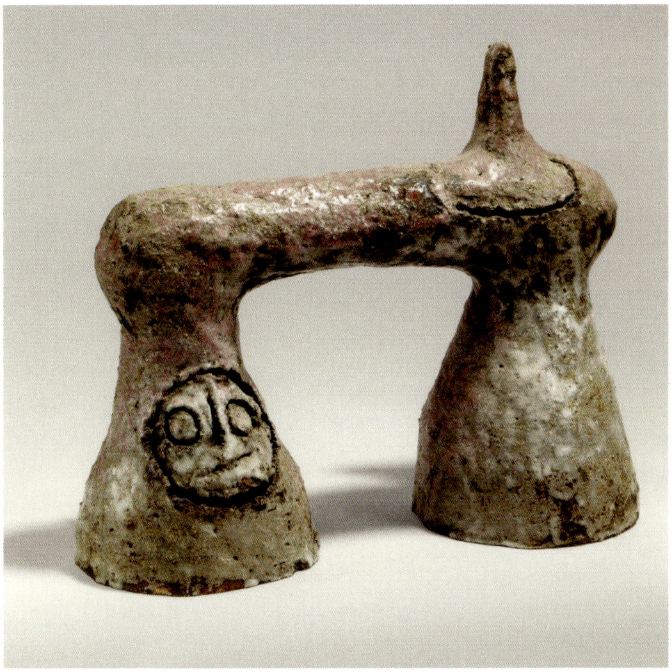

Arc Fondation Maeght, maquette, 1963. Céramique, 56 × 65 × 21 cm
Collection Fondation Maeght

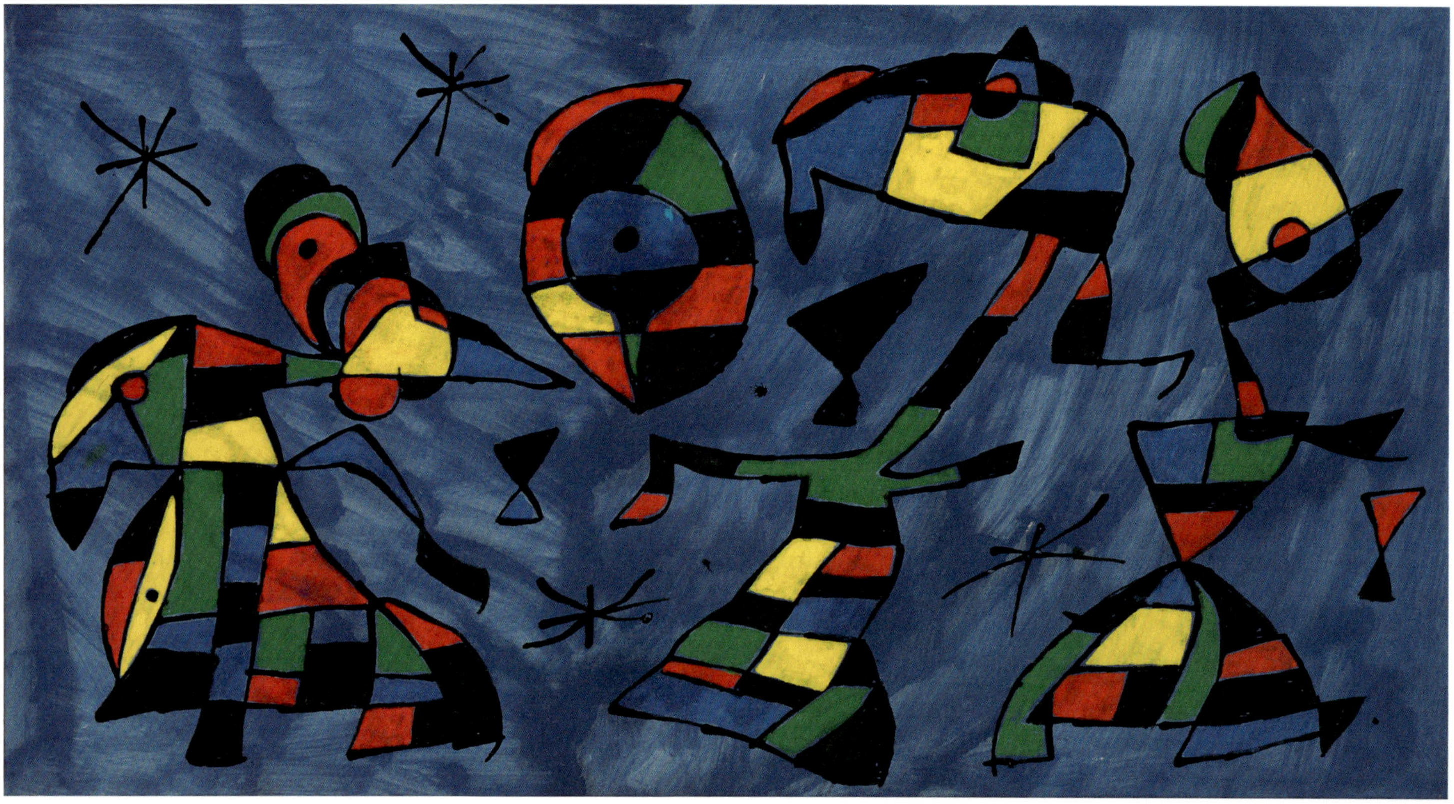

Vitrail Fondation, maquette, 1979. Gouache sur papier, 40 × 72,5 cm
Collection Fondation Maeght

conclusion logique de cette idée : faire de toute la colline un espace dédié à l'art ? Léger approuve. Miró aussi, ajoutant même : « J'irai avec vous jusqu'à la fin. » Mais comment occuper la colline tout en respectant le cadre sauvage qui en fait le charme ? Miró a son idée : seul son ami architecte Josep Lluís Sert peut réussir là où tant d'autres échoueraient. Ne lui a-t-il pas récemment construit un splendide atelier à Palma de Majorque, atelier tout de béton aux formes si simples, si modernes, si évidentes, si en adéquation avec la beauté aride des lieux ? Immédiatement, Miró écrit, prévient l'architecte. Aux Maeght de décider ! En mars 1957, le couple se rend à Majorque, rencontre Sert, visite l'atelier. Le 3 juin la confirmation arrive : ce sera Sert. À lui d'imaginer le programme architectural permettant une rencontre unique entre les artistes, les œuvres et le public.
En retour, les artistes (Braque, Chagall, Giacometti, Calder, Ubac) sont mobilisés afin d'imaginer des interventions spécifiques : bronzes, faïences, vitraux, etc. De tous, Miró est celui qui s'investit le plus, revenant très régulièrement sur place, discutant sans fin avec le couple Maeght sur l'ampleur qu'il convient de donner à cette véritable promenade architecturale, s'interrogeant avec Sert sur les solutions pour articuler de larges espaces ouverts, une agora, des patios, une déambulation débouchant sur les toits terrasses ou de vastes pelouses. Sert et les Maeght, aidés par Miró, imaginent qu'il est possible d'amplifier

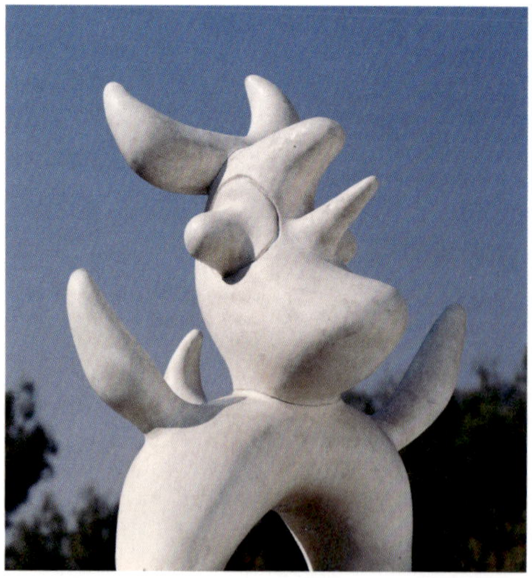

L'Oiseau lunaire, maquette, 1966.
Plâtre, 77 × 69,5 × 69 cm. Collection Fondation Maeght

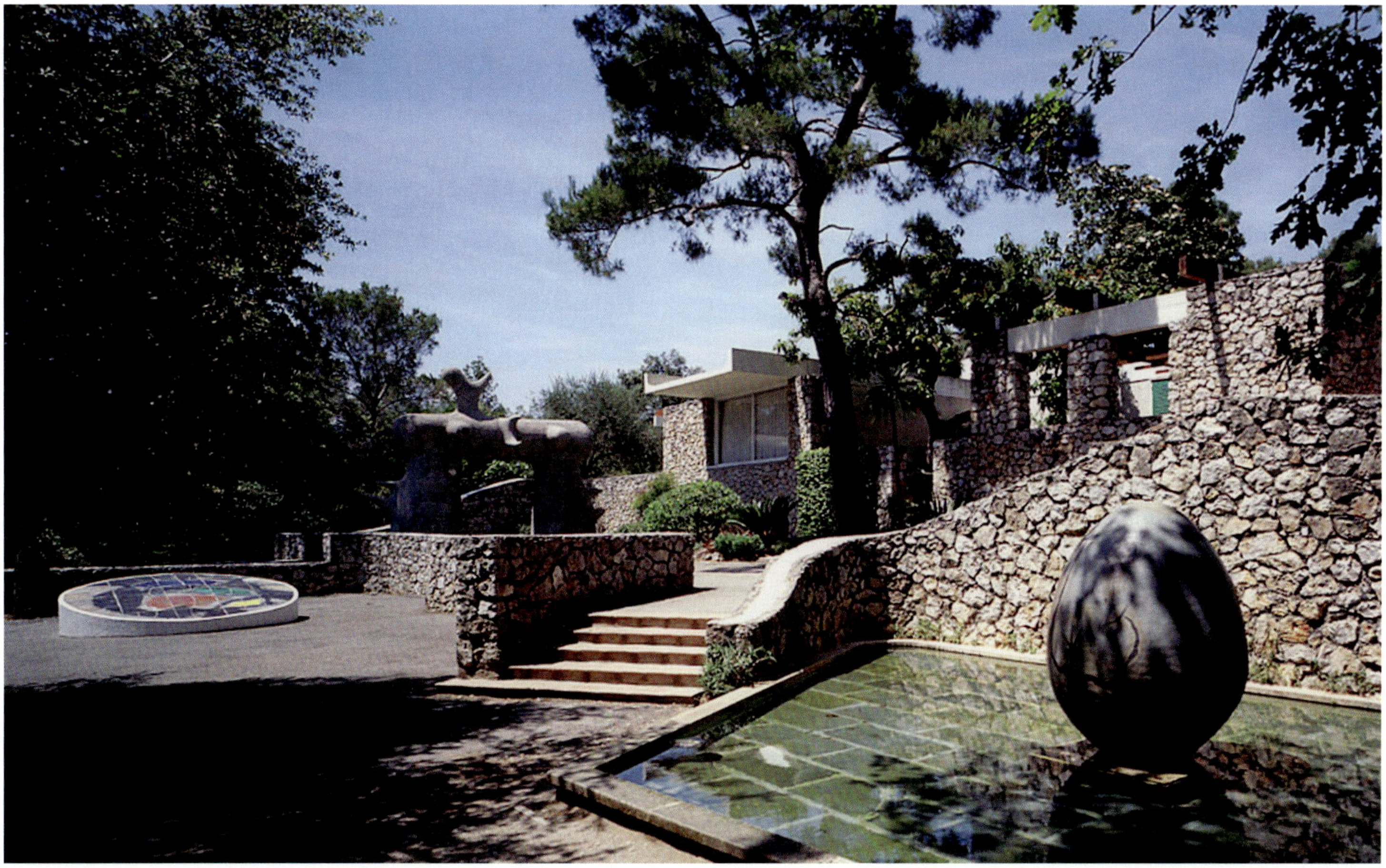

Le Labyrinthe de Joan Miró à la Fondation Maeght à Saint-Paul de Vence : ***Le Cadran solaire,*** céramique, 1973, ***L'Arc,*** béton et céramique, 1963 et ***L'Œuf,*** céramique, 1963.

les relations entre intérieur et extérieur par l'intégration d'œuvres. Ce sera dans un premier temps *Jeune fille s'évadant* de Miró (1968). Rapidement, tous les acteurs de l'aventure conviennent, lors de longues soirées ponctuées de rires et d'exclamations, qu'il est possible d'aller encore plus loin, d'imaginer en extérieur des murs qui se transforment soudain en œuvres, des terrasses dont l'espace est défini par une sculpture et même d'occuper les jardins, une tour… Cette logique conduit à *Cour* de Giacometti, un stabile et un mobile de Calder, des mosaïques de Chagall ou Tal-Coat et des sculptures de Arp, Chillida, Zadkine… Mais de tous les projets, le plus abouti formellement, celui qui interroge les limites entre architecture et art, reste l'intervention de Miró avec le fameux *Labyrinthe*. Artigas et son fils sont convoqués pour l'aider à produire les céramiques complexes que Miró esquisse. Sert l'aide à imaginer un dédale ouvert. « Il s'agissait de s'y perdre, affirmait Miró, de s'en délivrer, de vaincre le monstre, de jalonner le parcours, et d'y laisser des traces tout en célébrant la lumière. » L'inverse d'une œuvre fermée.
Les sculptures monumentales qu'il imagine, le parcours complexe et même les couleurs sont des réponses directes à l'architecture, rejouant avec d'autres moyens l'idée de cosmos déjà présent dans le dessin de Sert. Aidé par Artigas, il réalise *Le Lézard*, *L'Œuf*, *Déesse* et surtout *L'Arc* (tous de 1963) qui clôture la déambulation.

Lors de l'inauguration le 28 juillet 1964, André Malraux, alors ministre de la Culture, se montre particulièrement impressionné. Avec les années, Miró complétera son œuvre, lentement, patiemment : *Femme à la chevelure défaite* (1968) ou son fameux *Cadran solaire* (1973). Mais Saint-Paul de Vence n'est-il pas devenu avec les années un passage obligé, lieu de quiétude où il se sent chez lui, créant sur les presses de la Fondation quantité de lithographies, d'affiches, d'œuvres ? Là, au milieu de la nature, il travaille patiemment, « comme un jardinier » aime-t-il à dire.

Remerciements

Le Fonds Hélène & Édouard Leclerc pour la Culture remercie toutes les personnes qui ont permis la naissance et la bonne réalisation de ce projet ; qu'elles trouvent ici l'expression de sa gratitude.

Notre profonde reconnaissance s'adresse en tout premier lieu à la Fondation Marguerite et Aimé Maeght, pour sa collaboration dans la conception de cette exposition et de la présente publication qui l'accompagne, et pour le prêt des œuvres de sa collection :
Monsieur Adrien Maeght, Président de la Fondation Marguerite et Aimé Maeght, Saint-Paul de Vence
Monsieur Olivier Kaeppelin, Directeur de la Fondation Marguerite et Aimé Maeght, co-commissaire de l'exposition
Madame Isabelle Maeght, co-commissaire de l'exposition
Monsieur Julien Maeght, P.D-G de la SA SEAAFM
Le Conseil d'Administration de la Fondation Marguerite et Aimé Maeght, Saint-Paul de Vence.

Nous exprimons nos plus vifs remerciements et à titre personnel, à Madame Isabelle Maeght, à Messieurs Adrien et Jules Maeght qui ont mis à notre disposition leurs propres collections.

Notre gratitude s'adresse aussi aux auteurs, Messieurs Michel-Édouard Leclerc, Tristan Trémeau, Olivier Kaeppelin, et Damien Sausset, pour leur contribution exceptionnelle à une nouvelle découverte de Joan Miró et de son œuvre.

Pour leur investissement personnel dans le projet et leur soutien indéfectible, nous remercions avec plaisir Mesdames Françoise Doistau et Karima Taibi, Messieurs Olivier Bordais, Christian Patoureau, Michel Penn, Alain Tournier et Philippe Seligmann, Monsieur Patrick Leclerc, Maire de Landerneau, les Services techniques et le Service du Patrimoine de la Ville, ainsi que les équipes de la Fondation Marguerite et Aimé Maeght, Saint-Paul de Vence et de la galerie Maeght, Paris.

Un grand merci à la Succession Miró pour sa confiance, ainsi qu'aux institutions publiques et collectionneurs privés, qui contribuent par leurs prêts au succès de cette exposition :
La Fondation Joan Miró Barcelone, Madame Rosa-Maria Malet, Directrice
La Bibliothèque Nationale de France, Monsieur Bruno Racine, Président, et Monsieur Antoine Coron, Directeur de la Réserve des livres rares,
Madame Sylvie Baltazart-Eon, Madame Myrtille Hugnet et Monsieur David Nahmad, ainsi que tous les collectionneurs qui souhaitent conserver l'anonymat.

Michel-Édouard Leclerc et Patrick Jourdan témoignent tout particulièrement de leur gratitude à Madame Isabelle Maeght, Madame Rosa Maria Malet, Madame Sylvie Baltazart-Eon et Monsieur Hervé Eon, Monsieur Joan Punyet i Miró et Monsieur Joan Gardy Artigas pour leur engagement personnel dans la réussite de cette exposition, et à Monsieur Olivier Kaeppelin pour sa collaboration enthousiaste, attentive, inventive.

Les administrateurs du Fonds Hélène & Édouard Leclerc pour la Culture assurent de leur profonde et chaleureuse reconnaissance l'ensemble des généreux donateurs, pour le soutien déterminant apporté au Fonds et à cette exposition.

Crédits photographiques

Achevé d'imprimer en mai 2013
sur les presses
d'EBS
à Vérone
Imprimé en Italie